1

TEACHER'S EDITION

BREAKING THE
FRENCH
BARRIER

LEVEL ONE
BEGINNER

Catherine Coursaget

Micheline Myers

Series Editor, John Conner

Teacher's Edition

BREAKING THE BARRIER, INC.

THE LANGUAGE SERIES WITH ALL THE RULES YOU NEED TO KNOW

THE FASTEST PATH TO TRUE LANGUAGE FLUENCY

ACKNOWLEDGMENTS

Thanks to Anne Squire and Barbara Peterson for their wise editorial suggestions. Guillermo Barnetche provided stunning artwork. We also appreciate the efforts of Ann Talbot, who laid out the text stylishly. Finally, thanks to Professor Eileen Angelini for her thoughtful review and suggestions.

AN INVITATION

*We invite you to join many of our readers who, over the years, have shared their suggestions for improvements as well as their personal knowledge of the Francophone world. In doing so, they have become our partners. We are grateful for their invaluable contributions as the evolution of **Breaking the Barrier** belongs, in part, to them.*

BREAKING THE BARRIER, INC.
63 Shirley Road
Groton, MA 01450
Toll Free: 866-TO BREAK (866-862-7325)
Fax: 978-448-1237
E-mail: info@tobreak.com
www.tobreak.com

ISBN: 0-9712817-7-7

PREFACE

BREAKING THE FRENCH BARRIER is a core text, workbook and handy reference all-in-one. It can stand alone, or complement the multitude of French language resources currently available.

We believe the fastest path to fluency is built upon a rock-solid understanding of grammar. **BREAKING THE FRENCH BARRIER** provides the essential roadmap for this journey.

In the following twelve lessons, you will find country maps, vocabulary, a review of key grammatical concepts, explanations of new material, many practice exercises, an exciting dialogue series, as well as review tests. Sentences throughout the book highlight current people, places and events from the French-speaking world. You will find the tone of these pages informal and conversational — a one-on-one session between teacher and student.

**WE LOOK FORWARD TO ACCOMPANYING YOU AS YOU
SET OUT TO BREAK THE FRENCH BARRIER.**

BONNE CHANCE!

CINDY BEAMS
Publisher

JOHN CONNER
Series Editor

⟲⟲ TABLE OF CONTENTS ⟲⟲

FIRST STEPS

Long before you learned any grammar rules in your native language, you had learned to speak beautifully. As a child, you added vocabulary little by little, figured out how to put sentences together, and discovered how to imitate the sounds of the language. As you begin to **Break the French Barrier***, you will learn — right from the start — some useful vocabulary, expressions, and tips about pronunciation . . . all before you learn any grammar rules. For a little bit, you will have to be willing to leave some of your questions unanswered. Never fear, however! By the end of this book, all of your questions will be covered. These first ten steps will get you speaking French right away.*

STEP ONE — COMMENT VOUS APPELEZ-VOUS?

 When you want to learn someone's name, you can ask him or her:

Comment vous appelez-vous? (What is your name?)
> *Je m'appelle Marie.* (My name is Mary.)
> *Je m'appelle Paul.* (My name is Paul.)

You can also ask someone to tell you who another person is. Here are some possible questions you might ask:

Comment s'appelle votre professeur? (What's your teacher's name?)
> *Mon professeur s'appelle Madame Durand.* (My teacher's name is Mrs. Durand.)

Comment s'appelle votre mère? (What's your mother's name?)
> *Ma mère s'appelle Anne.*

Comment s'appelle votre ami? (What is your friend's name?)
> *Mon ami s'appelle André.*

Comment s'appelle le président? (What is the name of the president?)
> *Le président s'appelle Pierre.*

 This symbol lets you know where you can practice along using the Audio CD set.

Here are some common **French names**:

Agathe	*Charlotte*	*Leila*	*Martin*	*Philippe*
Alice	*Clément*	*Louis*	*Mélanie*	*Sébastien*
Antoine	*Françoise*	*Louise*	*Michel*	*Sophie*
Catherine	*Isabelle*	*Lucas*	*Nathalie*	*Stéphane*
Charles	*Jean*	*Lucie*	*Nicolas*	*Zoë*

 EXERCICE

Answer the following ten questions aloud or on paper.

1) **Comment vous appelez-vous?** Je m'appelle _____ Michel _____.

2) **Comment s'appelle votre professeur de français?** Mon professeur s'appelle

_____ Madame Duval _____.

3) **Comment s'appelle votre amie?** Mon amie s'appelle _____ françoise _____.

4) **Comment s'appelle le président?** Le président s'appelle _____

_____ Barack Obama _____.

5) **Comment s'appelle votre professeur de mathématiques?** Mon professeur

de mathématiques _____ s'appelle Agathe Matthieu _____.

6) **Comment s'appelle votre dentiste?** _____ Mon dentiste s'appelle Louis _____.

7) **Comment s'appelle votre père?** _____ Mon père s'appelle Henri _____.

8) **Comment s'appelle votre mère?** _____ Ma mère s'appelle Lucie _____.

9) **Comment vous appelez-vous?** _____ Je m'appelle Michel _____.

10) **Comment s'appelle votre ami?** _____ Mon ami s'appelle Martin _____.

EXERCICES DE PRONONCIATION

a, e, é, è, ê

TRACK 3 DISC 1 These five French vowel sounds are so important to learn! Unlike English vowel sounds, which tend to drag on, French vowel sounds are short and crisp. Oftentimes, English speakers think that French speakers talk so fast. This observation is made, in part, because the sounds of the vowels are shorter.

In order to feel at ease with these new sounds, practice them frequently with the help of your teacher or the CD.

a – This letter sounds like the "a" when you sing the notes "la-la-la."

Répéter (repeat!): *ananas, garage, madame, papa, salade, plage, chat, rat, cage, mariage, banane, canard, malade*

e – This letter sounds like the vowel sound in the English word "pearl."

ce, le, petit, revenir, me, te, appartement, tenir, menacer, se, chemin, cheval, regarder, lever, jeter, menu

ATTENTION! At the end of words that have more than one syllable, the "e" is silent.

girafe, madame, Anne, petite, bonne, service, jolie, mariage, tigre, pharmacie, programme

é – This accent gives the "e" a different sound, which is a little like the "ay" in the English word "day." It is a shorter sound, though, cut off more quickly than in English.

pépé, été, mené, séparé, précédé, partagé, bébé, hébété, réparé, téléphoné, café, étudié

è or ê – These letters sound like "e" in the word "egg." The vowel "e" followed by <u>2 consonants</u> also sounds like the "e" in "egg."

tête, fillette, frère, merci, progrès, verbe, mère, père, fenêtre, espère, celle, très, élève, rêve, espoir

When you want to find out where someone is from, you can ask him or her:

D'où êtes-vous? (Where are you from?)

      Je suis de Chicago. (I am from Chicago.)

      Je suis de Haïti. (I am from Haiti.)

You can also ask someone to tell you where someone else is from. Here are some possible questions you might ask:

D'où est votre père? (Where is your father from?)

      Mon père est de New York. (My father is from New York.)

D'où est votre amie? (Where is your friend from?)

      Mon amie est de Baton Rouge.

D'où sont les Parisiens? (Where are Parisians from?)

      Les Parisiens sont de Paris.

D'où sont les Tahitiens? (Where are Tahitians from?)

      Les Tahitiens sont de Tahiti.

Here are some well-known **cities**, **countries**, and **geographical locations** around the world with French names. How many could you locate on a map?

Les Alpes	*Des Moines*	*La Mauritanie*	*Pointe-à-Pitre*
Baton Rouge	*Fayetteville*	*Le Mont Blanc*	*Port-au-Prince*
Belmont	*Fort-de-France*	*Montpellier*	*Les Pyrénées*
Brazzaville	*Grand Téton*	*Montréal*	*Le Québec*
Cayenne	*Lafayette*	*Montrose*	*La Réunion*
La Côte d'Ivoire	*Louisville*	*Orléans*	*Saint-Louis*
Détroit	*Maine*	*Paris*	*Vermont*

EXERCICE

Answer the following ten questions, aloud or on paper, in complete sentences.

1) **D'où êtes-vous?** Je suis de _____ Paris _____.

2) **D'où est votre mère?** Elle est de _____ Toulouse _____.

3) **D'où est votre professeur de français?** _____ Mon professeur de _____

   _____ français est d'Haïti _____.

4) **D'où est votre ami?** _____ Mon ami est de Québec _____

   _____.

5) **D'où est Barack Obama?** _____ Barack Obama est de Chicago, Illinois _____

   _____.

6) **D'où sont les Beatles?** _____ Les Beatles sont de Liverpool, en _____

   _____ Angleterre _____.

7) **D'où sont les Africains?** _____ Les Africains sont d'Afrique _____.

8) **D'où sont les Parisiens?** _____ Les Parisiens sont de Paris _____.

9) **D'où est votre père?** _____ Mon père est de Marseille _____.

10) **D'où êtes-vous?** _____ Je suis de Paris _____.

EXERCICES DE PRONONCIATION

i, o, au, eau, u, ou

 In this section we will study the pronunciation of more vowel sounds.

i – This letter sounds like the "ee" in "tee."

ici, visite, inutile, Algérie, politesse, Mistigris, milice, pizza, élimine, ami, Christine, Virginie, si, ni, Italie

o - au - eau – These vowels sound like the "o" in the word "nose," but it is actually almost half the sound. You have to try to chop off the last part of the long English "o."

bateau, modeste, photo, vélo, au, cadeau, Pauline, aussi, cause, drapeau, eau

u – This vowel does not sound like anything in English! If you round your lips while trying to say "ee," as in "tee" you will be close.

tu, venu, rue, étudie, minuscule, tutu, devenu, du, musique, publicité, chute, murmure, pupitre, jupe, absurde, humide

ou – These letters together sound like "oo" in "school."

nounou, genou, nous, moule, chouchou, route, couteau, coupe, autoroute, pou, ou, fou, boule

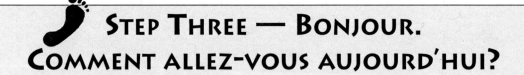

STEP THREE — BONJOUR. COMMENT ALLEZ-VOUS AUJOURD'HUI?

 When you want to find out how someone is feeling today, you can ask him or her:

Comment allez-vous aujourd'hui? (How are you today?)
> *Je vais bien.* (I'm well.)
> *Je vais comme ci comme ça.* (I'm so-so/O.K.)
> *Je vais mal.* (I'm bad, i.e., not feeling well.)

To add some extra emphasis to your answer, you can add the word *"très"* meaning "very."

> *Je vais **très** bien.* (I'm [feeling] very well.)
>
> *Je vais **très** mal.* (I'm [feeling] very bad.)

You can also ask someone to tell you how another person is doing. Here are some possible questions you might ask:

Comment va votre amie aujourd'hui? (How is your friend today?)

> *Mon amie va bien aujourd'hui.* (My friend is fine today.)

Comment va le professeur? (How is the teacher doing?)

> *Le professeur va mal.* (The teacher isn't feeling well.)

Comment vont vos parents? (How are your parents?)

> *Mes parents vont comme ci comme ça.* (My parents are so-so/O.K.)

Comment vont les éléphants? (How are the elephants?)

> *Les éléphants vont très bien.* (The elephants are very well.)

 EXERCICE

Answer the following ten questions, aloud or on paper, in complete sentences. Use as many words and phrases as you can.

1) **Comment allez-vous?** Je vais ____bien____.

2) **Comment va votre mère?** Ma mère va ____mal____.

3) **Comment va votre père?** ____Mon père va bien____.

4) **Comment va votre ami?** ____Mon ami va comme ci comme ça____.

5) Comment va Céline Dion aujourd'hui? _Céline Dion va très_

bien aujourd'hui .

6) Comment va votre professeur d'histoire aujourd'hui?

Mon professeur d'histoire va mal aujourd'hui .

7) Comment vont vos amis aujourd'hui? _Mes amis vont bien_

.

8) Comment va votre père aujourd'hui? _Mon père va mal_

aujourd'hui .

9) Comment va votre oncle aujourd'hui? _Mon oncle va bien_

.

10) Comment allez-vous? _Je vais bien_ .

 # EXERCICES DE PRONONCIATION

| an, en, em, am, in, ein, ain, on, un, oi |

TRACK 7 DISC 1 In French, when vowels are followed by "m" or "n" in the same syllable, the sounds are nasal — the air goes through the nose. The "m" and "n" are <u>not</u> pronounced. There is no corresponding sound in English.

an, en, em, am – These four combinations are pronounced exactly the same way!

Maman, tente, plan, chante, pente, excellent, lentement, prend, an, en, comment, clan, France, change, emmener, empoigner, campagne, camp, ensemble

[handwritten: ahngn]

in, ein, ain – These combinations are identical in sound, too.

fin, maintenant, vin, chagrin, moulin, feinte, demain, mince, prochain, ainsi, vain, divin, plein, masculin, féminin

on – For this one, repeat after your teacher or the CD.

bon, montre, non, oncle, chanson, tonton, ronde, pondre, conte, son, Léon, accordéon, annonce, concorde

un – Again, repeat after your teacher or the CD.   *[handwritten: ehn]*

lundi, brun, un, aucun, chacun, commun, opportun, Autun, Verdun, Melun

There is one more vowel combination you should know about:

oi – This is pronounced like the "ou" sound (as in "school") + the sound of "a" (as in "la-la-la").

roi, choisir, moi, poison, toi, oiseau, boire, croire, trois, émoi, joie, croise, soi, noisette, bois

STEP FOUR — EST-CE QUE VOUS ÊTES NORMAL?

When you want to find out what someone is like, you could ask him or her:

Est-ce que vous êtes normal? (Are you normal?)
    Oui, je suis normal. (Yes, I am normal.)
    Non, je ne suis pas normal. (No, I am not normal.)

Est-ce que vous êtes charmant? (Are you charming?)
    Oui, je suis charmant.
    Non, je ne suis pas charmant.

Est-ce que vous êtes intéressant? (Are you interesting?)

    Oui, je suis intéressant.
    Non, je ne suis pas intéressant.

You can also ask someone to tell you what someone else is like. Here are some possible questions you might ask:

Est-ce que votre ami est prudent? (Is your friend careful?)

    Oui, mon ami est prudent. (Yes, my friend is careful.)
    Non, mon ami n'est pas prudent. (No, my friend is not careful.)

Comment est votre amie? (What is your friend like?)

    Mon amie est généreuse et charmante. (My friend is generous and charming.)
    Mon amie est intelligente. (My friend is smart.)

Most adjectives take an "e" at the end when referring to a female or to a "feminine" word.

Est-ce que votre père est strict? (Is your father strict?)

    Oui, mon père est strict.
    Non, mon père n'est pas strict.

Est-ce que ta mère est stricte? (Is your mother strict?)

    Oui, ma mère est stricte.
    Non, ma mère n'est pas stricte.

The adjectives used so far in this section should sound quite familiar to an English speaker *(charmant, généreux, intelligent, normal, prudent, strict).* It is because these words are <u>cognates</u> — they come from the same Latin roots — that they are so easily recognizable.

Here are some other French **adjectives** whose meanings you could probably guess instantly:

ambitieux	*conservateur*	*important*	*pratique*
athlétique	*cordial*	*impossible*	*religieux*
artistique	*élégant*	*libéral*	*romantique*
brillant	*fameux*	*patient*	*sincère*
comique	*fantastique*	*possible*	*stupide*

EXERCICE

Using the adjectives that you learned in this section, answer the following ten questions aloud or on paper. Use a different adjective for each answer.

1) **Est-ce que vous êtes normal?** Oui, je suis _____ normal _____.

2) **Comment est votre ami?** Mon ami est _____ comique _____.

3) **Est-ce que votre professeur est intellectuel?** _____ Oui, mon professeur _____ est intellectuel _____.

4) **Est-ce que votre mère est prudente?** _____ Oui, ma mère est prudente _____.

5) **Est-ce que Roger Federer est athlétique?** _____ Oui, Roger Federer _____ est athlétique _____.

6) **Est-ce que Gabby Douglas est athlétique?** _____ Oui, Gabby Douglas _____ est athlétique _____.

7) **Comment est votre amie?** _____ Mon amie est intelligente _____.

8) **Est-ce que votre professeur de français est élégant?** _____ Non, mon _____ professeur de français n'est pas élégant (Oui, il est élégant) _____.

9) **Est-ce que Johnny Depp est romantique?** _____ Oui, Johnny Depp _____ est romantique _____.

10) **Comment êtes-vous?** _____ Je suis normal(e) _____.

EXERCICES DE PRONONCIATION

c, ch, g

TRACK 9 DISC 1 In this section and the remaining ones of **FIRST STEPS**, we will look at French consonants. A number of French consonants are pronounced exactly as in English, while others are completely different. Using your teacher or the CDs as a model, practice and repeat the following:

c – This letter has <u>two</u> different sounds:

1 When it is followed by the vowels **a, o,** or **u,** or a consonant, it is pronounced like "c" as in the English word "cat."

canard, reconnu, curieux, accuser, raconter, cacher, cochon, percuter

2 When "c" is followed by **e** or **i,** or when it is written **ç** (this little sign is called a *"cédille"*), it is pronounced like "s" as in the English word "snake."

certain, civil, commençons, perçu, perça

ch – This combination is pronounced like "sh" as in the English word "shirt."

cherche, chocolat, chapeau, planche, chien, tache, échaudé, enchanté, chapelle, cochon, choisir, chou

g – This letter has <u>two</u> different sounds:

1 When it is followed by the vowels **a, o,** or **u,** or a consonant, it is pronounced like "g" as in the English word "gum."

guide, glissade, gros, rigole, garage, gorge, mangue, gui

2 When it is followed by the vowels **e** or **i,** it is pronounced like the "z" in "azure."

girafe, nage, mangeons, girouette, gymnastique, Georges

STEP FIVE — QU'EST-CE QUE C'EST?

 When you want to find out what something is, you could point at it and ask:

Qu'est-ce que c'est? (What's this?)

    C'est un livre. (It's a book.)

    C'est une chaise. (It's a chair.)

Here is some useful vocabulary that you can use in the **classroom** and **at home**.

◆ The word *un*, meaning "a" or "an," is used before "masculine nouns."

◆ The word *une* (also meaning "a" or "an") is used before "feminine nouns."

LA CLASSE et LA MAISON			
un bureau	→ desk	*une montre*	→ watch
une chaise	→ chair	*un papier*	→ paper
une chambre	→ bedroom	*un professeur*	→ teacher
un crayon	→ pencil	*une salle à manger*	→ dining room
une cuisine	→ kitchen	*une salle de bains*	→ bathroom
une école	→ school	*un salon*	→ living room
une fenêtre	→ window	*un stylo*	→ pen
un lit	→ bed	*une table*	→ table
un livre	→ book	*une voiture*	→ car
une maison	→ house		

 # EXERCICES

I. Study the words presented in this section carefully. Once you feel that you have them fairly well memorized, draw a little picture of the five words presented below. Try not to look back at the list as you do this exercise!

1) une fenêtre

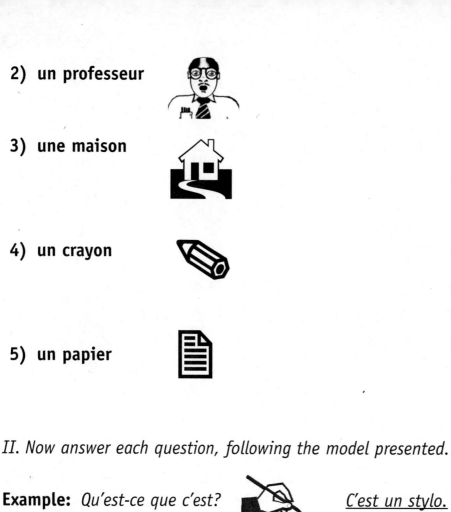

2) un professeur

3) une maison

4) un crayon

5) un papier

II. Now answer each question, following the model presented.

Example: *Qu'est-ce que c'est?*   *C'est un stylo.*

1) **Qu'est-ce que c'est?**   C'est une chaise.

2) **Qu'est-ce que c'est?**   C'est un livre.

3) **Qu'est-ce que c'est?**   C'est une école.

4) **Qu'est-ce que c'est?**   C'est une voiture.

5) **Qu'est-ce que c'est?**   C'est un lit.

EXERCICES DE PRONONCIATION

h, j, ill, il

 Here are some more consonants:

h – This letter is never pronounced!

héros, histoire, heure, habitation, Hollande, hôtel, hors d'œuvre, hélicoptère, hippopotame, herbe, homicide

j – This consonant is pronounced like the "z" in the English word "azure" (meaning light blue).

jeune, injuste, journal, jardin, jaune, Japon, réjouir, ajuster, Jupiter, joli, jambe, Jaguar, jupe, justice, joue

ill - il – These combinations are pronounced like the "y" in the English word "year."

fille, soleil, famille, œil, feuille, oreille, billet, bouteille, appareil, abeille, brillant, sillon, travail, travaille, réveil

ATTENTION! There are a few exceptions when the *"ill"* or *"il"* is pronounced like the "l" in the English word "love":

mille, fil, ville, millionaire, crocodile

STEP SIX — MA FAMILLE

If you want to learn about someone's family, you might ask him or her:

Est-ce que vous avez des frères et des sœurs? (Do you have brothers and sisters?)

    Oui, j'ai un frère. (Yes, I have one brother.)
    Oui, j'ai une sœur. (Yes, I have one sister.)
    Non, je n'ai pas de frère et sœur. (No, I don't have brothers and sisters.)

Est-ce que vous avez des grands-parents? (Do you have grandparents?)

    Oui, j'ai un grand-père. (Yes, I have one grandfather.)
    Oui, j'ai une grand-mère. (Yes, I have one grandmother.)
    Non, je n'ai pas de grands-parents. (No, I don't have grandparents.)

You might want to ask someone about another person's family. If so, you could ask him or her:

Est-ce que Marie a des frères et sœurs? (Does Mary have brothers and sisters?)

    Oui, Marie a un frère. (Yes, Mary has a brother.)
    Oui, Marie a une sœur. (Yes, Mary has a sister.)
    Non, Marie n'a pas de frère et sœur. (No, Mary doesn't have brothers and sisters.)

Est-ce que ton ami a beaucoup de cousins? (Does your friend have a lot of cousins?)

    Oui, mon ami a beaucoup de cousins. (Yes, my friend has a lot of cousins.)
    Non, mon ami n'a pas beaucoup de cousins. (No, my friend doesn't have a lot of cousins.)

The following is a list of useful vocabulary related to the **family**:

LA FAMILLE			
un beau-père	→ father-in-law	*un grand-père*	→ grandfather
une belle-mère	→ mother-in-law	*un mari*	→ husband
un beau-frère	→ brother-in-law	*une mère*	→ mother
une belle-sœur	→ sister-in-law	*un neveu*	→ nephew
un cousin	→ cousin (male)	*une nièce*	→ niece
une cousine	→ cousin (female)	*un oncle*	→ uncle
une femme	→ wife, woman	*un père*	→ father
une fille	→ daughter, girl	*une petite-fille*	→ granddaughter
un fils	→ son	*un petit-fils*	→ grandson
un frère	→ brother	*une sœur*	→ sister
une grand-mère	→ grandmother	*une tante*	→ aunt

I. After studying the list of vocabulary about the family, answer the following questions in complete sentences.

1) Est-ce que vous avez beaucoup de cousins?

Oui, j'ai beaucoup de cousins .

2) Est-ce que vous avez une sœur?

Non, je n'ai pas de sœur .

3) Est-ce que vous avez un frère?

Oui, j'ai un frère .

4) Comment s'appelle votre grand-père? Mon grand-père s'appelle

Antoine .

5) Comment s'appelle votre tante? Ma tante s'appelle Charlotte .

6) Comment s'appelle votre mère? Ma mère s'appelle Alice .

7) Est-ce que vous avez un beau-frère?

Oui, j'ai un beau-frère .

8) Est-ce que votre ami a beaucoup d'oncles?

Oui, mon ami a beaucoup d'oncles .

9) Est-ce que Juliette Binoche a un mari?

Non, Juliette Binoche n'a pas de mari .

10) Est-ce que vous avez beaucoup de tantes?

Oui, j'ai beaucoup de tantes .

II. Fill in the following spaces with the appropriate vocabulary from this section.

1) **Le père de mon père est mon** grand-père .

2) **La mère de ma mère est ma** grand-mère .

3) **Le frère de mon père est mon** oncle .

4) **Le fils de mon fils est mon** petit-fils .

5) **La fille de mon oncle est ma** cousine .

6) **La sœur de ma mère est ma** tante .

7) **La femme de mon père est ma** mère .

8) **Le frère de ma femme est mon** beau-frère .

9) **Le frère de ma cousine est mon** cousin .

10) **La sœur de mon fils est ma** fille .

❖   ❖ **What do you think is the difference between *"ma"* and *"mon"*?**

EXERCICES DE PRONONCIATION

qu, r, s, ss

 Here are some more consonants:

qu – This combination is pronounced like the "c" in "cat."

qui, que, quand, pique-nique, quoi, querelle, fabrique, quatre, quotidien, quinine, quelque, politique

r – This letter might be difficult to pronounce properly, but with practice you can achieve perfection! You need to roll the "r" way back in your throat as if you were about to spit.

route, courir, rat, rire, attendre, rendre, prendre, perdre, mariage, entrée, écriture, parlé, ordre, courage, américain, français

s – Often the letter "s" is pronounced like the "s" in the English word "sorry."

singe, espérer, simpliste

ATTENTION! When "s" is placed between two vowels, however, it is pronounced like the "s" in the English word "easy."

désiré, désert, hésitation, poison

ss – The combination "ss" is used to keep the "s" sound of "sorry" between two vowels.

assez, pâtisserie, choisissent, assise

STEP SEVEN —
EST-CE QUE VOUS AIMEZ L'ÉLÉPHANT ROSE?

If you want to find out if someone likes something, you could ask him or her:

Est-ce que vous aimez l'éléphant rose? (Do you like the pink elephant?)
> *Oui, j'aime l'éléphant rose.* (Yes, I like the pink elephant.)
> *Non, je n'aime pas l'éléphant rose.* (No, I don't like the pink elephant.)

Est-ce que vous aimez les crocodiles verts? (Do you like the green crocodiles?)
> *Oui, j'aime les crocodiles verts.* (Yes, I like the green crocodiles.)
> *Non, je n'aime pas les crocodiles verts.* (No, I don't like the green crocodiles.)

If you want to find out if someone else likes something, you could ask:

Est-ce qu'il/elle aime l'éléphant rose? (Does he/she like the pink elephant?)
> *Oui, il/elle aime l'éléphant rose.* (Yes, he/she likes the pink elephant.)
> *Non, il/elle n'aime pas l'éléphant rose.* (No, he/she doesn't like the pink elephant.)

Est-ce qu'elle/il aime les crocodiles verts? (Does she/he like the green crocodiles?)
> *Oui, elle/il aime les crocodiles verts.* (Yes, she/he likes the green crocodiles.)
> *Non, elle/il n'aime pas les crocodiles verts.* (No, she/he doesn't like the green crocodiles.)

Here is a list of names of **common animals** in French.

The corresponding definite article — "the" — is written before each word:

- ◆ *"le"* is used for singular "masculine" nouns (m.)
- ◆ *"la"* is used for singular "feminine" nouns (f.)
- ◆ *"l'"* is used for nouns beginning with a vowel.

LES ANIMAUX			
la baleine	→ whale	*l'oiseau (m.)*	→ bird
le chat	→ cat	*le poisson*	→ fish
le cheval	→ horse	*le poulet*	→ chicken
le chien	→ dog	*le serpent*	→ snake
la girafe	→ giraffe	*la souris*	→ mouse
le lion	→ lion	*le tigre*	→ tiger

This next list has the names of **common colors**. You may have noticed that these adjectives are placed after the nouns they modify (e.g., *l'éléphant rose, le crocodile vert*) and must agree (masculine, feminine, plural) with those nouns.

LES COULEURS					
blanc	→	white	*orange*	→	orange
bleu	→	blue	*rose*	→	pink
brun	→	brown	*rouge*	→	red
gris	→	gray	*vert*	→	green
jaune	→	yellow	*violet*	→	purple
noir	→	black			

 EXERCICES

I. Answer the following questions in complete sentences.

1) **Est-ce que tu aimes les chats jaunes?** Oui, j'aime les chats jaunes
   _____ .

2) **Est-ce que tu aimes les chiens noirs?**
   Oui, j'aime les chiens noirs _____ .

3) **Est-ce que vous aimez votre professeur?** Oui, j'aime mon professeur
   _____ .

4) **Est-ce que vous aimez votre cousine?**
   Non, je n'aime pas ma cousine _____ .

5) **Est-ce que vous aimez les maisons vertes?**
   Oui, j'aime les maisons vertes _____ .

6) **Est-ce que vous préférez Paris ou Montréal?** Je préfère Paris
   _____ .

7) Est-ce que vous préférez les chiens ou les chats?

 Je préfère les chats   .

8) Est-ce que vous préférez les poissons rouges ou les poissons verts?

 Je préfère les poissons rouges   .

9) Est-ce que vous adorez le cinéma?

 Oui, j'adore le cinéma   .

10) Quel acteur est-ce que vous préférez?

 Je préfère Daniel Day Lewis   .

II. Fill in the following paragraph with names of colors and animals from this section.

Dans ma maison, j'ai _____un chat_____ **. La couleur de mon**

_____chat_____ **est** _____noire_____ **. Mon amie Hélène**

a un _____chien_____ **. Il n'est pas blanc; il est** _____jaune_____ **.**

Mon _____chien_____ **s'appelle Fido et mon** _____chat_____

s'appelle Binky. Ce sont des animaux merveilleux.

 # EXERCICES DE PRONONCIATION

> ### th, w, y

 th – In French, this combination of letters is never pronounced like the "th" in the English word "this." It is pronounced instead like the "t" in the English word "tiger."

théorie, mathématiques, théâtre, théologie, thermomètre, ethnique, thorax, thon, thèse, athlète, Ethiopie, orthodontiste

w – This letter is rarely used in French. It is usually found in words borrowed from a foreign language and pronounced accordingly. There is one exception: the "w" in "wagon" is pronounced like the "v" in the English word "very."

wagon

y – This letter is generally pronounced like the "y" in "Yikes!"

essayer, aboyer, essuyer, ennuyeux, distrayant, effrayé, envoyé, moyen, loyal, payer, croyons, pitoyable

STEP EIGHT — UN, DEUX, TROIS . . .

In this section, you will learn to count from one to thirty-one. Here is the vocabulary that you will need:

LES CHIFFRES (1-31)				
un	→ one	*dix-sept*	→	seventeen
deux	→ two	*dix-huit*	→	eighteen
trois	→ three	*dix-neuf*	→	nineteen
quatre	→ four	*vingt*	→	twenty
cinq	→ five	*vingt et un*	→	twenty-one
six	→ six	*vingt-deux*	→	twenty-two
sept	→ seven	*vingt-trois*	→	twenty-three
huit	→ eight	*vingt-quatre*	→	twenty-four
neuf	→ nine	*vingt-cinq*	→	twenty-five
dix	→ ten	*vingt-six*	→	twenty-six
onze	→ eleven	*vingt-sept*	→	twenty-seven
douze	→ twelve	*vingt-huit*	→	twenty-eight
treize	→ thirteen	*vingt-neuf*	→	twenty-nine
quatorze	→ fourteen	*trente*	→	thirty
quinze	→ fifteen	*trente et un*	→	thirty-one
seize	→ sixteen			

I. Write the corresponding number next to the figures.

1) _____quatre_____

2) _____neuf_____

3) _____onze_____

4) _____trois_____

5) _____dix-neuf_____

II. *After studying the numbers in this section, fill in the following spaces with the appropriate number to complete the sequence.*

1) un, deux, _____trois_____, quatre, cinq

2) deux, quatre, six, _____huit_____

3) dix, onze, douze, _____treize_____, quatorze, quinze

4) cinq, dix, quinze, vingt, _____vingt-cinq_____, trente

5) neuf, huit, _____sept_____, six, cinq

6) _____un_____, trois, cinq, sept, neuf, onze

7) deux, quatre, _____six_____, huit, dix, douze

8) un, onze, deux, douze, trois, _____treize_____, quatre, quatorze

9) vingt et un, vingt-quatre, _____vingt-sept_____, trente

10) vingt-neuf, _____vingt-cinq_____ vingt et un, dix-sept

III. *In the following exercise, first read the mathematical equations aloud, and then write them out. Follow these models:*

1 + 1 = 2 *un plus un font deux*
5 − 2 = 3 *cinq moins deux font trois*
2 x 5 = 10 *deux fois cinq font dix*

1) 2 + 4 = 6 deux plus quatre font six

2) 9 − 3 = 6 neuf moins trois font six

3) 2 x 2 = 4 deux fois deux font quatre

4) 5 + 5 = 10   <u>cinq plus cinq font dix</u>

5) 14 + 4 = 18   <u>quatorze plus quatre font dix-huit</u>

6) 7 x 4 = 28   <u>sept fois quatre font vingt-huit</u>

7) 12 – 4 = 8   <u>douze moins quatre font huit</u>

8) 21 + 5 = 26   <u>vingt et un plus cinq font vingt-six</u>

EXERCICES DE PRONONCIATION

ent, ed, er, ez

 Here are some other combinations with the letter "e."

ent – This combination of letters is a common ending of a verb form (3rd person plural — covered later!), and it is not pronounced at all.

Example: ils (m.)/elles (f.) parl*ent* — they speak

elles attendent, ils dansent, elles chantent, elles écrivent, ils boivent, ils choisissent, elles lisent, ils tombent

However, in words other than verbs, "ent" is pronounced like the sound "en" in the French word *"tente."* It is also equivalent to the sound "an" in the French word *"France."*

lentement, vraiment, entrée, serpent, moment, entendu

ed, er, ez – These combinations of letters are found at the end of some words; they sound a little like the "ay" in the English word "day." You will notice that the final consonants are silent.

venez, et, pied, aimer, parlez, dansiez, essayer, assied, comprenez, escalader, féliciter, sentier

Note: The word *"et"* meaning "and" also sounds a little like the "ay" in "day," but it is more cut off.

STEP NINE —
QUEL JOUR SOMMES-NOUS AUJOURD'HUI?
QUEL TEMPS FAIT-IL AUJOURD'HUI?

TRACK 18 DISC 1 In this section, you will first learn to find out what day, month and season it is. You will then learn how to talk about the weather.

When you want to find out what day it is, you can ask someone:

Quel jour sommes-nous? (What day is it?)

> *Aujourd'hui c'est lundi.* (Today is Monday.)
> *Aujourd'hui c'est mardi.* (Today is Tuesday.)

Here is a list of the **days of the week**:

LES JOURS DE LA SEMAINE		
lundi	→	Monday
mardi	→	Tuesday
mercredi	→	Wednesday
jeudi	→	Thursday
vendredi	→	Friday
samedi	→	Saturday
dimanche	→	Sunday

If you want to find out in what month someone's birthday falls, you could ask:

Quand est votre anniversaire? (When is your birthday?)

> *Mon anniversaire est en août.* (My birthday is in August.)
> *Mon anniversaire est en novembre.* (My birthday is in November.)

Here is a list of the **months of the year**:

LES MOIS DE L'ANNÉE					
janvier	→	January	*juillet*	→	July
février	→	February	*août*	→	August
mars	→	March	*septembre*	→	September
avril	→	April	*octobre*	→	October
mai	→	May	*novembre*	→	November
juin	→	June	*décembre*	→	December

If you want to ask a friend which season is his or her favorite, you could ask:

Quelle est ta saison préférée? (What is your favorite season?)

> *Ma saison préférée est le printemps.* (My favorite season is spring.)
> *Ma saison préférée est l'été.* (My favorite season is summer.)
> *Ma saison préférée est l'automne.* (My favorite season is fall.)
> *Ma saison préférée est l'hiver.* (My favorite season is winter.)

When you want to find out what the weather is like, you can ask someone:

Quel temps fait-il aujourd'hui? (How's the weather today?)

> *Il fait froid.* (It's cold.)
> *Il fait chaud.* (It's hot.)

If it is particularly hot or cold, a person might respond:

> *Il fait très froid.* (It's very cold.)
> *Il fait très chaud.* (It's very hot.)

Here are a few expressions that describe the **weather**:

LE TEMPS					
Il fait chaud.	→	It's hot.	*Il fait du vent.*	→	It's windy.
Il fait froid.	→	It's cold.	*Il neige.*	→	It's snowing.
Il fait du soleil.	→	It's sunny.	*Il pleut.*	→	It's raining.

 EXERCICES

I. Answer the following questions using vocabulary from this section.

1) **Quel temps fait-il aujourd'hui?** _____ Il fait du soleil _____.

2) **Quel jour sommes-nous aujourd'hui?** _____ Aujourd'hui c'est lundi _____.

3) **Quel temps fait-il en décembre au Canada?** _____ Il fait froid _____.

4) **Est-ce qu'il fait du vent à Chicago?** _____ Oui, il fait du vent _____.

5) **Quelle est ta saison préférée?** _Ma saison préférée est_

le printemps .

6) **En quel mois est votre anniversaire?** _Mon anniversaire est en juin_ .

7) **Est-ce que vous préférez le lundi ou le samedi?**

Je préfère le samedi .

8) **Combien de (How many) mois est-ce qu'il y a dans une année?**

Il y a douze mois dans une année .

9) **Combien de jours est-ce qu'il y a dans une semaine?**

Il y a sept jours dans une semaine .

10) **Quel temps fait-il à la Martinique?** _Il fait chaud_ .

II. Complete the following lists using vocabulary from this section.

1) **lundi, mardi, mercredi, jeudi,** _vendredi_ **, samedi**

2) **janvier, mars, mai,** _juillet_ **, septembre**

3) **oui-non, jour-nuit, froid-** _chaud_

4) **printemps, été, automne,** _hiver_

5) **lundi, vingt-deux octobre, mercredi, vingt-quatre octobre,**

vendredi, vingt-six octobre

EXERCICES DE PRONONCIATION

 When listening to people speak in French, you may find it difficult to identify individual words because they are linked to each other when they are pronounced.

A "liaison" occurs when the final consonant sound of one word is linked to the initial vowel sound of the next word.

EXAMPLES: *le petit enfant*

vous avez

Est-il venu?

mon ami

dix éléphants, vous êtes, les amis, ils arrivent, quel âge, mon amie, écrit-il, cet idiot, neuf alligators, vous avez un âne

ATTENTION! There is one big exception: There is never any linking after *"et"* and a following vowel sound.

EXAMPLES: *Paul et Anne; regarder et écouter*

As we have already seen, the final "e" of a word is not pronounced; therefore, the preceding consonant is linked to the vowel sound that starts the next word.

une amie, quelle heure est-il?, Hélène est intelligente, une petite abeille, sportive et intelligente, même à l'école américaine, heureuse enfant, coupe un morceau

WHEN IS AN APOSTROPHE USED?

An apostrophe is frequently used in French to eliminate the vowel at the end of a word when the next word also begins with a vowel. This happens most frequently with the definite articles *"la"* and *"le,"* which become *"l'"* in front of a word starting with a vowel or an "h." This is also the case with the word *"que"* (meaning "that") which becomes *"qu'"* in the same situations.

EXAMPLES: *l'enfant, l'hôtel, qu'il*

l'ami, qu'elle, l'hôpital, l'éléphant, qu'un, l'image, qu'avec, l'animal, l'insecte, l'hésitation, l'herbe, l'émotion

STEP TEN — QUELLE HEURE EST-IL?

 In this final step section, you will learn to tell time.

When you want to find out what time it is, you can ask someone:

Quelle heure est-il?

> *Il est une heure.* (It's one o'clock.)
> *Il est deux heures.* (It's two o'clock.)
> *Il est trois heures.* (It's three o'clock.)

Here are some other useful constructions to use when talking about time:

> *Il est une heure et quart.* (It's a quarter after one.)
> *Il est deux heures et quart.* (It's a quarter after two.)

> *Il est une heure et demie.* (It's one-thirty.)
> *Il est cinq heures et demie.* (It's five-thirty.)

> *Il est une heure moins le quart.* (It's a quarter of one.)
> *Il est neuf heures moins le quart.* (It's a quarter of nine.)

> *Il est une heure juste.* (It's one o'clock sharp.)
> *Il est onze heures juste.* (It's eleven o'clock sharp.)

> *Il est une heure vingt.* (It's one-twenty.)
> *Il est neuf heures vingt.* (It's nine-twenty.)

> *Il est huit heures moins cinq.* (It's five to eight.)
> *Il est sept heures moins vingt.* (It's twenty to seven.)

> *Il est midi.* (It's twelve noon.)
> *Il est minuit.* (It's midnight.)

When you want to find out when an event is taking place, you might ask:

À quelle heure est le cours de français? ([At] what time is the French class?)

> *Le cours de français est à dix heures.* (The French class is at ten.)

À quelle heure est le match de foot? ([At] what time is the soccer game?)

> *Le match de foot est à trois heures.* (The soccer game is at three.)

À quelle heure est la fête? ([At] what time is the party?)

> *La fête est à huit heures.* (The party is at eight.)

Helpful Tip: In English, the word "at" is optional, but in French "à" is <u>required</u>.

I. *Answer the following questions in complete sentences.*

1) **Quelle heure est-il?** Il est dix heures _____.

2) **À quelle heure est votre cours de français?** –Mon cours de français est à

onze heures _____.

3) **À quelle heure est votre cours d'histoire?**

Mon cours d'histoire est à une heure _____.

4) **À quelle heure est votre programme de télévision préféré?**

Mon programme de télévision préféré est à sept heures _____.

5) **À quelle heure est-ce qu'il fait très chaud en été?**

Il fait très chaud à midi _____.

6) **À quelle heure est-ce que les vampires arrivent?**

Les vampires arrivent à minuit _____.

7) **À quelle heure est votre cours de maths?**

Mon cours de maths est à neuf heures et quart _____.

8) **À quelle heure sont les "Parks and Recreation" à la télévision?**

Les "Parks and Recreation" sont à huit heures _____.

II. Using the following clock faces, tell what time it is.

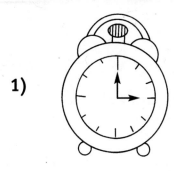

1) Il est trois heures _____.

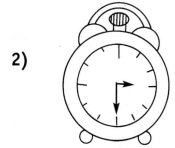

2) Il est trois heures et demie _____.

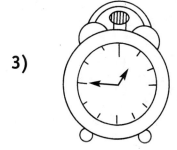

3) Il est une heure moins le quart _____.

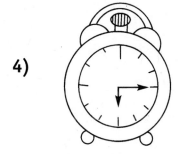

4) Il est six heures et quart _____.

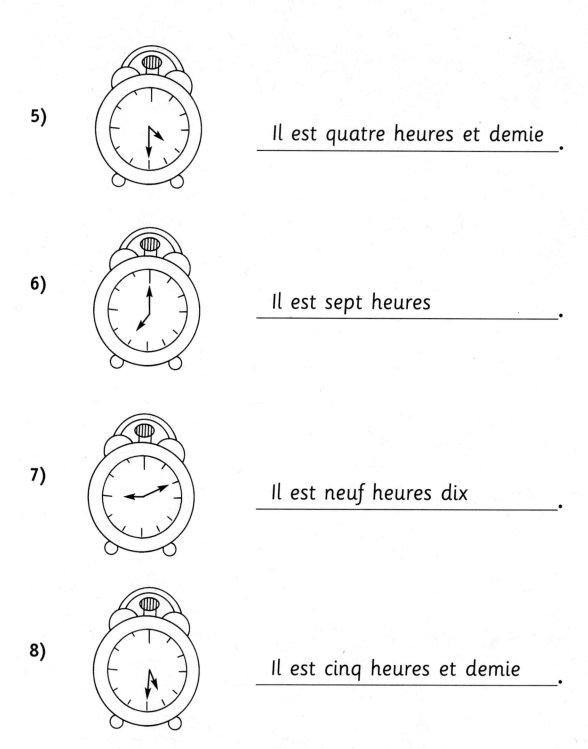

5) Il est quatre heures et demie .

6) Il est sept heures .

7) Il est neuf heures dix .

8) Il est cinq heures et demie .

LA FRANCE &
LA CORSE

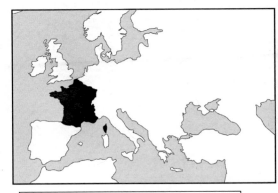

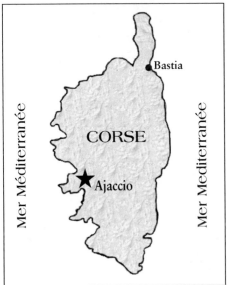

LA FRANCE

Capitale:	Paris
Population:	66.600.000
Gouvernement:	République
Chef d'état:	Président François Hollande
Monnaie:	Euro
Langue:	Français
Ressources:	Automobiles, cinéma, fromages, gastronomie, haute couture, télécommunications, textiles, tourisme, vins
Musique:	Hector Berlioz, Claude Debussy, Gabriel Fauré, Edith Piaf, Maurice Ravel
Principales richesses touristiques:	Les Alpes, l'Arc de Triomphe, la Cathédrale de Notre Dame, les châteaux de la Loire, la Côte d'Azur, le Mont Saint Michel, le Musée du Louvre, le Musée d'Orsay, la Provence, la Tour Eiffel, Versailles
Cuisine:	Bouillabaisse, cassoulet, confit de canard, coquilles St. Jacques, crème brûlée, escargots à la Bourguignonne, foie gras, "haute cuisine," poulet rôti, quiche lorraine, salade niçoise, soufflé au chocolat, soupe à l'oignon, tarte tatin, vin

FRANÇAIS CÉLÈBRES

Jeanne d'Arc
(FIGURE HISTORIQUE)

Brigitte Bardot
(ACTRICE)

Maurice Béjart
(CHORÉGRAPHE)

Napoléon Bonaparte
(EMPEREUR)

Coco Chanel
(CRÉATRICE DE MODE)

Colette (ÉCRIVAIN)

Marion Cotillard
(ACTRICE)

Marie Curie
(PHYSICIENNE, CHIMISTE)

Gérard Depardieu
(ACTEUR)

Thierry Henry
(FOOTBALLEUR)

Victor Hugo
(ÉCRIVAIN)

Marquis de La Fayette
(OFFICIER)

Edouard Manet
(PEINTRE)

Molière
(DRAMATURGE)

Claude Monet
(PEINTRE)

Auguste Rodin
(SCULPTEUR)

Voltaire
(ÉCRIVAIN, PHILOSOPHE)

Vocabulaire Leçon Un

Theme words: "People"

l' ami (m.)	friend (male)
l' amie (f.)	friend (female)
le bébé	baby
l' enfant (m./f.)	child
la femme	woman, wife
la fille	girl
le garçon	boy
l' homme (m.)	man

Other nouns

la classe	class
l' école (f.)	school
la fête	party
le livre	book
la nuit	night
le parc	park

Adjectives

beau/belle	beautiful
bon/bonne	good
grand/grande	big, tall
intelligent/intelligente	intelligent
intéressant/intéressante	interesting
mauvais/mauvaise	bad
petit/petite	little, small, tiny
sympathique	nice

Verbs

attendre	to wait for
choisir	to choose, to select
danser	to dance
enseigner	to teach
entendre	to hear
finir	to finish
grandir	to grow, to expand
marcher	to walk
parler	to speak
perdre	to lose
préparer	to prepare
regarder	to look
rendre	to give back
répondre	to answer, to respond
réussir	to succeed
travailler	to work
vendre	to sell

Miscellaneous

après	after
aussi	also
avec	with
beaucoup	a lot
dans	in
ici	here
là	there
merci	thank you
non	no
oui	yes
près	near
s'il vous plaît	please
un peu	a little

LEÇON UN

KEY GRAMMAR CONCEPTS

A) SUBJECT PRONOUNS → *Les pronoms sujets*

B) REGULAR VERBS IN THE PRESENT TENSE → *Les verbes réguliers au présent*

C) INTERROGATIVES → *Les interrogatifs*

A) SUBJECT PRONOUNS

Pronouns are words that take the place of nouns. Nouns designate people, animals, places, ideas or things. A subject pronoun will serve as the main actor of a sentence. In general, **subject pronouns** in French and English are used in a similar way.

Subject Pronouns	
Singular	**Plural**
je – j' → I	*nous* → we
tu → you (familiar, singular) *vous* → you (formal, singular)	*vous* → you (familiar, plural) you (formal, plural)
il → he, it *elle* → she, it	*ils* → they (masculine) *elles* → they (feminine)
on → one (not specific)	

Helpful Tips: French expresses "you" in two different ways: *tu* and *vous*.
a) *Tu* is used when a person addresses a relative, a friend, or a peer. It is an informal, friendly pronoun.
b) *Vous* is used when addressing a stranger, an acquaintance, or someone older than you. It is formal and respectful.
c) *Vous* is the form used in the plural when a person addresses two or more people.
d) When in doubt, it is wise to use *"vous."*

EXAMPLES: *Je parle avec Nicolas, mais **tu** danses avec Christine.*
I talk with Nicolas, but you dance with Christine.

*Philippe et Rose sont amis; **il** vient de Corse et **elle** vient du Québec.*
Philippe and Rose are friends; he is from Corsica, and she is from Quebec.

*Michel! Isabelle! –**Nous** sommes ici!*
   Michel! Isabelle! –We're here!

***Elles** vendent beaucoup de baguettes.*
   They sell a lot of baguettes.

*Madame, **vous** choisissez une belle robe.*
   Madame, you choose a beautiful dress.

*Anne, est-ce que **tu** aimes le cinéma?*
   Anne, do you like movies?

*En France **on** parle français.*
   In France, one (you) speaks French.

EXERCICE

Translate the following English pronouns into French:

a. I _____je_____   **f.** you (plural) _____vous_____

b. you (familiar) _____tu_____   **g.** she _____elle_____

c. they (feminine) _____elles_____   **h.** you (formal, sing.)_____vous_____

d. he _____il_____   **i.** one (you) _____on_____

e. we _____nous_____   **j.** they (masculine) _____ils_____

 B) REGULAR VERBS IN THE PRESENT TENSE

Verbs are the words in a sentence that narrate the action; they tell you what is going on.
The endings of a French verb correspond to a specific subject. Once you learn these
endings, you will be ready to speak complete French sentences!
The **infinitive** of a verb is its simplest form, the starting point before it is conjugated or
changed to correspond to a specific subject.

The **present tense** describes actions that are happening now, reports current conditions
or traits, describes customary events, and also announces what may be happening in the
immediate future.

There are three infinitive endings: **-ER**, **-IR**, and **-RE**. Each one has its own set of endings

Here are the full conjugations of three regular verbs in the present tense:

	PARLER (to speak)	FINIR (to finish)	ENTENDRE (to hear)
I	je parl**e**	je fin**is**	j' entend**s**
you (familiar)	tu parl**es**	tu fin**is**	tu entend**s**
he/she/one*	il/elle/on parl**e**	il/elle/on fin**it**	il/elle/on entend
we	nous parl**ons**	nous fin**issons**	nous entend**ons**
you (plural or formal, singular)	vous parl**ez**	vous fin**issez**	vous entend**ez**
they (m./f.)	ils/elles parl**ent**	ils/elles fin**issent**	ils/elles entend**ent**

*Subsequent conjugations will not list *"on."* Just remember *"on"* is conjugated like *"il"* and *"elle."*

> **Helpful Tip:** Do you notice that **-ER**, **-IR**, and **-RE** verbs share some common endings but have different ones as well? Study the <u>endings</u> of the verbs carefully. They provide a clue to help you figure out who/what the subject is.

The following list contains some of the most frequently used verbs in the French language. All of these verbs follow the conjugation patterns presented above. Although you do not need to know the meanings of all these words just yet, you will be practicing them throughout this book. In time, they will become old friends.

-ER		-IR	-RE
aimer (to like, to love)	*jouer* (to play)	*choisir* (to choose)	*attendre* (to wait)
chanter (to sing)	*laver* (to wash)	*désobéir* (to disobey)	*défendre* (to forbid)
continuer (to continue)	*manger* (to eat)	*finir* (to finish)	*descendre* (to go down)
danser (to dance)	*marcher* (to walk)	*grandir* (to grow)	*perdre* (to lose)
demander (to ask)	*parler* (to speak)	*maigrir* (to lose weight)	*répondre* (to answer)
écouter (to listen)	*passer* (to spend time)	*obéir* (to obey)	*rendre* (to give back)
entrer (to go in)	*pleurer* (to cry)	*punir* (to punish)	*vendre* (to sell)
étudier (to study)	*préparer* (to prepare)	*réussir* (to succeed)	
fermer (to close)	*regarder* (to look)	*rougir* (to turn red, to blush)	
gagner (to win)	*travailler* (to work)		
habiter (to live)			

*The *"nous"* form of the verb *"manger"* is irregular: *"nous mangeons."*

⚜ EXAMPLES: *Hélène **parle** beaucoup.*
Hélène speaks a lot.

*Je ne **choisis** pas le petit livre.*
I don't choose the little book.

*Nous **répondons**: "Oui!"*
We answer: "Yes!"

*Vous **enseignez** le français?*
Do you teach French?

*Ils **préparent** une fête sympathique.*
They prepare a nice party.

*Mon papa **prépare** des crêpes dans le restaurant.*
My dad prepares crepes in the restaurant.

*Les artistes **vendent** beaucoup?*
Do the artists sell a lot?

*Les enfants **obéissent** à l'école.*
The children obey at school.

*Nous **attendons** l'autobus.*
We wait for the bus.

  # EXERCICES

1. Conjugate these verbs in the present tense using the models found on page 39:

chanter (to sing)	**rougir** (to blush)	**vendre** (to sell)
je chante	je rougis	je vends
tu chantes	tu rougis	tu vends
il/elle chante	il/elle rougit	il/elle vend
nous chantons	nous rougissons	nous vendons
vous chantez	vous rougissez	vous vendez
ils/elles chantent	ils/elles rougissent	ils/elles vendent

2. Now write the correct form of the verb in parentheses in the spaces provided:

a. Les Canadiens _____ jouent _____ très bien au hockey sur glace. (jouer)

b. Nous _____ habitons _____ à Toulouse, dans le sud de la France. (habiter)

c. Je _____ vends _____ une limonade délicieuse. (vendre)

d. Mon papa et ma maman _____ travaillent _____ à l'hôpital. (travailler)

e. Tu _____ attends _____ l'autobus avec des amis. (attendre)

f. Vous _____ obéissez _____ au professeur. (obéir)

g. Carla Bruni _____ répond _____ aux questions du journaliste. (répondre)

h. LeBron James _____ gagne _____ beaucoup de trophées. (gagner)

i. Les petits éléphants _____ grandissent _____ dans la jungle. (grandir)

j. Les enfants _____ perdent _____ le ballon dans le parc. (perdre)

3. Provide the proper subject pronoun:

a. _____ Tu _____ écoutes la musique de Wyclef Jean.

b. _____ Nous _____ répondons beaucoup dans la classe de physique.

c. Marc est très intelligent; _____ il _____ travaille jour et nuit.

d. _____ Vous _____ marchez dans les jardins de Versailles.

e. Anne est élégante; _____ elle _____ choisit de lire Elle.

f. Paul et Thomas aiment la quiche de leur grand-mère. _____ Ils _____ descendent pour le dîner.

g. _____ Je _____ demande des euros à mon oncle.

h. _____ Elles _____ choisissent des jeans roses.

i. _____ Tu _____ désobéis à ton père.

j. Mes petites sœurs sont contentes; _____ elles _____ dansent à la fête.

k. À Bordeaux _____ on _____ mange bien.

4. The following paragraph contains five verbal errors. Underline each incorrect verb form and write the correction above it:

chante
MC Solaar <u>chantent</u> du rap. C'est un style de musique que

aiment
les Français <u>aimes</u> beaucoup. J'écoute la radio avec mes amis.

choisissons   regardons
Nous <u>choisissez</u> les CD de MC Solaar et nous <u>regardent</u> ses photos.

l'écoutes
Tu <u>l'écoute</u> aussi?

C) INTERROGATIVES

Interrogatives are words used to ask questions. These words help you to zero in on the information you need.

1 How to ask questions with a yes/no answer.

It is very easy to ask a question in French. Simply put the phrase *"est-ce que"* in front of a statement.

 EXAMPLES: *Est-ce que tu aimes le chocolat?* –Oui.
Do you like chocolate? –Yes!

Est-ce qu'ils vendent des croissants? –Non.
Do they sell croissants? –No.

2 How to seek information with interrogative expressions.

Interrogative expressions are found before *"est-ce que"* in a question.

Here are the most common interrogative expressions:

Combien de? → How many?/How much?	*Où?* → Where?
Comment? → How?	*Pourquoi?* → Why?
D'où? → From where?	*Quand?* → When?

EXAMPLES: *Où est-ce que tu habites?*
Where do you live?

Quand est-ce que vous travaillez?
When do you work?

Pourquoi est-ce qu'ils rougissent?
Why do they blush?

Combien d'heures est-ce que tu travailles?
How many hours do you work?

Comment est-ce qu'elle lave le crocodile?
How does she wash the crocodile?

3 How to say "who," "whom," and "what."

When the <u>subject</u> is a <u>person</u>, use *Qui est-ce qui?*

EXAMPLE: *Qui est-ce qui entre dans la classe? –Marie entre dans la classe.*
Who enters the class? –Mary enters the class.

When the <u>subject</u> is a <u>thing</u>, use *Qu'est-ce qui?*

EXAMPLE: *Qu'est-ce qui passe à la télévision ce soir? –American Idol.*
What's on TV tonight? –*American Idol.*

When the <u>object</u> is a <u>person</u>, use *Qui est-ce que?*

EXAMPLE: *Qui est-ce que tu aimes? –J'aime le professeur de français.*
Whom do you like? –I like the French teacher.

When the <u>object</u> is a <u>thing</u>, use *Qu'est-ce que?*

EXAMPLE: *Qu'est-ce que vous préparez? –Nous préparons le dîner.*
What are you preparing? –We are preparing dinner.

EXERCICES

1. Insert the appropriate interrogative words in the sentences below:

a. <u>Quand est-ce que</u> tu joues au tennis? –En été.

b. <u>Où est-ce que</u> les lions habitent? –Ils habitent en Afrique.

c. <u>Qui est-ce qui</u> joue dans *Twilight*? –Kristen Stewart.

d. <u>Qu'est-ce qui</u> mange en été? –Des tomates!

e. <u>Combien de</u> sandwichs <u>est-ce que</u> tu manges?
–Trois!

f. <u>Qui est-ce que</u> vous appelez? –Nous appelons Joséphine.

g. <u>Pourquoi est-ce que</u> tu passes les vacances à Tahiti? –Parce qu'il fait froid ici en hiver!

h. <u>Comment est-ce que</u> le film finit? –Il finit par un mariage.

i. <u>Qu'est-ce que</u> tu regardes? –Le film *L'Artiste*.

j. <u>Pourquoi est-ce qu'</u> elle punit les enfants? –Parce qu'ils désobéissent.

2. **The following dialogue contains four errors related to interrogative words. Underline each error and write the correct word above it:**

                                               qui
–Bonjour, Antoine. Qui est-ce <u>que</u> travaille avec ton frère?

–Il s'appelle Daniel.

    Où
–<u>Quand</u> est-ce qu'il habite?

–Il habite à Toulouse.

   Qu'
–<u>Qui</u> est-ce qu'il mange?

–Il mange des omelettes et des croissants.

–Qu'est-ce qu'il préfère?

–Il préfère les omelettes.

    Combien
–<u>Comment</u> d'omelettes est-ce qu'il mange?

–Il mange douze omelettes!!

–Incroyable!

PRATIQUE DE L'ORAL
QUESTIONS PAR DEUX

These two sets of questions use grammatical structures and vocabulary from this lesson. Working with a partner, alternate asking and answering each question. Even though you are working with a classmate, some of the questions will use the familiar "tu" form and others will use the more formal "vous." When you get to the bottom of each list, start over at the top, switching roles. As a variation, write out the answers in complete sentences.

 A) Est-ce que tu parles beaucoup français en classe?

Est-ce que tu manges beaucoup de chocolat?

Est-ce que tu aimes marcher dans le parc?

Comment s'appelle ton livre préféré?

Où est-ce que tu habites?

Comment est-ce que vous allez aujourd'hui?

Est-ce qu'un éléphant est grand ou petit?

B) Est-ce que tu danses beaucoup dans les fêtes?

Qui est-ce qui travaille dans une école?

Quand est-ce que tu joues au hockey?

Quand est-ce que la classe finit?

Qu'est-ce que tu préfères à l'école?

Avec qui est-ce que vous dansez dans les fêtes?

Qui est-ce qui parle beaucoup en classe?

DIALOGUE

The following dialogue contains grammar and vocabulary that you've seen in this lesson and in the introductory section. After listening to the CD, read this dialogue aloud, alone or with friends. Afterwards, try to answer the questions that follow either aloud or in written form.

 ## LES AVENTURES DE RAPHAËL, ÉLISE ET "LE TIGRE"

SCÈNE UN

Raphaël et "Le Tigre" parlent dans le parc. Ils sont de Washington, D.C.

Raphaël: Comment ça va, Tigre?

Le Tigre: Très bien Raphaël, mais il fait très chaud aujourd'hui.

Raphaël: Oui, nous habitons à Washington où il fait toujours très chaud.

Le Tigre: C'est vrai, mais je n'aime pas quand il fait chaud.

Raphaël: Est-ce que tu veux aller à la fête de ma cousine?

Le Tigre: Qui est ta cousine?

Raphaël: C'est Élise . . . Élise Bergerac.

Le Tigre: Ah! Elle est très intelligente et très belle. Allons-y! (Let's go!)

Raphaël et "Le Tigre" entrent dans la maison d'Élise.

Raphaël: Bonjour Élise. Je te présente mon ami, Le Tigre.

Élise: Bonjour Tigre. Je m'appelle Élise. Tu aimes la musique?

Le Tigre: J'adore la musique. J'aime beaucoup le nouveau disque compact de Carlos Santana, *Supernatural*.

Élise: Il est super! La chanson *"María, María"* est magnifique.

Le Tigre: Tu veux danser un peu?

Élise: Pourquoi pas?

Raphaël mange beaucoup de Doritos et boit de l'Orangina.

Élise: Tu danses très bien!

Le Tigre: Merci, Élise.

Élise: Raphaël, ton ami est très sympathique.

Raphaël: C'est vrai. Le Tigre et moi, nous préparons un voyage à New York dans une semaine. Tu aimes New York?

Élise: Oui, beaucoup, mais mes parents sont très stricts. Ils ne me permettent pas de voyager.

Le Tigre: Pas de problème. Nous avons un plan excellent.

QUESTIONS

1) D'où sont Raphaël et Le Tigre?

Ils sont de Washington.

2) D'habitude quel temps fait-il à Washington?

Il fait chaud.

3) Comment s'appelle la cousine de Raphaël?

Elle s'appelle Élise.

4) Comment est Élise Bergerac?

Elle est intelligente et belle.

5) Comment s'appelle le disque compact qu'ils écoutent?

Il s'appelle "Supernatural."

6) Qui danse?

Le Tigre et Élise dansent.

7) Qu'est-ce que Raphaël mange?

Raphaël mange des Doritos.

8) Où est-ce que Raphaël et Le Tigre vont dans une semaine?

Ils vont à New York.

9) Est-ce qu'Élise peut aller à New York aussi?

Non, elle ne peut pas aller à New York.

10) Comment sont les parents d'Élise?

Ils sont très stricts.

EXERCICES DE RÉVISION

1. **Answer in complete sentences:**

   a. Est-ce que tu parles français en classe?

   Oui, je parle français en classe.

   b. Qu'est-ce que le chat mange?

   Le chat mange la souris.

   c. Qui est-ce qui chante dans ta famille?

   Paul chante.

   d. Est-ce que vous dansez à la discothèque?

   Oui, je danse à la discothèque.

   e. Quand est la classe de français?

   La classe de français est le lundi.

2. **Conjugate the following verbs fully in the present tense, remembering to include the subject pronouns:**

écouter (to listen)	**choisir** (to choose)	**attendre** (to wait)
j'écoute	je choisis	j'attends
tu écoutes	tu choisis	tu attends
il/elle écoute	il/elle choisit	il/elle attend
nous écoutons	nous choisissons	nous attendons
vous écoutez	vous choisissez	vous attendez
ils/elles écoutent	ils/elles choisissent	ils/elles attendent

étudier (to study)	**maigrir** (to lose weight)	**répondre** (to answer)
j'étudie	je maigris	je réponds
tu étudies	tu maigris	tu réponds
il/elle étudie	il/elle maigrit	il/elle répond
nous étudions	nous maigrissons	nous répondons
vous étudiez	vous maigrissez	vous répondez
ils/elles étudient	ils/elles maigrissent	ils/elles répondent

3. Write the correct form of each verb in the spaces provided:

a. Je ____prépare____ le dîner tous les jours. (préparer)

b. Le petit garçon ____désobéit____ à ses parents. (désobéir)

c. Les bébés ____pleurent____ beaucoup. (pleurer)

d. Vous ____vendez____ des baleines roses? (vendre)

e. Tu ____réponds____ aux douze questions. (répondre)

f. Nous ____passons____ les vacances chez notre grand-mère. (passer)

g. Les bébés ____grandissent____ vite. (grandir)

h. L'éléphant gris ____habite____ en Afrique. (habiter)

i. Quand il fait froid, nous ____jouons____ au hockey sur glace. (jouer)

j. Les mauvais parents ____perdent____ Hansel and Gretel dans la forêt. (perdre)

4. Write all possible subject pronouns in front of these conjugated verbs:

a. ____nous____ descendons

b. ____tu____ entres

c. ____il/elle____ finit

d. ____je/il/elle____ gagne

e. ____vous____ choisissez

f. ____je/tu____ perds

g. _____ils/elles_____ continuent

h. _____vous_____ attendez

i. _____nous_____ demandons

j. _____je/tu_____ réponds

5. **Write the appropriate interrogative words in the spaces provided:**

a. _____Quand_____ est la fête? –Vendredi.

b. _____Qu'est-ce que_____ la girafe mange? –Des plantes vertes.

c. _____Comment_____ s'appelle le président de la République française? –François Hollande.

d. _____Pourquoi est-ce que_____ tu manges beaucoup de croissants? –Parce que j'adore les croissants.

e. _____Où est-ce que_____ les habitants parlent français? –En Haïti et à Madagascar.

f. _____Qui est-ce qui_____ gagne beaucoup au golf? –Yani Tseng.

6. **Translate the following sentences into French:**

a. She works with a friend in the park.

Elle travaille avec une amie/un ami dans le parc.

b. What time is it?

Quelle heure est-il?

c. The husband answers "yes" a lot.

Le mari répond "oui" beaucoup.

d. I also succeed at school.

Je réussis aussi à l'école.

7. The following paragraph contains seven errors. Underline each error and write the correct word above it:

                                                    marchons

Bonjour. J'aime aller dans le parc avec Christine. Nous <u>marches</u>

      beau   *vert*

dans le <u>belle</u> parc avec un petit crocodile <u>vert</u>e. Pourquoi? Parce que le

                              petit

parc n'est pas grand . . . il est <u>petite</u>, avec un grand lac. Après, nous

                                parlons

attendons l'autobus et nous <u>parlions</u> beaucoup. Mais le conducteur

  défend

<u>défende</u> au crocodile d'entrer dans l'autobus. Quelle surprise! Nous

obéissons

<u>obéisson</u> et nous descendons de l'autobus.

LE QUÉBEC

QUÉBÉCOIS CÉLÈBRES:

Denys Arcand
(RÉALISATEUR)

Martin Brodeur
(JOUEUR DE HOCKEY)

Emmanuelle Chriqui
(ACTRICE)

Yvon Deschamps
(HUMORISTE)

Céline Dion
(ACTRICE-CHANTEUSE)

Diane Dufresne
(CHANTEUSE, COMÉDIENNE
ET PEINTRE)

Patrick Huard
(ACTEUR, HUMORISTE)

Mario Lemieux
(JOUEUR DE HOCKEY)

Albert Prévost
(NEUROPSYCHIATRE)

Pierre Trudeau
(HOMME POLITIQUE)

LE QUÉBEC

Capitale:	Ville de Québec
Population:	8.100.000
Gouvernement:	Province du Canada (Confédération Parlementaire Démocratique)
Chef d'état:	Première Ministre Pauline Marois
Monnaie:	Dollar canadien
Langue:	Français
Ressources:	Aéronautique, forêts, haute couture, hydroélectricité, mines, pêche, télécommunications
Musique/Danse:	Clog, folk rock, folklorique, jazz, reel
Principales richesses touristiques:	Château Frontenac, Île de Bonaventure (réserve d'oiseaux), Île d'Orléans, Îles-de-la-Madeleine, Parc du Mont Tremblant, Péninsule de Gaspé, Région de l'Érable, Vieux Montréal, Vieux Québec
Cuisine:	Bière, cidre, crabes et langoustes, crêpes, creton du Québec, fromages, poisson, poisson fumé, pot-en-pot, poutine, ragoût de boulettes, sirop d'érable, soupe de petits pois verts, tartes au sucre, tourtière (tarte à la viande)

VOCABULAIRE LEÇON DEUX

THEME WORDS: "TRANSPORTATION"

l'	autobus (m.)	bus
l'	avion (m.)	plane
le	bateau	boat
le	camion	truck
la	moto	motorcycle
le	taxi	taxi
le	train	train
le	vélo	bicycle
la	voiture	car

OTHER NOUNS

l'	amour (m.)	love
l'	argent (m.)	money
la	chose	thing
le	CD (disque compact)	CD (compact disc)
la	date	date (calendar)
l'	ordinateur (m.)	computer
le	prix	price, prize
le	village	village
la	ville	city

ADJECTIVES

chaud/chaude	hot, warm
cher/chère	expensive
difficile	difficult
facile	easy
froid/froide	cold
mystérieux/ mystérieuse	mysterious
nouveau/nouvelle	new

pauvre	poor
plein/pleine	full
riche	rich
sérieux/sérieuse	serious
vieux/vieille	old

VERBS

acheter	to buy
aider	to help
aller	to go
amuser	to amuse
arriver	to arrive
avoir	to have
chercher	to look for
commencer	to begin
corriger	to correct
croire	to believe
donner	to give
être	to be
faire	to do, to make
gagner	to win, to earn
trouver	to find
venir	to come

MISCELLANEOUS

et	and
mais	but
ou	or
que	that, which
souvent	often
toujours	always

LEÇON DEUX

<table>
<tr><td rowspan="2">KEY GRAMMAR CONCEPTS
</td><td>**A) IRREGULAR VERBS IN THE PRESENT TENSE** → *Verbes irréguliers au présent*</td></tr>
<tr><td>**B) "BOOT" VERBS IN THE PRESENT TENSE** → *Verbes "botte" au présent*</td></tr>
<tr><td></td><td>**C) NOUNS: SINGULAR AND PLURAL FORMS** → *Les noms*</td></tr>
<tr><td></td><td>**D) DEFINITE AND INDEFINITE ARTICLES** → *Articles définis et indéfinis*</td></tr>
</table>

A) IRREGULAR VERBS IN THE PRESENT TENSE

Some verbs of frequent usage don't follow the patterns presented in *Leçon Un*. They are used so frequently it would be wise to master them now!

Here are three of the most common irregular verbs:

AVOIR (to have)	ÊTRE (to be)	FAIRE (to do, to make)
j' ai	je suis	je fais
tu as	tu es	tu fais
il/elle a	il/elle est	il/elle fait
nous avons	nous sommes	nous faisons
vous avez	vous êtes	vous faites
ils/elles ont	ils/elles sont	ils/elles font

B) "BOOT" VERBS IN THE PRESENT TENSE

Whereas regular verbs are characterized by having the same stem for all six conjugations, "boot" verbs have <u>two</u> stems!

ATTENTION! Please note that the forms of *je, tu, il, elle, ils, elles* share the same stem, and *nous, vous* share a different stem.

WHY ARE THESE VERBS CALLED "BOOT" VERBS?

The conjugations that share the stem form the shape of a boot.

Here are three examples of "boot" verbs:

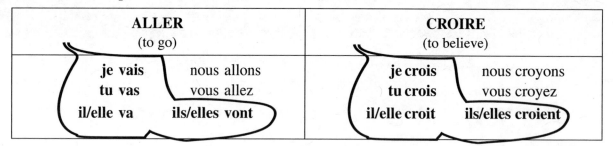

ALLER (to go)		CROIRE (to believe)	
je vais	nous allons	je crois	nous croyons
tu vas	vous allez	tu crois	vous croyez
il/elle va	ils/elles vont	il/elle croit	ils/elles croient

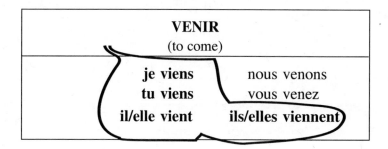

VENIR (to come)	
je viens	nous venons
tu viens	vous venez
il/elle vient	ils/elles viennent

 EXERCICES

1. In the spaces provided, put the verbs into the present tense. Be sure that the verb agrees with the subject:

a. Mon ami _____ croit _____ qu'il est trois heures. (croire)

b. Les éléphants _____ vont _____ dans la forêt. (aller)

c. Mon père _____ vient _____ en avion. (venir)

d. Vous _____ faites _____ l'exercice sur l'ordinateur. (faire)

e. Tu _____ as _____ beaucoup d'argent. (avoir)

f. Nous _____ sommes _____ en classe d'histoire. (être)

g. Est-ce que vous _____ croyez _____ que l'amour est toujours important? (croire)

h. Nous _____ venons _____ à l'école en voiture. (venir)

i. Est-ce que vous _____ avez _____ un petit chien? (avoir)

j. Les enfants _____ font _____ souvent du chocolat chaud. (faire)

k. Le taxi _____ va _____ à l'aéroport Pierre Elliot Trudeau. (aller)

l. Pourquoi est-ce que vous _____ êtes _____ rouges? (être)

2. **The following dialogue contains four verbal errors. Underline each verbal error and write the correction above it:**

                             vont
–Est-ce que ces autobus <u>allent</u> à l'aéroport?

                font
–Oui, je crois qu'ils <u>faitent</u> ce voyage.

–À quelle heure est-ce que l'autobus 15 vient par ici?

                     viennent
–Les autobus 15 et 20 <u>viendent</u> à quatre heures.

–Je suis content parce que mon avion est à sept heures.

–Est-ce que vous faites un grand voyage?

       vais
–Oui, je <u>va</u> en Tunisie.

–Bon voyage!

C) DEFINITE AND INDEFINITE ARTICLES

Articles are adjectives that help identify nouns. In English, we have only one **definite article** — "the," which refers to a specific thing or things, e.g., "the afternoon," "the cars." We also have **indefinite articles** — "a," "an," "some," which refer to one, or some, of those things, e.g., "a car," "an afternoon," "some friends."

1) DEFINITE ARTICLES

There are four **definite articles** in French: *le, la, l'* and *les*. They correspond to the English word "**the**" and are used to indicate specific persons or things.

Definite Articles	
le (used with masculine, singular nouns) *la* (used with feminine, singular nouns) *l'* (used with masculine or feminine, singular nouns that begin with a vowel and with most nouns beginning with "h," since it is silent)	*les* (used with all plural nouns)

EXAMPLES: *Le camion va à Paris.*
The truck goes to Paris

*Pierre choisit **la** moto verte.*
Peter chooses the green motorcycle.

*Le grand-père prépare **les** gâteaux.*
The grandfather prepares the cakes.

*L'autobus 34 va à **l'**Hôtel Victor Hugo.*
The #34 bus goes to the Hotel Victor Hugo.

ATTENTION! **Definite articles** are also used in French with nouns in an abstract or general sense. English does not use articles in these situations.

EXAMPLES: *Les chats mangent **les** souris.*
Cats eat mice.

*J'admire **l'**intelligence et **le** courage.*
I admire intelligence and courage.

2) INDEFINITE ARTICLES

There are three **indefinite articles** in French: *un, une* and *des*. They are used to indicate non-specific persons or things. They mean **"a"** (or **"an"**) in the singular and often have no English translation in the plural.

<table>
<tr><td colspan="2" align="center">**Indefinite Articles**</td></tr>
<tr><td>*un* (masculine, singular)</td><td>*des* (all plural nouns)</td></tr>
<tr><td>*une* (feminine, singular)</td><td></td></tr>
</table>

 EXAMPLES: *Un rat est un petit animal.*
A rat is a small animal.

Le garçon regarde une baleine bleue.
The boy looks at a blue whale.

Bugs Bunny mange des carottes.
Bugs Bunny eats (some) carrots.

EXERCICES

1. Place one of the following definite articles in the sentences *(le, la, l', les)*:

a. _____La_____ classe de français est intéressante.

b. _____La_____ mère caresse _____le_____ bébé.

c. Je vais à _____la_____ fête dans _____le_____ parc Maisonneuve à Montréal.

d. _____Les_____ poissons dansent dans _____l'_____ aquarium.

e. Après _____l'_____ école, _____les_____ enfants font les devoirs à la maison.

f. _____La_____ grand-mère marche dans _____la_____ forêt avec _____le_____ cousin de Victor.

g. _____Les_____ professeurs préparent _____les_____ leçons et _____les_____ examens.

2. Place one of the following indefinite articles in the sentences *(un, une, des)*:

a. Nous avons ____des____ amis intelligents.

b. Je préfère ____une____ petite voiture qu' ____une____ grosse moto.

c. ____Un____ serpent est ____un____ animal dangereux.

d. *Star Wars* est ____un____ vieux film.

e. Marie-Louise ne danse pas souvent avec ____des____ garçons sympathiques.

f. Mon oncle Oscar achète toujours ____des____ voitures de sport.

3. Translate the following sentences into French:

a. I choose a computer.

   Je choisis un ordinateur.

b. They look for the airport.

   Ils cherchent l'aéroport.

c. Babies often cry.

   Les bébés pleurent souvent.

d. Love is important in life.

   L'amour est important dans la vie.

e. Mr. Plouc sells cars.

   M. Plouc vend des voitures.

D) Nouns: singular and plural forms

A **noun** is a word that represents a person, place, thing, or concept.

Here is a list of some common nouns:

<table>
<tr><th colspan="4">Common Nouns</th></tr>
<tr><td>la chaise</td><td>→ chair</td><td>le moment</td><td>→ moment</td></tr>
<tr><td>la leçon</td><td>→ lesson</td><td>le papier</td><td>→ paper</td></tr>
<tr><td>la liberté</td><td>→ freedom</td><td>la table</td><td>→ table</td></tr>
<tr><td>le livre</td><td>→ book</td><td>la ville</td><td>→ city</td></tr>
<tr><td>la mère</td><td>→ mother</td><td>la voiture</td><td>→ car</td></tr>
</table>

How do you form the plural of most nouns?

All of the words in the list above are singular. To make most nouns plural in French, simply add an *"s"* to the singular form.

Here are the words above in their plural forms:

<table>
<tr><th colspan="4">Common Nouns (plural form)</th></tr>
<tr><td>les chaises</td><td>→ chairs</td><td>les moments</td><td>→ moments</td></tr>
<tr><td>les leçons</td><td>→ lessons</td><td>les papiers</td><td>→ papers</td></tr>
<tr><td>les libertés</td><td>→ freedoms</td><td>les tables</td><td>→ tables</td></tr>
<tr><td>les livres</td><td>→ books</td><td>les villes</td><td>→ cities</td></tr>
<tr><td>les mères</td><td>→ mothers</td><td>les voitures</td><td>→ cars</td></tr>
</table>

ATTENTION! There are some exceptions to this rule.

1 **Singular nouns ending in *"-s,"* *"-x,"* and *"-z"* do not change in the plural.**

> *l'ours* → *les ours* (the bear → the bears)
> *le prix* → *les prix* (the price → the prices)
> *le nez* → *les nez* (the nose → the noses)

2 **Many singular nouns ending in *"-al"* will change to *"-aux"* in the plural.**

> *le cheval* → *les chevaux* (the horse → the horses)
> *le journal* → *les journaux* (the newspaper → the newspapers)
> **But:** *le festival* → *les festivals* (the festival → the festivals)

3 **Singular nouns ending in *"-eau"* and *"-eu"* add an *"x"* in the plural.**

> *le bateau* → *les bateaux* (the boat → the boats)
> *le jeu* → *les jeux* (the game → the games)

EXERCICES

1. Write the plural forms of the following ten nouns. Remember the exceptions!

a. l'autobus __les autobus__   **f.** la nuit __les nuits__

b. le cousin __les cousins__   **g.** le nez __les nez__

c. le neveu __les neveux__   **h.** la sœur __les sœurs__

d. l'animal __les animaux__   **i.** le fils __les fils__

e. la moto __les motos__   **j.** la date __les dates__

2. Now write the singular forms of the following plural nouns:

a. les femmes __la femme__   **f.** les chevaux __le cheval__

b. les journaux __le journal__   **g.** les heures __l'heure__

c. les stylos __le stylo__   **h.** les hôpitaux __l'hôpital__

d. les tigres __le tigre__   **i.** les cuisines __la cuisine__

e. les fils __le fils__   **j.** les tantes __la tante__

PRATIQUE DE L'ORAL
QUESTIONS PAR DEUX

These two sets of questions use grammatical structures and vocabulary from this lesson. Working with a partner, alternate asking and answering each question. When you get to the bottom of each list, start over at the top, switching roles. As a variation, write out the answers in complete sentences.

 A) Comment est-ce que tu viens à l'école?

Est-ce que tu crois que l'amour est important?

Est-ce que les souris mangent les chats?

Est-ce que tes parents ont un ordinateur?

À quelle heure est-ce que tu vas à l'école?

Est-ce que ta petite girafe vient souvent en classe?

Où est-ce que tu vas le samedi soir?

B) Est-ce que tu achètes des disques compacts au supermarché?

Est-ce que le chapitre deux est difficile?

Pourquoi est-ce que le professeur croit que tu es intelligent(e)?

Est-ce que tu as beaucoup de devoirs?

À quelle heure est-ce que tes parents préparent le dîner?

Est-ce que tu vas souvent au cinéma?

Est-ce que tu fais de la gymnastique?

EXERCICES DE RÉVISION

1. Answer in complete sentences:

a. Est-ce qu'il fait chaud aujourd'hui?

Non, il fait froid/Oui, il fait chaud.

b. Qui est-ce qui va au supermarché dans ta famille?

Mon père va au supermarché.

c. Combien de frères est-ce que tu as?

J'ai deux frères/Je n'ai pas de frères.

d. Où est-ce que tu vas le matin?

Je vais à l'école le matin.

e. Qui est-ce qui joue au basket dans cette classe?

Nous jouons au basket/Je joue au basket.

2. Conjugate the following six verbs in the present tense:

vendre (to sell)	**avoir** (to have)	**croire** (to believe)
je vends	j'ai	je crois
tu vends	tu as	tu crois
il/elle vend	il/elle a	il/elle croit
nous vendons	nous avons	nous croyons
vous vendez	vous avez	vous croyez
ils/elles vendent	ils/elles ont	ils/elles croient

aller (to go)	chercher (to look for)	faire (to do)
je vais	je cherche	je fais
tu vas	tu cherches	tu fais
il/elle va	il/elle cherche	il/elle fait
nous allons	nous cherchons	nous faisons
vous allez	vous cherchez	vous faites
ils/elles vont	ils/elles cherchent	ils/elles font

3. Write the correct form of each verb in the spaces provided:

a. Mon grand-père _____croit_____ que les petites souris sont dangereuses. (croire)

b. Est-ce que vous _____faites_____ beaucoup de promenades dans le parc? (faire)

c. Les enfants _____viennent_____ à l'école en autobus. (venir)

d. Ma tante _____aime_____ beaucoup le poisson. (aimer)

e. Je _____vais_____ toujours au cinéma avec mon ami. (aller)

f. Je _____rougis_____ souvent parce que je suis très timide. (rougir)

g. Est-ce que vous _____êtes_____ le grand-père de Marc? (être)

h. Mes amis _____regardent_____ MTV, mais les parents choisissent les programmes de Disney. (regarder)

i. Bradley Wiggins _____descend_____ les Champs Elysées à la fin du Tour de France. (descendre)

j. Les éléphants _____ont_____ des nez très longs. (avoir)

4. **In the following exercise, if the word is singular, make it plural; if it is plural, make it singular:**

a. les fils _____le fils_____

b. l'enfant _____les enfants_____

c. le prix _____les prix_____

d. les bateaux _____le bateau_____

e. le taxi _____les taxis_____

f. la ville _____les villes_____

g. les Français _____le Français_____

h. l'oiseau _____les oiseaux_____

i. le journal _____les journaux_____

5. **Place one of the following definite articles *(le, la, l', les)* in the spaces provided:**

a. _____L'_____ autobus va à _____l'_____ aéroport.

b. _____Les_____ deux enfants sont dans _____la_____ maison.

c. _____Les_____ amis de Séraphine viennent de _____la_____ ville.

d. _____Les_____ cousins de Nicolas préparent _____la_____ fête d'anniversaire.

e. _____La_____ nuit, _____les_____ chats dansent avec _____les_____ souris.

6. **Place one of the following indefinite articles *(un, une, des)* in the spaces provided:**

a. Sidney Crosby gagne _____un_____ match important.

b. Abercrombie & Fitch vend _____des_____ jeans bleus et _____des_____ tee-shirts.

c. Émile Nelligan écrit _____des_____ poèmes intéressants.

d. M. Duval a _____une_____ fille intelligente et _____des_____ fils charmants.

e. L'homme riche a _____une_____ voiture rouge, _____un_____ vélo rose et

_____un_____ avion violet!

f. Est-ce que tu as _____des_____ chiens?

7. Translate the following sentences into French:

a. Napoléon loves horses.

Napoléon aime les chevaux.

b. After the party, the children finish the pizza.

Après la fête, les enfants finissent la pizza.

c. Tuesday, I go to the discotheque.

Mardi, je vais à la discothèque.

d. What is the weather like today? –It is raining.

Quel temps fait-il aujourd'hui? –Il pleut.

8. The following paragraph contains six errors. Underline each error and write the correct word above it:

Le programme télévisé The Simpsons ~~suis~~ [est] amusant.

Le père Simpson, Homer, ~~fais~~ [fait] des ~~chose~~ [choses] stupides. Les enfants sont

intelligents, mais ils ~~regarde~~ [regardent] beaucoup de télévision. Je ~~croit~~ [crois] que le bébé

pleure souvent. ~~Le~~ [La] mère, Marge, est responsable de la famille et elle

prépare toujours un dîner chaud.

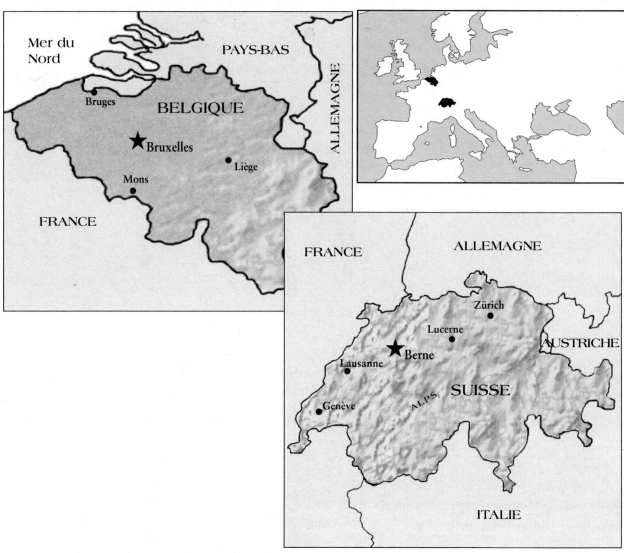

Mer du Nord

PAYS-BAS

ALLEMAGNE

Bruges

BELGIQUE

★ Bruxelles

Liège

Mons

FRANCE

FRANCE

ALLEMAGNE

Zürich

Lucerne

AUSTRICHE

Lausanne

★ Berne

Genève

ALPES

SUISSE

ITALIE

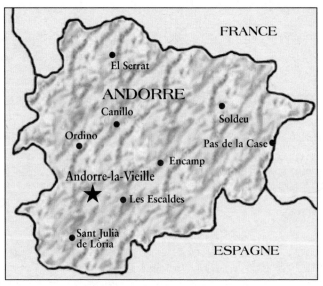

FRANCE

El Serrat

ANDORRE

Canillo

Soldeu

Ordino

Pas de la Case

Encamp

Andorre-la-Vieille

★

Les Escaldes

Sant Julià de Lòria

ESPAGNE

ANDORRANS CÉLÈBRES

Éric Bataille
(PILOTE MOTO)

L'EUROPE FRANCOPHONE:
LA BELGIQUE, LA SUISSE & ANDORRE

LA BELGIQUE

Capitale:	Bruxelles (également capitale de l'Union européenne)
Population:	11.000.000
Gouvernement:	Monarchie constitutionnelle
Chef d'état:	Le Roi Albert II Premier Ministre Elio DiRupo
Monnaie:	Euro
Langues:	Français (sud), néerlandais (nord), allemand (sud-est)
Ressources:	Betteraves, bière, chocolat, métaux, produits chimiques, produits maraîchers (endives, asperges), sucre, sucrières, taille de diamants
Musique:	César Franck, classique
Principales richesses touristiques:	Béguinage de Bruges, Cathédrale de Gand, Foire du midi (Bruxelles), Forêt d'Ardenne, Grand Place de Bruxelles, Manneken Piss (Bruxelles)
Cuisine:	Bières, chocolat, cuisine française, frites, gaufres, moules marinières, plats régionaux, tomates aux crevettes

LA SUISSE

Capitale:	Berne
Population:	7.900.000
Gouvernement:	République fédérale
Chef d'état:	Président Eveline Wider-Schlumpf
Monnaie:	Franc suisse (CHF)
Langues:	Allemand, français, italien, romanche
Ressources:	Banques, chocolat, couteaux, fromages, horlogerie, produits pharmaceutiques
Musique:	Alphorn, chant yodlé, jazz
Principales richesses touristiques:	Les Alpes, Lac Léman, Lac des Quatre Cantons, Jungfraujoch (chemin de fer), vieille ville de Genève, Zurich
Cuisine:	Bière, fondues (fromage, bœuf, chocolat, charcuterie), gugelhopf (gâteau), kirsch, muesli (céréales), vin

LA PRINCIPAUTÉ D'ANDORRE

Capitale:	Andorre-la-Vieille
Population:	86.000
Gouvernement:	Gouverné par le président français (François Hollande) et l'évêque espagnol d'Urgel (Joan Enric Vives)
Chef d'état:	Premier Ministre Antoni Martí
Monnaie:	Euro
Langues:	Catalan (langue officielle), français, espagnol
Ressources:	Bœuf, pommes de terre, minéraux, tabac
Musique/Danse:	Jazz, musique classique et andalouse, opéra
Principales richesses touristiques:	Colonies de vacances de ski, Encamp, Les Escalades (spa à Engordany), paysages pittoresques, El Serrat
Cuisine:	Catalan-Français, cunillo (lapin), escudella (soupe), fromages et saucisses, truites de carreroles

BELGES CÉLÈBRES

Kim Clijsters
(JOUEUSE DE TENNIS)

Cécile De France
(ACTRICE)

Eden Hazard
(FOOTBALLEUR)

Arnold Hintjens (Arno)
(CHANTEUR)

Ane Teresa de Keersmaeker
(CHORÉGRAPHE)

René Magritte
(PEINTRE)

Amélie Nothomb
(ÉCRIVAINE)

Axelle Red
(CHANTEUSE)

Georges Rémi (Hergé)
(DESSINATEUR)

Pierre Paul Rubens
(PEINTRE)

Georges Simenon
(ÉCRIVAIN)

SUISSES CÉLÈBRES

Stéphane Chapuisat
(FOOTBALLEUR)

Henri Dunant
(ACTIVISTE)

Charles Dutoit
(CHEF D'ORCHESTRE)

Roger Federer
(JOUEUR DE TENNIS)

Albert Giacometti
(SCULPTEUR)

Vincent Perez
(ACTEUR)

Charles Ramuz
(ÉCRIVAIN)

Jean-Jacques Rousseau
(PHILOSOPHE, ÉCRIVAIN)

Léon Savary
(ÉCRIVAIN, JOURNALISTE)

VOCABULAIRE LEÇON TROIS

TRACK 27 DISC 1

THEME WORDS: "BODY PARTS"

la	bouche	mouth
le	bras	arm
les	cheveux (m.)	hair
le	corps	body
la	dent	tooth
le	doigt	finger
la	jambe	leg
la	main	hand
le	nez	nose
la	tête	head

OTHER NOUNS

la	boisson	drink
la	chemise	shirt
le	film	film
la	lune	moon
la	musique	music
la	nourriture	food
la	personne	person
la	rue	street
le	soleil	sun
la	vérité	truth

ADJECTIVES

curieux/curieuse	curious
étrange	strange
frustré/frustrée	frustrated

inutile	useless
joli/jolie	pretty
laid/laide	ugly
malade	sick
seul/seule	alone
typique	typical
utile	useful

VERBS

coûter	to cost
devoir (+ infinitif)	to have to (do something)
pouvoir	to be able (can)
tomber	to fall
voir	to see
vouloir	to want

MISCELLANEOUS

à	at, to
à droite	to the right
à gauche	to the left
avant (de)	before
chez (+ personne)	at (someone's) house
de	of, from, about
il y a	there is, there are
parce que	because
quelque chose	something
quelqu'un	someone
sur	on

LEÇON TROIS

<table>
<tr>
<td>KEY GRAMMAR CONCEPTS
</td>
<td>

A) OTHER IRREGULAR VERBS → *Autres verbes irréguliers*

B) NEGATIVE SENTENCES → *Phrases négatives*

C) AGREEMENT OF ADJECTIVES → *Accord des adjectifs*

</td>
</tr>
</table>

A) OTHER IRREGULAR VERBS: MORE "BOOT" VERBS

Here are more examples of common "boot" verbs.

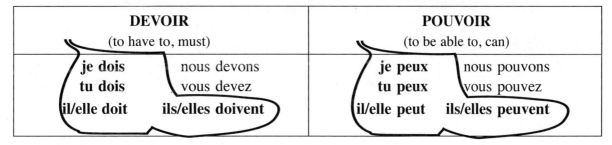

DEVOIR		POUVOIR	
(to have to, must)		(to be able to, can)	
je dois	nous devons	je peux	nous pouvons
tu dois	vous devez	tu peux	vous pouvez
il/elle doit	ils/elles doivent	il/elle peut	ils/elles peuvent

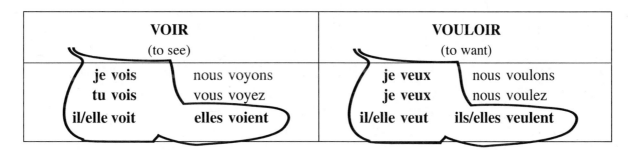

VOIR		VOULOIR	
(to see)		(to want)	
je vois	nous voyons	je veux	nous voulons
tu vois	vous voyez	je veux	nous voulez
il/elle voit	elles voient	il/elle veut	ils/elles veulent

EXERCICES

1. **Complete the following sentences using the correct form of the verb in parentheses:**

   a. Nous _____voulons_____ des croissants chauds. (vouloir)

   b. Les étudiants intelligents _____peuvent_____ faire l'exercice. (pouvoir)

   c. Le petit enfant _____peut_____ jouer dans le parc. (pouvoir)

   d. Pourquoi est-ce que je _____dois_____ travailler après le dîner?
   (devoir)

   e. Est-ce que quelqu'un _____veut_____ voir un film? (vouloir)

   f. À quelle heure est-ce que vous _____devez_____ prendre l'avion?
   (devoir)

   g. Je _____veux_____ écouter la musique d'Elvis. (vouloir)

   h. Le secrétaire _____répond_____ toujours au téléphone. (répondre)

   i. Sur la lune, nous _____voyons_____ les planètes. (voir)

   j. Le grand-père _____donne_____ un piano à Gustave parce qu'il

   _____aime_____ la musique. (donner/aimer)

   k. Les personnes qui _____ont_____ quatre enfants _____sont_____
   très occupès. (avoir/être)

   l. Roger Federer _____vient_____ de Suisse. (venir)

2. The following text contains nine errors. Identify and correct them:

> *peux*
> *Est-ce que tu <u>peuves</u> regarder souvent des films d'horreur à la*
>
> *attaquent* *personnes* *vont*
> *télévision? Les vampires <u>attaques</u> les <u>personnent</u> qui <u>allent</u> chez elles la*
>
> *peux* *animaux*
> *nuit. A minuit, tu <u>poux</u> voir parce que la lune est grande. Mais les <u>animals</u>*
>
> *terribles veulent manger les petits enfants. Il y a aussi des fantômes qui*
>
> *viennent* *doit*
> *<u>viennes</u> dans les forêts. Batman <u>devoit</u> arriver vite. Mais après un film*
>
> *veux*
> *d'horreur, je ne <u>veule</u> pas aller au parc.*

🔑 B) NEGATIVE SENTENCES

As you may have noticed in the **FIRST STEPS** section of this text, if you answer a question negatively, a negative word comes <u>before</u> and <u>after</u> the verb.

Common Negative Constructions	
ne + verb + *pas* → not	*ne* + verb + *personne* → nobody/not anyone
ne + verb + *rien* → nothing/not anything	*ne* + verb + *jamais* → never/not ever

⚜ **EXAMPLES:** *Est-ce que tu vas au concert de* Avici? *–Non, je **ne vais pas** au concert.*
 Are you going to the *Avici* concert? –No, I'm not going
 to the concert.

 *Est-ce que vous êtes optimiste? –Non, je **ne suis pas** optimiste.*
 Are you optimistic? –No, I'm not optimistic.

 *Est-ce que tu vas à l'école le dimanche? –Non, je **ne vais jamais** à l'école le dimanche.*
 Do you go to school on Sundays? –No, I never go to school on Sundays.

 *Est-ce que tu cherches quelque chose dans la cuisine? –Non, je **ne cherche rien** dans la cuisine.*
 Are you looking for something in the kitchen? –No, I'm not looking for anything in the kitchen.

*Est-ce que tu attends ton oncle? –Non, je **n'attends personne***.
Are you waiting for your uncle? –No, I'm not waiting for anyone.

ATTENTION! The words *"rien"* and *"personne"* can also be used as <u>subjects</u>. In that case they will follow this pattern:

> *personne* + *ne* + verb
> *rien* + *ne* + verb

EXAMPLES: *Est-ce que beaucoup d'étudiants parlent en classe? –Non, **personne ne parle** en classe.*
Do many students speak in class? –No, no one speaks in class.

*Est-ce que les programmes à la télévision sont intéressants? –Non, **rien n'est** intéressant à la télévision.*
Are the TV programs interesting? –No, nothing is interesting on TV.

*Est-ce que les garçons dans cette classe sont admirables? –Non, **personne n'est** admirable dans cette classe.*
Are the boys in this class admirable? –No, no one in this class is admirable.

 # EXERCICES

1. **Answer the following questions negatively, being sure to place the words in their proper order. Use one of the following expressions in each sentence** *(ne . . . pas, ne . . . jamais, ne . . . rien, ne . . . personne, personne ne, rien ne)*:

a. Est-ce que Paul peut faire de la gymnastique dans le bus?

Non, Paul ne peut pas faire de la gymnastique dans le bus.

b. Est-ce que tu es souvent malade?

Non, je ne suis jamais malade.

c. Est-ce que les bébés aiment les fondues au chocolat?

Non, les bébés n'aiment pas les fondues au chocolat.

d. Qui est-ce qui vient au match de foot samedi?

Personne ne vient au match de foot samedi.

e. Qu'est-ce que vous achetez au supermarché?

Je n'achète rien au supermarché.

f. Est-ce que quelqu'un parle italien?

Non, personne ne parle italien.

g. Qu'est-ce qui est amusant dans le film?

Rien n'est amusant.

2. **Correct the seven errors that you spot in the following job interview. Be on the lookout for "negative" errors!**

Mme Salsifi: *Bonjour! Vous êtes Antoine Lustucru?*

Albert Lustucru: *Je ^{ne} suis pas Antoine; je suis Albert.*

Mme: *Oui, oui, et vous <u>veulez</u> un travail?* (voulez)

Albert: *Oui, mais je n'ai pas d'expérience. Est-ce que c'est*

un problème?

Mme: *Non, mais est-ce que vous parlez bien français?*

Albert: *Oui, Madame.*

Mme: *Est-ce que vous allez souvent en France?*

Albert: *Non, je ne vais <u>rien</u> en France.* (jamais)

Mme: *Avec qui est-ce que vous parlez français?*

Albert: *Je ne parle français avec <u>jamais</u>, mais je regarde la télévision.* (personne)

Mme: *Quels programmes?*

Albert: *American Idol, CSI et Mad Men.*

ne sont pas
Mme: *Mais ces programmes ~~ne pas sont~~ en français, Monsieur!*

Albert: *C'est juste, Madame.*

croyez
Mme: *Mais vous ~~croyyez~~ que je suis idiote?*

Albert: *Non . . . oui . . . non, un peu . . .*

Mme: *Eh bien, au revoir, Monsieur!*

ne
Albert: *Personne ∧ veut de moi!*

C) AGREEMENT OF ADJECTIVES

An **adjective** is a word that describes a noun. Often an adjective helps to distinguish one noun from another, e.g., *un nouveau vélo, un vieux vélo* (a new bike, an old bike).

Unlike in English, French adjectives must agree in number and gender with the nouns they modify. Consequently, they will be feminine, masculine, singular or plural.

HOW DO YOU FORM FEMININE ADJECTIVES?

1 **For adjectives ending in a consonant, add an *"e"* to make the feminine form.**

un grand garçon →	a tall boy
une grande fille →	a tall girl
un cousin intelligent →	an intelligent cousin (masculine)
une cousine intelligente →	an intelligent cousin (feminine)
un mauvais film →	a bad film
une mauvaise boisson →	a bad drink

❖ ❖ You will notice that some adjectives come before nouns while others follow. As you look at the examples, can you start to figure out any patterns?

2 Adjectives ending in *"-e"* do <u>not</u> change in the feminine form.

> *un ami sympathique* → a nice friend (male)
> *une amie* **sympathique** → a nice friend (female)
>
> *un examen difficile* → a difficult exam
> *une question* **difficile** → a difficult question

❖ ◆ ❖ How can you tell *"examen"* is masculine and *"question"* is feminine?

3 Adjectives ending in *"-eux"* change to *"-euse"* in the feminine form.

> *un homme sérieux* → a serious man
> *une femme sérieuse* → a serious woman
>
> *un garçon curieux* → a curious boy
> *une fille curieuse* → a curious girl

4 Some adjectives have irregular feminine forms.

> *un beau chien* → a beautiful dog
> *une* **belle** *girafe* → a beautiful giraffe
>
> *un bon dîner* → a good dinner
> *une* **bonne** *boisson* → a good drink
>
> *un vieux monsieur* → an old gentleman
> *une* **vieille** *dame* → an old lady
>
> *un long train* → a long train
> *une* **longue** *lettre* → a long letter
>
> *un nouveau vélo* → a new bike
> *une* **nouvelle** *voiture* → a new car

HOW DO YOU FORM PLURAL ADJECTIVES?

1 To form the plural of most adjectives, just add an *"s"* to the singular form.

> *un chat noir* → a black cat
> *des chats noirs* → black cats
>
> *une petite fille* → a little girl
> *de* petites filles* → little girls
>
> *un film intéressant* → an interesting film
> *des films intéressants* → interesting films

* *"Des"* becomes *"de"* before adjectives placed before the noun.

2 **Adjectives that end in "-s" or "-x" do not change in the plural.**

un garçon sérieux →	a serious boy
des garçons sérieux →	serious boys
un vieux camion →	an old truck
de vieux camions →	old trucks

The feminine form of these adjectives ends in *"-e."* Therefore, the feminine plural is formed by simply adding *"s."*

une histoire sérieuse →	a serious story
des histoires sérieuses →	serious stories
une vieille chemise →	an old shirt
de vieilles chemises →	old shirts

3 **Adjectives ending in "-al" will change to "-aux" in the plural.**

un problème social →	a social problem
des problèmes sociaux →	social problems
un match international →	an international game
des matchs internationaux →	international games

The feminine plural form is regular.

une situation normale →	a normal situation
des situations normales →	normal situations

4 **Adjectives ending in "-eau" take an "x" in the plural form instead of an "s."**

un beau village →	a beautiful village
de beaux villages →	beautiful villages
un nouveau livre →	a new book
de nouveaux livres →	new books

Again, the feminine plural form is regular.

une belle ville →	a beautiful city
de belles villes →	beautiful cities
une nouvelle voiture →	a new car
de nouvelles voitures →	new cars

Note: *"Des"* becomes *"de"* before adjectives placed before nouns (*de beaux village, de belles villes*).

WHERE DO YOU PLACE ADJECTIVES?

1 Most adjectives go <u>after</u> the noun.

❖ **EXAMPLE:** *un film **intéressant***
  an interesting film

Adjectives of color <u>always</u> go <u>after</u> the noun.

❖ **EXAMPLE:** *une jupe **rouge** et **bleue***
  a red and blue shirt

2 Some descriptive adjectives come <u>before</u> the noun.
  <u>B</u>eauty *(beau)* → un **beau** village, une **belle** plage
  <u>A</u>ge *(nouveau, vieux)*→ un **nouveau** film
  <u>G</u>oodness *(bon, gentil, mauvais)*→ un **gentil** policier
  <u>S</u>ize *(grand, petit, long)*→ une **grande** tête

3 Possessive adjectives *(mon, ma, ton, ta, etc.)* come <u>before</u> the noun, too.

❖ **EXAMPLE:** *ma chemise et **ton** pull*
  my shirt and your sweater

These possessive adjectives will be covered fully in *Leçon Cinq*.

EXERCICES

1. Give the feminine singular form of these adjectives:

a. une femme _____charmante_____ (charmant)

b. une chose _____inutile_____ (inutile)

c. une _____belle_____ chemise (beau)

d. une histoire _____mystérieuse_____ (mystérieux)

e. une _____mauvaise_____ administration (mauvais)

2. **Give the feminine plural of these adjectives:**

   a. les ___grandes___ voitures (grand)

   b. des personnes ___sympathiques___ (sympathique)

   c. les ___belles___ mains (beau)

   d. des chemises ___noires___ (noir)

   e. les ___vieilles___ souris (vieux)

3. **Give the masculine plural:**

   a. les ___beaux___ autobus (beau)

   b. des poissons ___laids___ (laid)

   c. des animaux ___étranges___ (étrange)

   d. les ___jolis___ bateaux (joli)

   e. des vols ___internationaux___ (international)

4. **Write the correct form of the adjectives in parentheses:**

   a. Cette rue est ___typique___ et ___intéressante___.
   (typique/intéressant)

   b. Les ___gentils___ chats ___gris___ dorment sur
   les chaises. (gentil/gris)

   c. Les ___nouveaux___ bateaux sont très ___grands___.
   (nouveau/grand)

   d. La question est ___stupide___ et ___inutile___.
   (stupide/inutile)

   e. La voiture est ___pleine___ de touristes ___internationaux___.
   (plein/international)

f. Il y a des pilotes _____*frustrés*_____ et _____*sérieux*_____.
(frustré/sérieux)

g. Marc et Louise regardent la _____*jolie*_____ lune

_____*jaune*_____. (joli/jaune)

h. Les tigres sont _____*seuls*_____ dans la forêt _____*verte*_____.
(seul/vert)

i. C'est une _____*longue*_____ nuit _____*tragique*_____ pour le
fantôme. (long/tragique)

j. Une femme _____*seule*_____ marche dans un parc

_____*immense*_____. (seul/immense)

These two sets of questions use grammatical structures and vocabulary from this lesson. Working with a partner, alternate asking and answering each question. When you get to the bottom of each list, start over at the top, switching roles. As a variation, write out the answers in complete sentences.

A) Est-ce que tu veux aller en vacances?

Est-ce que tu dois aller à l'école le samedi?

Dans quel supermarché est-ce que tu peux acheter une chemise?

Est-ce que tu vas chez tes amis ce week-end?

Est-ce que quelqu'un est malade aujourd'hui?

Est-ce que tu es américain(e)?

Est-ce qu'il y a des cheveux sur la tête du professeur?

B) Comment allez-vous aujourd'hui?

Quand est-ce que tu es très triste?

Quel est ton groupe de musique favori?

Est-ce que tu peux danser dans la rue?

Est-ce que les camions vont souvent dans l'océan?

Est-ce que tu aides tes amis à préparer une fête?

Est-ce que tu préfères une nouvelle moto ou une vieille voiture?

DIALOGUE

The following dialogue contains grammar and vocabulary that you've seen in this lesson and in the introductory section. After listening to the CD, read this dialogue aloud, alone or with friends. Afterwards, try to answer the questions that follow either aloud or in written form.

 ## LES AVENTURES DE RAPHAËL, ÉLISE ET "LE TIGRE"

SCÈNE DEUX

Raphaël, "Le Tigre" et Élise parlent dans un restaurant à Georgetown. C'est mardi.

Raphaël: Oui, Tigre. Il n'y a pas de problème. J'ai de l'argent.

Le Tigre: Mais il est nécessaire d'avoir beaucoup d'argent pour aller à New York.

Raphaël: Nous allons en train, pas en taxi. Ce n'est pas très cher.

Le Tigre: Tu es nerveuse, Élise?

Élise: Oui, un peu. Mes parents pensent que je vais à un camp de tennis dans les montagnes du New Hampshire pour une semaine.

Raphaël: Exactement. Tes parents sont très gentils, mais ils sont un peu stupides.

Le Tigre: Raphaël, ce n'est pas bien d'insulter les parents d'Élise.

Raphaël: Mais ce sont mon oncle et ma tante. Tu ne comprends pas? Je suis le cousin d'Élise. C'est ma famille. J'adore mon oncle Alfred et ma tante Monique.

Une serveuse (a waiter) *arrive.*

La serveuse: Bonsoir.

Élise: Bonsoir. Pour moi, un café au lait, s'il vous plaît.

Le Tigre: Deux.

Raphaël: Je préfère un Orangina.

La serveuse sort et un moment plus tard; elle arrive avec les boissons.

Le Tigre: Merci beaucoup.

Élise: À quelle heure nous retrouvons-nous (do we meet) demain à la gare?

Raphaël: À neuf heures juste.

Le Tigre: Le voyage à New York dure cinq heures.

Élise: Fantastique! Est-ce que c'est possible de se promener un peu demain dans le parc célèbre: Central Park?

Raphaël: Bien sûr, Élise. Il y a des chevaux pour les touristes.

Le Tigre: Bon, à demain, Élise et Raphaël. Je rentre chez moi.

Élise: Raphaël et moi, nous rentrons chez nous aussi.

Raphaël: À demain.

QUESTIONS

1) Où est-ce qu'Élise, Raphaël et Le Tigre parlent?

Ils parlent dans un restaurant de Georgetown.

2) Comment est-ce qu'ils vont à New York?

Ils y vont en train.

3) Est-ce qu'Élise est nerveuse? Pourquoi?

Oui, elle est nerveuse à cause de ses parents.

4) Est-ce que Raphaël insulte les parents d'Élise?

Oui, il insulte les parents d'Élise.

5) Qu'est-ce que les trois amis boivent?

Ils boivent du café au lait et de l'Orangina.

6) Où est-ce que les trois amis ont rendez-vous demain?

Ils ont rendez-vous à la gare.

7) Combien d'heures est le voyage à New York?

Le voyage est seulement de cinq heures.

8) Comment s'appelle le parc célèbre de New York?

Il s'appelle Central Park.

9) Quels animaux est-ce qu'il y a dans le parc?

Il y a des chevaux dans le parc.

10) Où vont Élise, Raphaël et Le Tigre à la fin de la scène?

Ils vont chez eux.

EXERCICES DE RÉVISION

1. Answer in complete sentences:

a. Où es-tu?

Je suis dans la classe.

b. Est-ce que ta mère fait toujours la cuisine?

Non, ma mère ne fait jamais la cuisine.

c. Est-ce que tu habites dans un village ou dans une ville?

J'habite dans une ville/un village.

d. À quelle heure commence l'école?

L'école commence à huit heures.

e. Est-ce que tu as une guitare électrique?

Non, je n'ai pas de guitare électrique.

2. Conjugate the following six verbs fully in the present tense:

être (to be)	**vouloir** (to want)	**venir** (to come)
je suis	je veux	je viens
tu es	tu veux	tu viens
il/elle est	il/elle veut	il/elle vient
nous sommes	nous voulons	nous venons
vous êtes	vous voulez	vous venez
ils/elles sont	ils/elles veulent	ils/elles viennent

pouvoir (to be able)	**faire** (to do, to make)	**devoir** (to have to)
je peux	je fais	je dois
tu peux	tu fais	tu dois
il/elle peut	il/elle fait	il/elle doit
nous pouvons	nous faisons	nous devons
vous pouvez	vous faites	vous devez
ils/elles peuvent	ils/elles font	ils/elles doivent

3. **Write the correct form of the present tense in the spaces provided:**

a. Les touristes _____doivent_____ prendre un taxi pour aller à l'aéroport. (devoir)

b. Je _____fais_____ souvent des erreurs en français. (faire)

c. Est-ce que je _____peux_____ fermer la porte? (pouvoir)

d. La vieille femme n' _____a_____ pas de dents. (avoir)

e. Les boissons de la cafétéria ne _____sont_____ jamais froides. (être)

f. Les baleines ne _____peuvent_____ pas marcher. (pouvoir)

g. Mon grand-père _____veut_____ acheter un ordinateur. (vouloir)

h. Je _____dois_____ répondre à la lettre de ma tante. (devoir)

i. Les bananes _____viennent_____ des Caraïbes. (venir)

j. Vous _____donnez_____ une fête chez Anatole parce qu'il a une grande maison. (donner)

4. **Write the correct form of the adjectives:**

a. Les _____beaux_____ chevaux sont très _____chers_____.
(beau/cher)

b. J'achète de _____ nouveaux _____ livres _____ intéressants _____.
(nouveau/intéressant)

c. Les enfants _____ normaux _____ aiment jouer avec des _____ gentils _____ amis. (normal/gentil)

d. La _____ vieille _____ grand-mère a les cheveux _____ gris _____.
(vieux/gris)

e. Ma belle-sœur _____ américaine _____ est très _____ libérale _____.
(américain/libéral)

f. Les clowns _____ français _____ font beaucoup de choses
_____ comiques _____. (français/comique)

g. Les informations _____ internationales _____ sont très _____ mauvaises _____.
(international/mauvais)

h. Le bébé _____ rose _____ joue avec sa _____ grande _____
sœur. (rose/grand)

i. Nous avons des journaux _____ italiens _____ et _____ espagnols _____.
(italien/espagnol)

j. Les nouveaux CDs de Justin Bieber et de Nicki Minaj sont
_____ chers _____ ,mais _____ excellents _____. (cher/excellent)

5. Answer the following questions negatively:

a. Est-ce que quelqu'un vient chez Louise ce soir?

Non, personne ne vient chez Louise ce soir.

b. Est-ce que vous aimez les serpents?

Non, je n'aime pas les serpents.

c. Est-ce que tu fais quelque chose ce week-end?

Non, je ne fais rien ce week-end.

d. Est-ce que tu cherches quelqu'un ici?

Non, je ne cherche personne ici.

e. Quand est-ce que tu manges des escargots?

Je ne mange jamais d'escargots.

f. Est-ce que tu portes souvent l'horrible pull orange?

Non, je ne porte jamais l'horrible pull orange.

g. Qu'est-ce qui amuse le grand-père à la télévision?

Rien n'amuse le grand-père à la télévision.

h. Est-ce que l'amour est éternel?

Non, l'amour n'est pas éternel.

i. Est-ce que tu joues au tennis à minuit?

Non, je ne joue pas au tennis à minuit.

j. Est-ce que quelqu'un veut aller au tableau?

Non, personne ne veut aller au tableau.

6. Translate the following sentences into French:

a. No one likes the music teacher.

Personne n'aime le professeur de musique.

b. We cannot answer the difficult questions.

Nous ne pouvons pas répondre aux questions difficiles.

c. Do you want something in the supermarket? –No, I want nothing.

Est-ce que tu veux quelque chose au supermarché? –Non, je ne

veux rien.

7. The following paragraph contains seven errors. Underline each error and write the correct word above it:

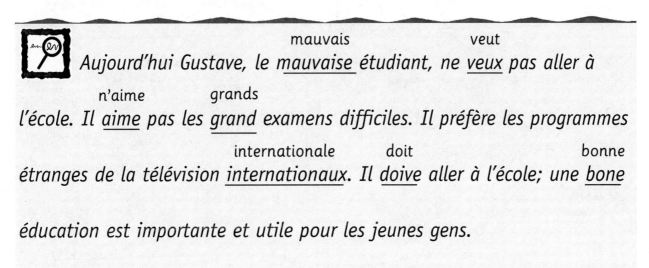

Aujourd'hui Gustave, le <u>mauvaise</u> étudiant, ne <u>veux</u> pas aller à *(above: mauvais / veut)*

l'école. Il <u>aime</u> pas les <u>grand</u> examens difficiles. Il préfère les programmes *(above: n'aime / grands)*

étranges de la télévision <u>internationaux</u>. Il <u>doive</u> aller à l'école; une <u>bone</u> *(above: internationale / doit / bonne)*

éducation est importante et utile pour les jeunes gens.

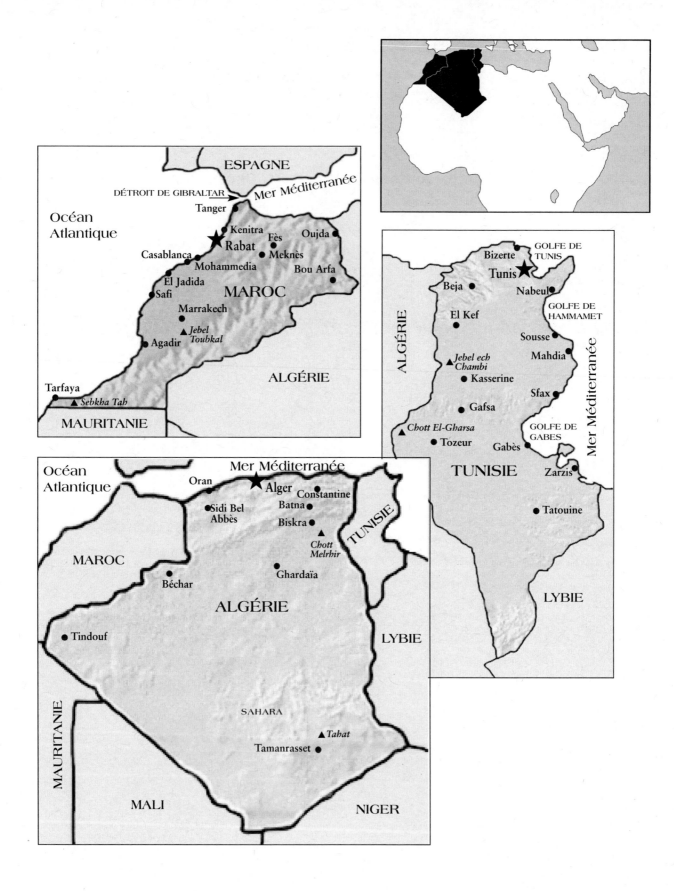

LE MAGHREB:
LE MAROC, L'ALGÉRIE & LA TUNISIE

LE MAROC

Capitale:	Rabat
Population:	32.300.000
Gouvernement:	Monarchie constitutionnelle
Chef d'état:	Le Roi Mohammed VI
Monnaie:	Le dirham marocain (MAD)
Langues:	Arabe (langue officielle), dialectes berbères, français (langue des affaires et du gouvernement)
Ressources:	Céramiques, céréales, fruits, légumes, pêche, tapis, textiles berbères, tourisme
Musique/Danse:	Folk basé sur les contes berbères, souk (fusion de musiques africaine, française, pop et rock)
Principales richesses touristiques:	Chaînes de l'Atlas, Fès, la Kutubiyya (mosquée du 12ème siècle) à Marrakech, le Sahara, souks de Marrakech, villages berbères
Cuisine:	Couscous marocain, kebabs d'agneau et de bœuf, pâtisseries aux amandes (cornes de gazelle), tajines, thé à la menthe

MAROCAINS CÉLÈBRES

Abdelatif Benazzi
(RUGBY)

Tahar Ben Jelloun
(ÉCRIVAIN)

Abd el-Krim
(RESISTANT)

Gad Elmaleh
(ACTEUR, HUMORISTE)

Jaouad Gharib
(ATHLÉTE)

Malika Zarra
(CHANTEUSE)

L'ALGÉRIE

Capitale:	Alger
Population:	36.000.000
Gouvernement:	République
Chef d'état:	Président Abdelaziz Bouteflika
Monnaie:	Le dinar algérien (DZD)
Langues:	Arabe (langue officielle), français (langue commerciale), dialectes berbères
Ressources:	Agriculture, céréales, gaz naturel, pétrole, raisin
Musique/Danse:	Le raï, traditionnelle
Principales richesses touristiques:	La Côte Turquoise, le Sahara, la ville d'Alger (mosquées, casbahs)
Cuisine:	Couscous, cuisine franco-italienne, poisson

ALGÉRIENS CÉLÈBRES

Jean Amrouche
(ÉCRIVAIN)

Abdelkrim Bahloul
(SCÉNARISTE, RÉALISATEUR)

Moustapha Dahled
(FOOTBALLEUR)

Mohammed Dib
(ÉCRIVAIN)

Cheb Khaled
(CHANTEUR)

LA TUNISIE

Capitale:	Tunis
Population:	10.700.000
Gouvernement:	République
Chef d'état:	Président Moncef Marzouki
Monnaie:	Le dinar tunisien (TND)
Langues:	Arabe (langue officielle), français (langue commerciale)
Ressources:	Céréales, fruits, huile d'olive, minéraux, tapis, vin
Musique/Danse:	Danse du ventre, Malouf (danse traditionnelle)
Principales richesses touristiques:	Carthage (El-Jem), Quartier médiéval de Tunis, le Sahara, sites préhistoriques romains
Cuisine:	Agneau, couscous tunisien, épices exotiques, poisson, tagines, thé à la menthe

TUNISIENS CÉLÈBRES

Azzedine Alaïa
(STYLISTE)

Férid Boughédir
(RÉALISATEUR)

Aboul-Qacem Echebbi
(MUSICIEN)

Mohammed Gammoudi
(SPORTIF)

Thar Haddad
(SYNDICALISTE)

VOCABULAIRE LEÇON QUATRE

TRACK 31 DISC 1

THEME WORDS: "IN TOWN"

l'	aéroport (m.)	airport
l'	avenue (f.)	avenue
la	bibliothèque	library
le	cinéma	cinema, movie theater
le	continent	continent
l'	église (f.)	church
la	gare	train station
le	grand magasin	department store
l'	hôpital (m.)	hospital
le	magasin	store
la	prison	jail
le	restaurant	restaurant
la	station service	gas station
le	supermarché	supermarket
la	synagogue	synagogue
le	théâtre	theater

OTHER NOUNS

l'	année (f.)	year
l'	avis (m.)	opinion
le	biscuit	cookie
la	chanson	song
la	chaussure	shoe
les	devoirs (m.)	homework
l'	équipe (f.)	team
la	lettre	letter
la	limonade	lemonade
la	montagne	mountain
le	pays	country
le	petit ami	boyfriend
la	petite amie	girlfriend
la	plage	beach
la	rivière	river
le	secret	secret

ADJECTIVES

autre	other
dernier/dernière	last, past
faible	weak
fort/forte	strong, loud

VERBS

avoir besoin de	to need
courir	to run
découvrir	to discover
descendre	to go down
devenir	to become
monter	to go up
pleurer	to cry

MISCELLANEOUS

	cet après-midi	this afternoon
	d'accord	OK
le	matin	in the morning, the morning
	pendant	during
le	soir	in the evening, the evening
	vite	quickly

LEÇON QUATRE

KEY GRAMMAR
CONCEPTS

A) OTHER IRREGULAR VERBS — "BOOT" VERBS → *Autres verbes irréguliers*

B) PREPOSITIONS → *Les prépositions*

C) PRONOUNS AFTER PREPOSITIONS → *Les pronoms après les prépositions*

A) OTHER IRREGULAR VERBS — "BOOT" VERBS

Here are some more common "boot" verbs. Practice makes perfect!

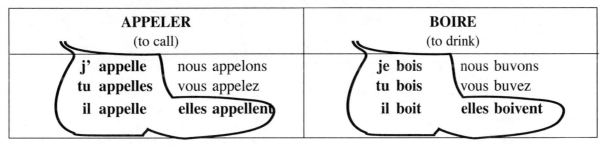

APPELER (to call)		BOIRE (to drink)	
j' appelle	nous appelons	je bois	nous buvons
tu appelles	vous appelez	tu bois	vous buvez
il appelle	elles appellent	il boit	elles boivent

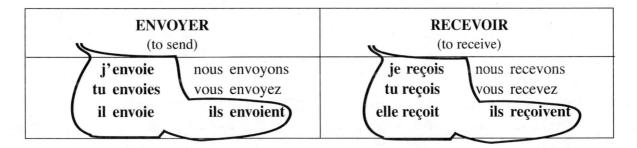

ENVOYER (to send)		RECEVOIR (to receive)	
j'envoie	nous envoyons	je reçois	nous recevons
tu envoies	vous envoyez	tu reçois	vous recevez
il envoie	ils envoient	elle reçoit	ils reçoivent

EXERCICES

1. Fill in the blanks using the correct form of the verb in parentheses:

a. Est-ce que Beyoncé ___reçoit___ beaucoup de Grammys? (recevoir)

b. Nous ___buvons___ beaucoup de limonade à la plage en été. (boire)

c. ~~Je~~ ___J'appelle___ mon chien quand il est dans le jardin. (appeler)

d. Marie-Christine ___envoie___ des cartes de Noël. (envoyer)

e. Pendant les vacances, mes parents ___reçoivent___ des lettres intéressantes de ma grand-mère. (recevoir)

f. Les enfants ne ___boivent___ pas d'alcool. (boire)

g. Vous ___appelez___ votre copine au téléphone. (appeler)

h. Est-ce que nous ___recevons___ de bonnes notes à l'examen de mathématiques? (recevoir)

i. À la station service, ils ___appellent___ l'employé. (appeler)

j. Les professeurs ___envoient___ souvent les étudiants à la bibliothèque. (envoyer)

2. Underline the five verbal errors and write the corrections above them:

>   *gagne*
> *Zidane est un champion de football! Il* _gagnent_ *souvent les*
>
>   *envoie*
> *matchs parce qu'il* _envoit_ *bien le ballon. Il court vite. Après la Coupe du*
>
>   *reçoit*
> *Monde en 1998, il* _reçoie_ *les félicitations de Jacques Chirac, le président*
>
>   *boit*
> *de la République. L'équipe* _buvent_ *du champagne pour célébrer la victoire.*
>
>   *pleurent*
> *Les spectateurs* _pleuront_ *parce qu'ils sont très contents!*

 **B) PREPOSITIONS**

Prepositions are words in a sentence that join with nouns and pronouns to form prepositional phrases (e.g., *in* the forest, *with* my brother, *at* three o'clock). Prepositions describe relationships between nouns or pronouns and other words in a sentence.

Here is a list of twelve of the most common French prepositions:

Common Prepositions	
à → at, to	*de* → from, of
après → after	*jusqu'à* → until
avant (de) → before	*par* → by, through
avec → with	*pour* → for, in order to
chez → at (someone's house)	*sans* → without
dans → in	*sur* → on

 EXAMPLES: *Nous allons **à** l'aéroport de Casablanca.*
We're going to the Casablanca airport.

***Après** le match de tennis, nous allons dîner **chez** Roger Federer.*
After the tennis game, we're going to have dinner at Roger Federer's house.

*Nous allons lire beaucoup de livres **avant** lundi.*
We are going to read many books before Monday.

*Les enfants courent **sur** la plage **sans** chaussures.*
The children run on the beach without shoes.

*Marie envoie une carte **à** Louis **pour** Noël.*
Marie sends a card to Louis for Christmas.

The prepositions *"à"* and *"de"* form contractions when they are followed by the definite articles *"le"* and *"les."*

à + le = au	*de + le = du*
à + les = aux	*de + les = des*

Here are some sentences that use these contractions:

 EXAMPLES: *Nous allons **au** supermarché et à l'église.*
We are going to the supermarket and to church.

*Thierry Henry vient **du** terrain de foot.*
Thierry Henry is coming from the soccer field.

*Est-ce que vous allez **aux** matchs de rugby France-Irlande?*
Are you going to the rugby games between France and Ireland?

*Les devoirs **des** étudiants sont difficiles.*
The students' homework is difficult.

The prepositions *"à"* and *"de"* do not contract with *"la"* and *"l'."* Therefore, they remain *"à l'," "à la," "de l'," "de la."*

 EXAMPLES: *Quand je visite Marrakech, je choisis un hôtel près **de la** mosquée.*
When I visit Marrakesh, I choose a hotel near the mosque.

*Kemal nage **à la** plage.*

EXERCICES

1. **Place one of the following prepositions in the sentences below** *(à, après, avant, avec, chez, dans, de, par, pour, sans, sur)*. **Make the appropriate contractions *"au", "aux", "du"* or *"des"* when necessary, crossing out *"le"* or *"les."* For a few sentences there may be more than one correct answer:**

   a. Je ne veux pas aller au supermarché ___sans___ Lucile; elle a besoin de biscuits et de chocolat.

   b. Je vais ___à___ l'hôpital parce que ma grand-mère est malade.

   c. Vite! Il reste cinq minutes ___avant___ le commencement du film, *Casablanca*.

   d. Si tu as le temps, est-ce que tu peux venir chez Bénédicte ___avant/après___ la conférence?

   e. ___Pour___ apprendre à bien parler français, on doit beaucoup travailler.

   f. Nous allons ___à___ la montagne pour regarder des ours.

   g. La journaliste parle ___des___ ~~les~~ informations internationales à la télévision.

   h. La visite ___du___ ~~le~~ Président Bouteflika en Tunisie est très importante.

   i. Mon père aime courir sur la plage ___avec___ le chien.

j. Dans la classe, le professeur parle français _____ aux _____ ~~les~~ étudiants.

k. Aujourd'hui Leila va _____ chez _____ sa grand-mère à Tunis.

l. Est-ce que vous allez _____ aux _____ ~~les~~ Jeux Olympiques de Brésil?

m. Nous allons _____ au _____ ~~le~~ village berbère à vélo.

n. Ma tante vient _____ du _____ ~~le~~ supermarché.

2. **The following dialogue contains seven errors. Some prepositions are wrong and some verbs, too. Underline the errors and write the correction above it:**

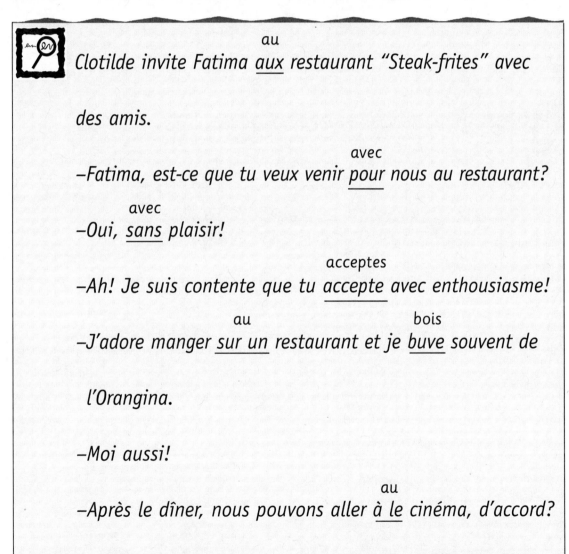

> au
> Clotilde invite Fatima <u>aux</u> restaurant "Steak-frites" avec
>
> des amis.
>
>   avec
> —Fatima, est-ce que tu veux venir <u>pour</u> nous au restaurant?
>
>   avec
> —Oui, <u>sans</u> plaisir!
>
>   acceptes
> —Ah! Je suis contente que tu <u>accepte</u> avec enthousiasme!
>
>   au   bois
> —J'adore manger <u>sur un</u> restaurant et je <u>buve</u> souvent de
>
> l'Orangina.
>
> —Moi aussi!
>
>   au
> —Après le dîner, nous pouvons aller <u>à le</u> cinéma, d'accord?

C) PRONOUNS AFTER PREPOSITIONS

You undoubtedly remember the subject pronouns we first learned in *Leçon Un: je, tu, il, elle, on, nous, vous, ils, elles*. These pronouns serve as the main actors or "stars" (subjects!) of a sentence. What happens, however, when these **pronouns <u>follow</u> a preposition**? These pronouns are called stressed pronouns, and some have special forms.

Stressed Pronouns		
moi → me		*nous* → us
toi → you		*vous* → you
lui (m.), *elle* (f.) → him, her		*eux* (m.), *elles* (f.) → them
soi → oneself (no one specific)		

ATTENTION! When you have both a male and female, you must use the masculine pronoun *"eux."*

 **EXAMPLES:** *La lettre est **pour moi**.*
The letter is for me.

*Nous allons au concert **sans eux**.*
We are going to the concert without them.

*Le père Noël pense **à moi** et aussi **à toi**.*
Santa Claus thinks of me and also of you.

*Valentine invite des amis **chez elle** pour regarder* American Idol.
Valentine invites friends to her house to watch *American Idol*.

*Jo-Wilfried Tsonga joue bien au tennis. Mon frère aime jouer **avec lui**.*
Jo-Wilfried Tsonga plays tennis well. My brother likes to play with him.

*Est-ce que tu vois souvent Victoire et Célestine? Qu'est-ce que tu penses **d'elles**?*
Do you often see Victoire and Célestine? What do you think of them?

*Ma grand-mère dit toujours: "Chacun pour **soi**."*
My grandmother always says: "Every man for himself."
("Each for oneself.")

*Mohammed et Christine vont au cinéma. Je veux aller avec **eux**.*
Mohammed and Christine are going to the movies. I want to go with them.

1. Translate the pronouns in parentheses:

a. Le tagine au poulet est pour ___moi___. (me)

b. Il arrive toujours après ___vous___. (you, plural)

c. Le bébé voyage toujours avec ___elle___. (her)

d. Jeremy Lin, le joueur de basket, est une inspiration pour ___nous___. (us)

e. Est-ce que Marguerite parle souvent de ___moi___? (me)

f. ___Vous___ avez beaucoup de famille en Algérie? (You, plural)

g. J'invite des cousines. Est-ce que tu vas danser avec ___elles___? (them, feminine)

h. La nouvelle moto est pour ___toi___. (you, singular)

i. Nous descendons les montagnes de l'Atlas sans ___eux___. (them, masculine)

j. Je veux regarder la lune avec ___toi___, mon amour. (you, singular)

2. Try to write one long sentence which uses the following five words:

    chez   avec   à (or "au" or "aux")   pour   avant

Est-ce que tu vas chez Célimène avec ton ami pour regarder un film

avant le dîner, ou est-ce que tu vas au restaurant?

These two sets of questions use grammatical structures and vocabulary from this lesson. Working with a partner, alternate asking and answering each question. When you get to the bottom of each list, start over at the top, switching roles. As a variation, write out the answers in complete sentences.

 A) Quand est-ce que tu pleures?

Dans quelle classe est-ce que tu reçois de bonnes notes?

Qu'est-ce que tu bois en été?

Avec qui est-ce que tu vas au supermarché?

Est-ce que tu as une lettre pour moi?

Quelles sont les couleurs des ours?

Qu'est-ce que tu envoies à Grand-mère pour son anniversaire?

B) Chez qui est-ce que tu vas pour les vacances?

Pourquoi est-ce que tu vas à la gare?

Quand est-ce que tu peux jouer avec tes amis?

Qui est-ce que tu appelles quand tu as des difficultés?

Quel animal habite dans la rivière?

Quelle équipe de foot est très forte?

Est-ce que tu répètes les secrets?

EXERCICES DE RÉVISION

1. Answer in complete sentences:

a. Est-ce que tu bois du café le matin ou le soir?

Je bois du café le matin/le soir.

b. Est-ce que tu parles français avec tes amis?

Oui, je parle français avec eux.

c. Est-ce que tu peux aller en classe sans chaussures?

Non, je ne peux pas aller en classe sans chaussures.

d. Est-ce que tu as de nouvelles informations pour moi?
Oui, j'ai de nouvelles informations pour toi.
Non, je n'ai pas de nouvelles informations pour toi.

e. Est-ce que tu préfères parler avec moi ou avec un autre ami?

Je préfère parler avec toi/Je préfère parler avec un autre ami.

2. Conjugate the following four verbs fully in the present tense:

voir (to see)		**envoyer** (to send)	
je vois	nous voyons	j'envoie	nous envoyons
tu vois	vous voyez	tu envoies	vous envoyez
il/elle voit	ils/elles voient	il/elle envoie	ils/elles envoient

recevoir (to receive)		boire (to drink)	
je reçois	nous recevons	je bois	nous buvons
tu reçois	vous recevez	tu bois	vous buvez
il/elle reçoit	ils/elles reçoivent	il/elle boit	ils/elles boivent

3. Write the correct form of the verb in the space provided:

a. Sean _____ descend _____ vite de la montagne pour gagner la compétition dans *Survivor*. (descendre)

b. Nous _____ avons _____ besoin de biscuits pour notre chien. (avoir)

c. Le criminel pleure parce qu'il ne _____ veut _____ pas aller en prison. (vouloir)

d. Le matin, nous _____ buvons _____ du jus d'orange. (boire)

e. Le cuisinier _____ doit _____ mettre la nourriture sur les assiettes. (devoir)

f. Mes frères _____ vont _____ au cinéma pour voir *Skyfall*. (aller)

g. Est-ce que tu _____ appelles _____ souvent tes grands-parents? (appeler)

h. Vous _____ faites _____ le devoir de français très vite et très bien. (faire)

i. Le bébé ne _____ peut _____ pas dormir dans un grand lit. (pouvoir)

j. ✗ _____ J'attends _____ toujours beaucoup chez le dentiste. (attendre)

4. **Place one of the following prepositions in the sentences below** *(à, après, avant, avec, chez, dans, de, jusqu'à, par, pour, sans, sur).* **For some sentences, several answers are correct:**

a. Je ne vais pas à la plage avant midi; je vais à la plage _____après/à_____ midi.

b. Je ne cours pas avec mes amis; je cours _____sans/après_____ eux.

c. Je vais _____à_____ la prison pour voir tes parents.

d. Nous allons à la montagne _____avant/à_____ la fin du mois.

e. J'écoute une chanson _____du_____ ✗ groupe *Mumford and Sons.*

f. Six chats habitent _____avec/chez_____ moi.

g. J'aime beaucoup le couscous _____avec_____ beaucoup d'épices.

h. Ils vont _____au_____ ✗ restaurant pour manger du poisson.

i. Elle va passer _____par/dans_____ le parc aujourd'hui pour aller à la gare.

j. Lundi est _____avant_____ mardi.

5. **Translate the pronouns in parentheses:**

a. Je danse toujours avec _____toi_____, mon amour. (you)

b. La chanson n'est pas pour _____lui_____; elle est pour ma petite amie. (him)

c. Qu'est-ce que tu penses ✗ _____d'elle_____? (her)

d. Messieurs et Mesdames, ce repas délicieux est pour _____vous_____. (you)

e. Mes amis ne parlent pas de _____toi_____. (you, familiar/singular)

f. Ces biscuits ne sont pas pour _____eux_____; ils sont pour _____toi_____. (them, masculine; you, familiar singular)

g. Pendant la fête, Cheb Mami chante avec _____elles_____. (them, feminine)

h. Je vais toujours à la salle de bains après _____eux_____. (them, masculine)

i. Où est ta sœur? J'ai une lettre pour _____elle_____. (her)

j. Le secret n'est pas pour _____eux_____; il est pour _____vous_____. (them, masculine; you, formal/singular)

6. Translate the following sentences into French:

a. They need to run to the other gas station.

Ils ont besoin de courir à l'autre station service.

b. The letters are for him.

Les lettres sont pour lui.

c. We walk in the city streets.

Nous marchons dans les rues de la ville.

7. The following paragraph contains seven errors. Underline each error and write the correct word above it:

                                marche
Je ne <u>marches</u> pas dans le parc la nuit avec ma petite amie parce

                                                 elle
que c'est dangereux. Je préfère aller au cinéma avec <u>elles</u>. Elle

s'appelle   *belle*   *moi*
<u>s'appele</u> Cunégonde. Elle est très <u>beau</u>. Elle aime être avec <u>me</u> pour

regarder des films de science-fiction. Au cinéma elle mange du popcorn et

   boit   *intéressante*
elle <u>boite</u> du Coca-Cola. Elle est très <u>intéressant</u>.

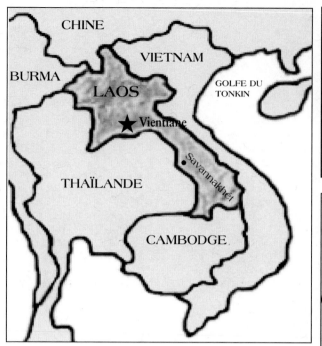

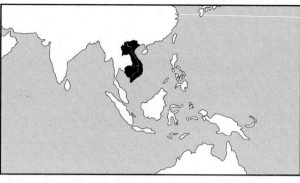

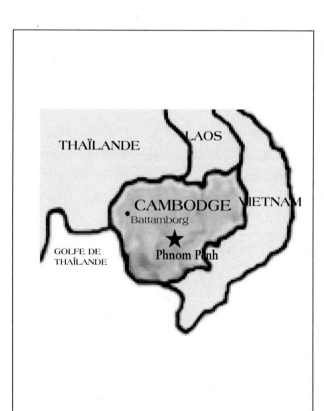

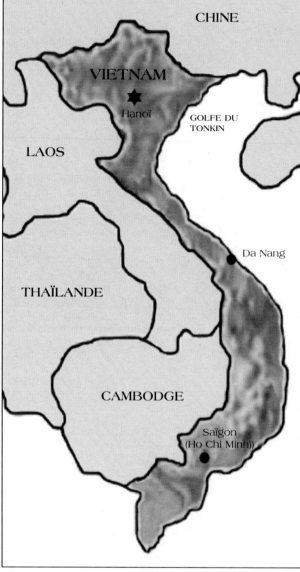

L'ASIE FRANCOPHONE:
LE VIETNAM, LE CAMBODGE & LE LAOS

LE VIETNAM

Capitale:	Hanoï
Population:	87.800.000
Gouvernement:	République socialiste
Chef d'état:	Président Truong Tan Sang
Monnaie:	New Dong (VND)
Langues:	Vietnamien (langue officielle), anglais, français
Ressources:	Café, caoutchouc, minéraux, riz, sucre, thé
Musique/ Danse:	Fêtes bouddhistes, cai long (comédie musicale), mua roi nuoc (marionnettes sur eau), opéra chinois
Principales richesses touristiques:	Baie de Halong, fleuve Mekong, Quartier français à Hanoï, Hoi An, Île de Cat Ba, lac Hoan Kiem, marchés flottants, Temple de Jade, ville de Ho Chi Minh
Cuisine:	Baguettes, bière, nem (viande, légumes, nouilles emballées dans du papier de riz), nuoc cham (sauce de chilis), nuoc mam (sauce de poisson), Pho (soupe), poisson, porc, sauce de cacahuètes, thé de riz, thé vert

VIETNAMIENS CÉLÈBRES

Nguyen Thien Dien
(COMPOSITEUR)

Thich Nhat Hahn
(MOINE BOUDDHISTE)

Troung Vinh Ky
(ÉCRIVAIN)

Ho Chi Minh
(HOMME POLITIQUE)

Tran Nhut
(ROMANCIÉRES)

LE CAMBODGE

Capitale:	Phnom Penh
Population:	14.300.000
Gouvernement:	Monarchie constitutionnelle, HoS: King Norodom Sihamoni
Chef d'état:	Roi Norodom Sihamoni, Premier Ministre Hun Sen
Monnaie:	New Riel (KHR)
Langues:	Khmer (langue officielle), français, anglais
Ressources:	Agriculture (bananes, cassaves, sucre, riz), argent, bois, mines, pierres précieuses
Danse:	Danse traditionelle
Principales richesses touristiques:	Temple d'Angkor (le bâtiment religieux le plus grand du monde), Palais Royal et la Pagode d'Argent (Phnom Penh)
Cuisine:	Fruits, légumes, mangues, poisson, porc, riz

CAMBODGIENS CÉLÈBRES

Meng Keo Pichenda
(CHANTEUSE)

Fan Shih-man
(HOMME POLITIQUE)

LE LAOS

Capitale:	Vientiane
Population:	6.300.000
Gouvernement:	République Démocratique Populaire Lao
Chef d'état:	Président Lt. Gen. Choummali Saignason
Monnaie:	Lao Kip (LAK)
Langues:	Lao (langue officielle), français (première langue étrangère d'enseignement)
Ressources:	Café, maïs, minéraux, noix moulues, riz, tabac
Musique/ Danse:	Fêtes bouddhistes, khène (flûte de bambou), lamvong (danse traditionnelle), théâtre d'ombres
Principales richesses touristiques:	Fleuve Mekong, Luang Prabang (Palais Royal), Monument aux Morts (Vientiane), Xien Khuang (Plaine des Jarres)
Cuisine:	Baguettes, bananes, bière, croissants, lao lao (alcool de riz), noix de coco, poisson, riz

LAOTIENS CÉLÈBRES

Dia Cha
(AUTEUR)

Mai Neng Moua
(ÉCRIVAINE)

Fa Ngum
(HOMME POLITIQUE)

VOCABULAIRE LEÇON CINQ

THEME WORDS: "FOOD AND DRINK"

le café	coffee
l' eau (f.)	water
le fromage	cheese
la glace	ice, ice cream
le hamburger	hamburger
l' œuf (m.)	egg
l' orange (f.)	orange
le pain	bread
le poisson	fish
la pomme	apple
le poulet	chicken
le riz	rice
la salade	salad
la soupe	soup
le sucre	sugar
le thé	tea
la tomate	tomato
la viande	meat
le vin	wine

OTHER NOUNS

l' anniversaire (m.)	birthday, anniversary
la bouteille	bottle
le cadeau	present
le chemisier	blouse
l' endroit (m.)	place
la plaisanterie	joke
la réunion	meeting
le roi	king
le vêtement	piece of clothing

ADJECTIVES

cuit/cuite	cooked
délicieux/délicieuse	delicious
électrique	electric
fermé/fermée	closed
heureux/heureuse	happy
mort/morte	dead
original/originale	original
ouvert/ouverte	open

VERBS

admettre	to admit
aimer	to like, to love
comprendre	to understand
demander	to ask (for)
dire	to say, to tell
dormir	to sleep
insulter	to insult
mettre	to put
prendre	to take
promettre	to promise
regretter	to regret
rester	to stay

ADVERBS

une fois (deux fois)	once (twice)
n'est-ce pas?	isn't that so?
quelquefois	sometimes
seulement	only
tard	late
tôt	early

LEÇON CINQ

KEY GRAMMAR CONCEPTS

A) OTHER IRREGULAR VERBS → *Autres verbes irréguliers*

B) POSSESSIVE ADJECTIVES → *Adjectifs possessifs*

C) DIRECT OBJECT PRONOUNS → *Pronoms objet direct*

D) IDIOMATIC EXPRESSIONS WITH "AVOIR" → *Expressions idiomatiques avec "avoir"*

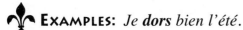

A) OTHER IRREGULAR VERBS

DIRE (to say)	DORMIR (to sleep)	METTRE* (to put)	PRENDRE** (to take)
je dis	je dors	je mets	je prends
tu dis	tu dors	tu mets	tu prends
il dit	elle dort	elle met	il prend
nous disons	nous dormons	nous mettons	nous prenons
vous dites	vous dormez	vous mettez	vous prenez
elles disent	ils dorment	ils mettent	elles prennent

* *"Admettre"* (to admit), *"permettre"* (to allow) and *"promettre"* (to promise) share the root verb *"mettre"* and, therefore, are conjugated like *"mettre."*

** *"Apprendre"* (to learn) and *"comprendre"* (to understand) are conjugated like *"prendre."*

EXAMPLES: *Je **dors** bien l'été.*
I sleep well in the summer.

*Le directeur ne **permet** pas les cigarettes dans l'école.*
The headmaster does not allow cigarettes in school.

*Les bébés **apprennent** à parler.*
Babies learn to speak.

*Nous **comprenons** le français.*
We understand French.

1. Conjugate the following verbs fully in the present:

promettre (to promise)	**comprendre** (to understand)	**dire** (to say)
je promets	je comprends	je dis
tu promets	tu comprends	tu dis
elle/il promet	il/elle comprend	elle/il dit
nous promettons	nous comprenons	noun disons
vous promettez	vous comprenez	vous dites
ils/elles promettent	ils/elles comprennent	ils/elles disent

2. Complete the following sentences using the appropriate present form of the verbs in parentheses:

a. Nous _____ mettons _____ des tomates dans la salade. (mettre)

b. Est-ce qu'ils _____ prennent _____ du café après le dîner? (prendre)

c. Les clients _____ disent _____ que la viande n'est pas cuite. (dire)

d. Vous _____ dormez _____ quelquefois en classe, n'est-ce pas? (dormir)

e. Est-ce que vous _____ dites _____ "bonjour" poliment le matin à votre chien? (dire)

f. J'explique, j'explique, et tu ne _____ comprends _____ rien! (comprendre)

g. Le criminel _____ admet _____ la vérité devant le juge. (admettre)

h. Nous _____ dormons _____ très tard le dimanche matin. (dormir)

i. Pourquoi est-ce que tu _____ mets _____ ce pantalon ridicule? (mettre)

j. Ils _____ demandent _____ souvent un verre d'eau après le match. (demander)

3. A student did her verb conjugations in a hurry. Find and correct the five errors:

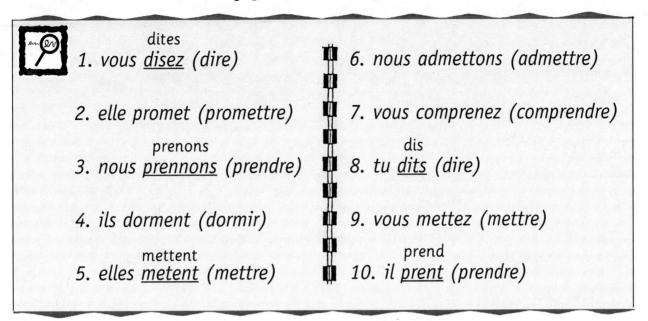

                                          dites
1. vous <u>disez</u> (dire)   6. nous admettons (admettre)

2. elle promet (promettre)   7. vous comprenez (comprendre)

          prenons   dis
3. nous <u>prennons</u> (prendre)   8. tu <u>dits</u> (dire)

4. ils dorment (dormir)   9. vous mettez (mettre)

          mettent   prend
5. elles <u>metent</u> (mettre)   10. il <u>prent</u> (prendre)

B) POSSESSIVE ADJECTIVES

Possessive adjectives are words that let people know to whom or to what something belongs. Remember, because these words are adjectives, they take the gender and number of the noun they modify. They are always positioned right before the noun. How many of these words have you seen before?

Possessive Adjectives		
Singular		**Plural**
masculine	**feminine**	**masculine <u>and</u> feminine**
mon → my	*ma* → my	*mes* → my
ton → your	*ta* → your	*tes* → your
son → his/her	*sa* → his/her	*ses* → his/her
notre → our	*notre* → our	*nos* → our
votre → your	*votre* → your	*vos* → your
leur → their	*leur* → their	*leurs* → their

EXAMPLES: Harry Potter and the Deathly Hallows II *est **notre** film préféré.*
Harry Potter and the Deathly Hallows II is our favorite movie.

***Mes** amis vietnamiens me disent que Saïgon est une belle ville.*
My Vietnamese friends tell me that Saigon is a beautiful city.

*Paul voit quelquefois **sa** tante qui habite à Hanoï.*
Paul sometimes sees his aunt who lives in Hanoi.

*Anne, est-ce que tu mets **ton** pantalon rouge aujourd'hui?*
Anne, are you putting on your red pants today?

*Mes parents aiment **leur** nouvelle voiture électrique.*
My parents love their new electric car.

*"**Votre** oncle vous aime beaucoup," dit **notre** tante Mathilde.*
"Your uncle loves you a lot," says our aunt Matilda.

*"**Ta** voix est divine," crie mon frère au concert de Rihanna.*
"Your voice is divine," shouts my brother at the Rihanna concert.

When a feminine word begins with a <u>vowel</u> or an "<u>h</u>," the words *ma, ta,* and *sa* are replaced by *mon, ton,* and *son.*

 EXAMPLES: *J'aime **mon** amie Joséphine.*
I love my friend Josephine.

*Tu respectes **ton** honorable grand-mère.*
You respect your honorable grandmother.

Here is something to keep in mind as you put these possessive adjectives to use.

These adjectives agree with what is <u>possessed</u>, not with the <u>possessor</u>!

my books	=	***mes** livres*
my sister	=	***ma** sœur*
our computer	=	***notre** ordinateur*
their team	=	***leur** équipe*
his grandparents	=	***ses** grands-parents*

EXERCICES

1. Translate the following into French:

a. my father and my mother   mon père et ma mère

b. our birthday   notre anniversaire

c. their clothes   leurs vêtements

d. his salad   *sa salade*

e. her store   *son magasin*

f. my friend Marie   *mon amie Marie*

g. my apples   *mes pommes*

h. their truck   *leur camion*

2. Complete the following sentences by translating the possessive adjective in parentheses into the appropriate form:

a. ____Notre____ salle de bains est bleue; ____votre____ salle de bains est verte. (Our/your [formal])

b. ____Mon____ chien Pal est ____mon____ grand ami. (My/my)

c. ____Ses____ amis ne viennent pas pour ____son____ anniversaire. (Her/her)

d. ____Mes____ parents mettent ____leurs____ nouveaux vélos dans ____leur____ garage. (My/their/their)

e. Est-ce que tu aimes ____ton____ riz au poulet? (your)

f. Oncle Arthur aime ____sa____ viande bien cuite. (his)

g. Attention! ____Nos____ verres sont très fragiles. (Our)

h. "Monte dans ____ta____ chambre!" dit ____ma____ mère, furieuse. (your/my)

i. ____Ma____ porte est ouverte; vous devez fermer ____votre____ fenêtre. (My/your)

j. Les musiciens de *One Direction* ont beaucoup de talent. ____Leur____ nouvel album est un grand succès. (their)

3. The following paragraph contains four errors. Underline the errors and write the appropriate correction above it:

notre

Nous allons quelquefois dans un excellent restaurant près de <u>nos</u>

prends

pharmacie. Je <u>prens</u> toujours du poulet, mais quand mon poulet arrive je

regrette le hamburger que mon frère mange. Comme je suis

ma

américain, le hamburger avec des frites est <u>leur</u> nourriture préférée.

mettent

Est-ce que les Français <u>mette</u> du ketchup sur leurs hamburgers?

C) DIRECT OBJECT PRONOUNS

In *Leçon Un,* we learned that pronouns can take the place of nouns. That lesson presented a list of subject pronouns that could serve as the main actor of a sentence. In *Leçon Quatre,* we learned about pronouns that followed prepositions. In this section, we will look at a special list of pronouns that have a different use.

Direct object pronouns (DOPs) are used in place of nouns that get "acted upon" by verbs directly. For example, in the sentence "Elvis found the guitar," the word "guitar" is the direct object because the guitar is what was found. In the related sentence "Elvis found it," the word "it" is the <u>direct object pronoun</u> ("it" stands for the guitar).

Let's look at another example. In the sentence "Sylvia saw Elvis," "Elvis" is the direct object, because he <u>directly</u> received the action of the verb, i.e., <u>he</u> was seen. In the sentence, "Sylvia saw him," "him" is the <u>direct object pronoun</u> ("him" stands for Elvis).

Here is the list of direct object pronouns in French:

Direct Object Pronouns	
me (m')	*nous*
te (t')	*vous*
le, la (l')	*les*

"Le" is used in place of a singular, masculine noun, while *"la"* is used in place of a singular, feminine noun. Both *"le"* and *"la"* are shortened to *"l'"* before words beginning with a vowel or an "h."

Direct object pronouns generally come right <u>before</u> conjugated verbs in French. The word order may seem peculiar to a speaker of English, who places all object pronouns after verbs. Let's look at some sentences to see these direct object pronouns in action.

 EXAMPLES: *Ma sœur ne comprend pas le livre, mais je **le** comprends.*
My sister doesn't understand the book, but I understand it.

*Lucie **m'**aime, mais je ne **l'**aime pas.*
Lucie loves me, but I don't love her.

*Les chemises bleues? Nous ne **les** voulons pas.*
The blue shirts? We don't want them.

*Je ne **t'**insulte pas, Marie-Chantal; tu ne **me** crois pas?*
I am not insulting you, Marie-Chantal; don't you believe me?

*Est-ce que vous **nous** comprenez? –Non, nous ne **vous** comprenons pas.*
Do you understand us? –No, we don't understand you.

*Est-ce que tu vends ta vieille voiture? –Oui, je **la** vends.*
Are you selling your old car? –Yes, I am selling it.

Les musiciens de Coldplay *ne **nous** voient jamais quand ils chantent.*
The musicians of *Coldplay* never see us when they sing.

In the immediate future tense *(Leçon Huit)*, you will see that direct object pronouns are placed <u>between</u> the conjugated verb and the infinitive.

 EXAMPLE: *Le livre* The Hunger Games*? – Je vais **l'**acheter demain.*
The book *The Hunger Games*? –I'm going to buy it tomorrow.

 # EXERCICES

1. Rewrite the following sentences, replacing the underlined direct object with the appropriate direct object pronoun:

Example: Pierre n'aime pas <u>ce film</u>.   **Pierre ne l'aime pas.**

a. Il choisit <u>les chemises bleues</u>.   Il les choisit.

b. Nous comprenons <u>nos amis</u>.   Nous les comprenons.

c. Ali n'insulte pas <u>le roi désagréable</u>.   Ali ne l'insulte pas.

d. Sophie ne regarde pas <u>ce film idiot</u>. Sophie ne le regarde pas.

e. Est-ce que tu comprends <u>la plaisanterie</u>? Est-ce que tu la comprends?

f. Le professeur aide <u>les étudiants</u>. Le professeur les aide.

g. Paul ne met pas <u>la voiture</u> dans le garage. Paul ne la met pas dans le garage.

h. Le bébé n'aime pas <u>son lait</u>. Le bébé ne l'aime pas.

i. Fatima gagne <u>le match de tennis</u>. Fatima le gagne.

j. L'équipe admet <u>son erreur</u>. L'équipe l'admet.

2. Rewrite the following questions, replacing the underlined direct object with the appropriate direct object pronoun:

Example: Où est-ce que tu achètes <u>la pizza</u>? ***Où est-ce que tu l'achètes?***

a. Où est-ce que vous achetez <u>les pommes</u>?

Où est-ce que vous les achetez?

b. Est-ce que tu admets <u>tes erreurs</u>?

Est-ce que tu les admets?

c. Est-ce que vous écoutez <u>ces disques compacts</u>?

Est-ce que vous les écoutez?

d. Est-ce que nous mettons <u>la salade</u> sur l'assiette?

Est-ce que nous la mettons sur l'assiette?

e. Est-ce que tu comprends <u>tes amis</u>?

Est-ce que tu les comprends?

f. Est-ce que tu cherches <u>la bouteille de vin</u>?

Est-ce que tu la cherches?

g. Est-ce que tu aimes le café "Starbucks"?

Est-ce que tu l'aimes?

h. Est-ce qu'il ferme la porte?

Est-ce qu'il la ferme?

i. Est-ce qu'elle corrige les devoirs sérieusement?

Est-ce qu'elle les corrige sérieusement?

j. Est-ce que tu mets toujours ton pull jaune pour sortir avec lui?

Est-ce que tu le mets toujours pour sortir avec lui?

3. Now <u>answer</u> the following questions in complete sentences, replacing the underlined word(s) with the appropriate direct object pronoun.
ATTENTION! Check your word order!

Example: Où est-ce que tu achètes la pizza? ***Je l'achète à "Pizza Hut."***

a. Où est-ce que vous achetez les pommes?

Je les achète au supermarché.

b. Où est-ce que tu mets tes vêtements?

Je les mets dans ma chambre.

c. Est-ce que tu m'aimes?

Oui, je t'aime. / Non, je ne t'aime pas.

d. Est-ce que vous comprenez les problèmes de mathématiques?

Oui, nous les comprenons. / Non, nous ne les comprenons pas.

e. Est-ce que tu aimes la sœur de Gérard?

Oui, je l'aime. / Non, je ne l'aime pas.

f. Est-ce que tu mets <u>le sucre</u> sur la table?

Oui, je le mets sur la table. / Non, je ne le mets pas sur la table.

g. Est-ce que les chats aiment <u>les souris</u>?

Oui, ils les aiment. / Non, ils ne les aiment pas.

h. Est-ce que vous donnez <u>les lettres</u> à la secrétaire?
Oui, nous les donnons à la secrétaire.
Non, nous ne les donnons pas à la secrétaire.

4. Translate the following sentences into French:

a. The door? I always close it.

La porte? Je la ferme toujours.

b. Apples and oranges? I eat them with my brother.

Les pommes et les oranges? Je les mange avec mon frère.

c. Joseph sees me, but he does not see you.

Joseph me voit, mais il ne te voit pas.

d. Do you understand us?

Est-ce que tu nous comprends? / Est-ce que vous nous comprenez?

e. Do you believe me?

Est-ce que tu me crois? / Est-ce que vous me croyez?

5. The following paragraph contains four errors related to object pronouns. Underline each error and write the correction above it:

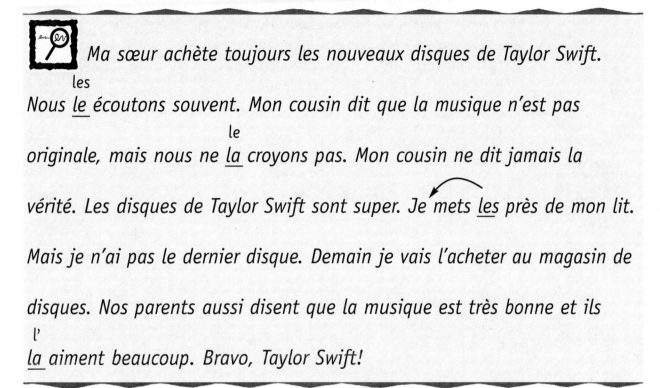

Ma sœur achète toujours les nouveaux disques de Taylor Swift.

les
Nous <u>le</u> écoutons souvent. Mon cousin dit que la musique n'est pas

le
originale, mais nous ne <u>la</u> croyons pas. Mon cousin ne dit jamais la

vérité. Les disques de Taylor Swift sont super. Je mets <u>les</u> près de mon lit.

Mais je n'ai pas le dernier disque. Demain je vais l'acheter au magasin de

disques. Nos parents aussi disent que la musique est très bonne et ils

l'
<u>la</u> aiment beaucoup. Bravo, Taylor Swift!

D) IDIOMATIC EXPRESSIONS WITH "AVOIR"

The French word *"avoir,"* meaning "to have," combines with many other words to form common expressions. When translated literally, these expressions may seem somewhat unusual to a speaker of English. For example, "I am thirsty" is expressed in French as *"J'ai soif,"* which literally means "I have thirst."

Notice in the list below, the *"je"* form is used, but, of course, these expressions can be conjugated in any form.

Here is a list of the most common *"avoir"* **expressions***:*

Common *"Avoir"* Expressions
J'ai (quatre) ans → I am (four) years old
J'ai chaud → I am hot
J'ai faim → I am hungry
J'ai froid → I am cold
J'ai peur → I am scared
J'ai raison → I am right
J'ai soif → I am thirsty
J'ai sommeil → I am sleepy
J'ai tort → I am wrong

EXAMPLES: *Quand j'ai soif, je bois toujours de la limonade ou du thé glacé.*
When I am thirsty, I always drink lemonade or iced tea.

*En été, mes grands-parents **ont** toujours **chaud** à la plage; je ne comprends pas pourquoi ils ne restent pas à la maison.*
In the summer, my grandparents are always hot on the beach; I don't understand why they don't stay home.

*Qu'est-ce que tu manges quand tu **as faim**?*
What do you eat when you are hungry?

EXERCICES

1. Complete the sentences with an appropriate *"avoir"* expression.

a. Je bois une limonade parce que _____ j'ai soif _____.

b. Quand tu _____ as sommeil _____, tu vas dormir.

c. Si on ne prend pas le petit déjeuner, à midi on _____ a faim _____.

d. Dans les discussions, les parents _____ ont raison _____ et les enfants

_____ ont tort _____. C'est injuste!

e. En hiver quand il neige, nous _____ avons froid _____.

f. Quand je fais du ski, ✖ _____ j'ai peur _____ des avalanches.

g. Quand elle _____ a chaud _____ sur la plage, elle va nager dans l'océan.

h. Aujourd'hui, c'est l'anniversaire de mon petit cousin Albert; il

_____ a _____ cinq _____ ans _____.

i. Tu dis qu'Anatole est stupide; tu _____ as tort _____, il est très intelligent.

j. Dans notre pays, on ne peut pas boire d'alcool si on ✖ _____ n'a _____

pas vingt-et-un _____ ans _____.

2. Translate the following sentences into French using *"avoir"* expressions:

a. Are you afraid of dogs?

Est-ce que tu as peur des chiens?/Est-ce que vous avez peur des chiens?

b. He puts on a lot of clothes because he is cold.

Il met beaucoup de vêtements parce qu'il a froid.

c. In the morning she is sleepy because she works late.

Le matin, elle a sommeil parce qu'elle travaille tard.

d. The Patriots are never afraid when they play in the Super Bowl.

Les Patriots n'ont jamais peur quand ils jouent au Super Bowl.

e. I am sixteen. You're five. My sister is twelve.

J'ai seize ans. Tu as cinq ans. Ma sœur a douze ans.

3. The following paragraph contains six errors in total (two direct object pronoun errors, two possessive adjective errors and two errors related to *"avoir"* expressions). Find each error and fix it:

                            ma   a

C'est l'anniversaire de <u>mon</u> grande sœur Séraphine. Elle <u>est</u> dix-

huit ans. Je l'aime beaucoup et je vais préparer un bon dîner pour elle.

Au supermarché, j'achète un poulet, des tomates, du jus d'orange et de la

                                               la

glace. Je porte la nourriture chez moi et je <u>le</u> mets dans la cuisine. Je

                                           soif

bois le jus d'orange parce que j'ai <u>sommeil</u>. Le poulet est trop cuit et je

le   mon

<u>la</u> donne à <u>ma</u> chien. C'est impossible de résister à la glace et il ne reste

rien pour l'anniversaire. Quelle catastrophe!

These two sets of questions use grammatical structures and the vocabulary from this lesson. Working with a partner, alternate asking and answering each question. Remember to use direct object pronouns to avoid repeating nouns. When you get to the bottom of each list, start over at the top, switching roles. As a variation, write out the answers in complete sentences.

 A) Quel âge a ton père?

Est-ce que tu as peur de ton professeur de français?

Est-ce qu'on a chaud en hiver?

De quelle couleur est votre pantalon aujourd'hui?

Où est-ce que tu mets tes livres?

Est-ce que la cuisine de ta mère est délicieuse?

Quand est ton anniversaire?

B) Pourquoi est-ce que tu insultes mon frère?

Est-ce que ton père a toujours raison?

Comment est-ce que tu fais une omelette?

Quand tu as soif, qu'est-ce que tu bois?

Qu'est-ce que tu mets dans ton sandwich?

Est-ce que vous prenez l'autobus pour venir en classe?

Où habitent les poissons?

DIALOGUE

The following dialogue contains grammar and vocabulary that you've seen in this lesson and in the introductory section. After listening to the CD, read this dialogue aloud, alone or with friends. Afterwards, try to answer the questions that follow either aloud or in written form.

 ## LES AVENTURES DE RAPHAËL, ÉLISE ET "LE TIGRE"

SCÈNE TROIS

Raphaël, "Le Tigre" et Élise sont dans le train Amtrak. Les sacs sont à côté et les trois jeunes parlent avec enthousiasme.

Le Tigre: Quand est-ce que nous arrivons à New York, Raphaël?

Raphaël: Dans quinze minutes, Tigre. Pas de problème!

Le Tigre: C'est un très grand voyage.

Raphaël: Du calme! Regardez! Vous pouvez voir les grands bâtiments de New York, là-bas?

Le Tigre: Alors moi, je ne vois rien.

Raphaël: Ouvre les yeux, Tigre! Tu ne vois pas l'Empire State Building, là?

Le Tigre: Si, je le vois. Élise, tu ne parles pas, pourquoi?

Élise: D'abord, c'est l'émotion. Je suis très nerveuse et je me sens coupable aussi. Mes parents croient que je suis dans le New Hampshire maintenant. Je vais téléphoner ce soir avec mon téléphone portable. Ils ne vont pas savoir que je suis à New York!

Un homme grand et mystérieux passe dans le wagon. Il a une moustache et il porte un pull qui dit "NY Mets." Il ne dit rien quand il passe près d'eux.

Raphaël: Nous arrivons bientôt à Penn Station. Prenons un taxi pour aller à Central Park. J'ai un ami, Jacques, qui habite très près. Nous pouvons passer la nuit dans son appartement.

Le Tigre: Mais un taxi est très cher. Je préfère aller à pied.

Élise: Moi aussi, Raphaël. Il est sympathique ton ami?

Raphaël: Bien sûr il est sympathique. Ses parents ne sont pas là en ce moment parce qu'ils sont en voyage. Sa cousine Isabelle habite avec lui. Elle a vingt-trois ans et elle est très sympathique.

Élise: Je suis contente. Une autre fille, c'est très bien pour notre groupe. Mais j'ai faim. Tu as encore du chewing gum, Tigre?

Le Tigre: Bien sûr!

"Le Tigre" cherche son sac. Il regarde sous les sièges (seats) *et de tous les côtés.*

Raphaël: Nous arrivons. Voilà!

Le train s'arrête. Ils entendent une annonce.

La voix: Nous arrivons maintenant à Penn Station dans la ville de New York.
                   Tous les voyageurs descendent. Merci.

Le Tigre: Zut! Élise, Raphaël! Où est mon sac?

Élise: Je ne sais pas. Il n'est pas sous le siège?

Le Tigre: Non, il n'y est pas.

Raphaël: Tu perds toujours tes affaires, Tigre.

Élise: Mais, un moment. De quelle couleur est ton sac?

Le Tigre: Vert.

Élise: Mais oui! L'homme avec la moustache! Je crois que maintenant il a ton sac.

Raphaël: Regardez! Je crois que je le vois sur le quai (platform). Allons-y!

Élise: Allons-y!

Le Tigre: Allons-y!

Les trois amis sortent rapidement. Il y a beaucoup de monde et c'est très difficile de voir quelqu'un. Au loin, une femme habillée en blanc observe la scène avec un télescope.

QUESTIONS

1) Comment est-ce que les jeunes vont à New York?

Ils vont à New York en train.

2) Quel bâtiment est-ce qu'il voient au loin?

Ils voient l'Empire State Building.

3) Comment se sent Élise maintenant?

Elle est nerveuse et elle se sent coupable.

4) Qu'est-ce qui est écrit sur le pull de l'homme mystérieux?

Il y a "NY Mets."

5) Où est-ce que les trois amis vont passer la nuit?

Les trois amis vont passer la nuit chez un ami de Raphaël.

6) Pourquoi est-ce qu'Élise est contente de cette information?

Elle est contente parce qu'il y a une autre fille.

7) Qu'est-ce qu'Élise veut manger?

Elle veut manger un chewing gum.

8) Qu'est-ce que Le Tigre cherche?

Il cherche son sac.

9) Qui a le sac, probablement?

L'homme mystérieux a son sac.

10) Qui observe la scène finale?

Une femme habillée en blanc observe la scène.

EXERCICES DE RÉVISION

1. Answer in complete sentences:

a. Est-ce que tu dors bien ou mal la nuit?

Je dors bien la nuit. / Je dors mal la nuit.

b. Quelle personne célèbre est morte cette année?

(Name of someone famous) est mort(e) cette année.

c. Qui prépare la nourriture chez toi le soir?
Mon père (ma mère, ma grand-mère, mon frère, je . . .) prépare la nourriture chez moi le soir.

d. Est-ce que vous recyclez les bouteilles dans votre ville?
Oui, nous recyclons les bouteilles dans notre ville.
Non, nous ne recyclons pas les bouteilles dans notre ville.

e. Qu'est-ce que tu bois quand tu dois travailler et que tu as sommeil?
Quand je dois travailler et que j'ai sommeil, je bois du café (du Coca-Cola, du thé).

2. Translate the following infinitives, then conjugate them fully:

dormir (to _____sleep_____)

je dors	nous dormons
tu dors	vous dormez
elle/il dort	ils/elles dorment

prendre (to _____take_____)

je prends	nous prenons
tu prends	vous prenez
il/elle prend	ils/elles prennent

voir (to _____see_____)

je vois	nous voyons
tu vois	vous voyez
elle/il voit	ils/elles voient

pouvoir (to _____be able to_____)

je peux	nous pouvons
tu peux	vous pouvez
il/elle peut	ils/elles peuvent

3. Write the correct form of the verb:

a. Vous _____dites_____ que vous aimez la soupe de poisson de Marseille. (dire)

b. Mon grand-père _____met_____ toujours du sucre dans son café. (mettre)

c. Les Cambodgiens _____prennent_____ du riz à tous les repas. (prendre)

d. Est-ce que les ours _____dorment_____ pendant l'hiver? (dormir)

e. Je _____crois_____ que les poissons ne _____dorment_____ jamais. (croire/dormir)

f. Est-ce que vous _____faites_____ vos devoirs dans votre chambre? (faire)

g. Tu me _____promets_____ un cadeau d'anniversaire, n'est-ce pas? (promettre)

h. Quelquefois je _____dors_____ en classe parce que j'ai sommeil. (dormir)

i. Est-ce que vous _____apprenez_____ le français ou le japonais? (apprendre)

j. Les journalistes _____disent_____ que Catherine Deneuve joue dans le film de Christophe Honore, *Beloved*. (dire)

4. Answer the following questions, replacing the underlined words with a direct object pronoun *(me, te, la, le, l', nous, vous, les)*:

a. Est-ce que tu achètes <u>la bouteille de vin</u> ici?

Oui, je l'achète ici. / Non, je ne l'achète pas ici.

b. Est-ce que ton ami voit <u>Marie et Paul</u> aujourd'hui?

Oui, mon ami les voit aujourd'hui.

c. Quand est-ce que tu regardes *Nashville?*

Je le regarde le soir (le mercredi, le week-end).

d. Est-ce que ton chien mange quelquefois <u>tes devoirs</u>?

Non, mon chien ne les mange jamais. / Oui, mon chien les mange quelquefois.

e. Est-ce que tu <u>me</u> comprends?

Oui, je te comprends. / Non, je ne te comprends pas.

f. Est-ce que vous insultez <u>Hélène</u>?

Oui, nous l'insultons. / Non, nous ne l'insultons pas.

g. Est-ce que vous préparez souvent <u>la salade</u>?

Oui, nous la préparons souvent. / Non, nous ne la préparons pas souvent.

h. Quand est-ce qu'elle ferme <u>les fenêtres</u>?

Elle les ferme quand elle a froid. / Elle les ferme le soir.

5. Match one of these possessive adjectives with the noun that follows
*(mon, ma, mes, ton, ta, tes, son, sa, ses, notre, nos, leur, leurs, votre, vos)***:**

Example: **Nous mettons** _____**nos**_____ livres dans _____**notre**_____ chambre.

a. Tu es drôle! _____**Tes**_____ plaisanteries sont amusantes.

b. Je perds _____mon_____ pantalon et c'est très embarrassant!

c. Ils achètent _____leurs_____ fromages dans le grand supermarché

de _____leur_____ ville.

d. Vous cherchez _____votre_____ bicyclette dans la rue.

e. La chanteuse chante avec _____ses_____ musiciens.

f. Je pars en vacances avec _____mon_____ livre de grammaire

française! _____Mes_____ amis disent que je suis fou.

g. Philippe? _____Son_____ actrice préférée est Nicole Kidman.

h. Nous sommes très forts; _____nos_____ muscles sont énormes!

i. Céleste aime beaucoup _____son_____ mari Babar!

6. Insert an *"avoir"* expression in the following spaces:

a. Nous _____avons soif_____; nous allons boire beaucoup d'eau.

b. Quand il neige et que je ne porte pas de vêtements chauds, j~~e~~
_____j'ai froid_____.

c. Mon chien mange tous les biscuits parce qu'il _____a faim_____.

d. Quand mon frère regarde des films d'horreur, il _____a peur_____.

e. Ce restaurant est excellent. –C'est vrai; tu _____as raison_____.

7. Find the errors in the following list. There's one error in each sentence:

>   froid
>
> 1) Je dois mettre un gros pull parce que j'ai <u>chaud</u>.
>
>   soif
>
> 2) Quand un chameau a <u>tort</u>, il doit boire.
>
>   vieille
>
> 3) Madame Stroumf est <u>jeune</u>: elle a quatre-vingt
>
> dix-neuf ans.
>
>   raison
>
> 4) Dans une discussion, j'aime avoir <u>faim</u>.

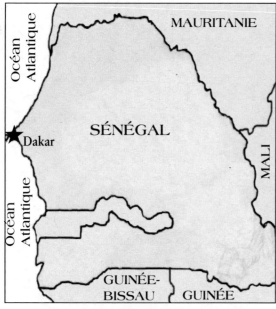

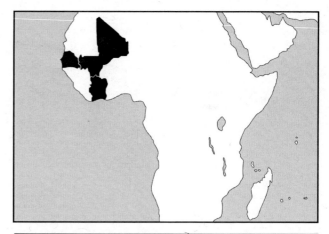

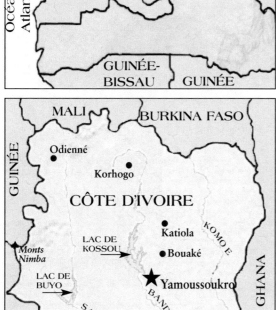

LA CÔTE D'IVOIRE

Capitale:	Yamoussoukro (capitale officielle), Abidjan (capitale commerciale et administrative)
Population:	20.200.000
Gouvernement:	République
Chef d'état:	Président Alassane Dramane Ouattara
Monnaie:	Franc CFA (XOF)
Langues:	Français (langue officielle), dioula, d'autres langues africaines
Ressources:	Cuivre, diamants, gaz naturel, minéraux, pétrole
Musique/Danse:	Griots (chanteurs qui accompagnent tous les événements de la vie — naissance, mariages, enterrements), instruments musicaux — gourdis, djembe, kpalago, shekere, kora
Principales richesses touristiques:	Carnaval de Bouaké, Fête du Dipri, Fêtes des Masques
Cuisine:	Attieke (manioc râpé), kedjenou (poulet), soupe aux avocats

IVOIRIENS CÉLÈBRES

Gadji Céla
(FOOTBALLEUR, CHANTEUR)

Jimmy Danger
(ACTEUR ET HUMORISTE)

Didier Drogba
(FOOTBALLEUR)

Aïcha Koné
(CHANTEUSE)

Ahmadou Kourouma
(ROMANCIER)

Koffi Masta
(MUSICIEN)

Véronique Tadjo
(ÉCRIVAIN)

LE SÉNÉGAL, LE MALI & LA CÔTE D'IVOIRE

LE SÉNÉGAL

Capitale:	Dakar
Population:	12.800.000
Gouvernement:	République constitutionnelle
Chef d'état:	Président Macky Sall
Monnaie:	Franc CFA (XOF)
Langues:	Français (langue officielle), le wolof et d'autres langues africaines
Ressources:	Minéraux, phosphates, poissons
Musique/ Danse:	Mbalax (musique traditionnelle), rap, wango (danse traditionnelle)
Principales richesses touristiques:	Casamance (forêt tropicale), Île de la Madeleine, parcs nationaux, pêche et chasse, sanctuaires d'oiseaux, sports nautiques
Cuisine:	Aubergines diakhatou, bœuf et agneau, céréales, choux, gombo, mangues vertes, manioc, melons, navets, oranges, papayes, thiof et autres poissons grillés

SÉNÉGALAIS CÉLÈBRES

Jules Bocandé
(FOOTBALLEUR)

Youssou N'Dour
(MUSICIEN, HOMME POLITIQUE)

Kiné Lam
(CHANTEUSE)

Ousmane Sembene
(RÉALISATEUR)

Léopold Sédar Senghor
(ÉCRIVAIN, HOMME POLITIQUE)

LE MALI

Capitale:	Bamako
Population:	15.800.000
Gouvernement:	République constitutionnelle
Chef d'état:	Président Dioncounda Traroré
Monnaie:	Franc CFA (XOF)
Langues:	Français (langue officielle), bambara et d'autres langues africaines
Ressources:	Agriculture, phosphates, mines d'or
Musique/Danse:	Bambara, Bobo, Senufo pop (musiques traditionnelles), Wassoulou
Principales richesses touristiques:	Djenné (patrimoine mondial de L'UNESCO), Mopti (la Venise du Mali), Pays Dogon, Tombouctou
Cuisine:	Le capitaine (gros poisson du fleuve Niger), cuisine à base de riz et de mil souvent accompagné de poisson, le foutou (couscous vert et très fin accompagné d'une sauce liquide et de haricots blancs), mouton, poulet, le tô (gâteau au mil malaxé avec de la sauce au gombo) et de nombreux fruits (mangues, ananas, papayes)

MALIENS CÉLÈBRES

Amadou Hampâté Bâ
(ÉCRIVAIN, ETHNOLOGUE)

Amadou Bagayoko et Mariam Doumbia
(MUSICIENS)

Souleymane Cissé
(CINÉASTE)

Ali Ibrahim «Farka» Touré
(MUSICIEN)

Oumou Sangaré
(CHANTEUSE)

Fily Dabo Sissoko
(HOMME POLITIQUE, ÉCRIVAIN)

VOCABULAIRE
LEÇON SIX

THEME WORDS: "SPORTS"

l'	aviron (m.)	rowing
le	baseball	baseball
le	basket	basketball
le	football (foot)	soccer
le	football américain	football
le	hockey sur glace	ice hockey
la	natation	swimming
le	ski	skiing
le	tennis	tennis

OTHER NOUNS

l'	addition (f.)	bill (e.g., in a restaurant)
l'	affiche (f.)	poster
la	boîte aux lettres	mailbox
la	campagne	countryside
le	climat	climate
l'	emploi (m.)	job
la	grenouille	frog
l'	histoire (f.)	story, history
l'	interview (f.)	interview
le	journal	newspaper
le	magazine	magazine
le	maillot de bain	bathing suit
la	piscine	swimming pool
le/la	serveur/serveuse	waiter
la	serviette	towel, napkin

ADJECTIVES

célèbre	famous
court/courte	short
étroit/étroite	narrow, tight
fier/fière	proud
furieux/furieuse	furious, angry
large	wide, large
libre	free (not busy, liberated)

VERBS

(se) changer	to change
connaître	to know (e.g., a person)
crier	to shout
écrire	to write
(s') embrasser	to kiss, to embrace
fermer	to close, to shut
jouer à	to play (a sport)
jouer de	to play (an instrument)
lire	to read
savoir	to know (e.g., a fact)

MISCELLANEOUS

à côté de	next to
derrière	behind
devant	in front of
ensemble	together
loin de	far from
près de	near

LEÇON SIX

KEY GRAMMAR
CONCEPTS

A) OTHER IRREGULAR VERBS → *Autres verbes irréguliers*

B) VERBS CONJUGATED WITH "AVOIR" IN THE PASSÉ
COMPOSÉ → *Le passé composé avec "avoir"*

C) INDIRECT OBJECT PRONOUNS → *Les pronoms objet indirect*

D) THE EXPRESSIONS "IL Y A" AND "C'EST" →
Les expressions "il y a" et "c'est"

 A) OTHER IRREGULAR VERBS

CONNAÎTRE (to know)	ÉCRIRE (to write)	LIRE (to read)	SAVOIR (to know)
je connais	j' écris	je lis	je sais
tu connais	tu écris	tu lis	tu sais
elle connaît	il écrit	il lit	elle sait
nous connaissons	nous écrivons	nous lisons	nous savons
vous connaissez	vous écrivez	vous lisez	vous savez
ils connaissent	elles écrivent	elles lisent	ils savent

Note: 1) *"Décrire"* (to describe) is conjugated like *"écrire."*

2) You might be surprised that both *"savoir"* and *"connaître"* are translated as "to know." They are used in different situations:

    a) For knowing <u>people</u>, you <u>only</u> use *"connaître."*

    b) For knowing things, you use *"connaître"* with a direct object. Use *"savoir"* when there is no direct object.

EXAMPLES: *Est-ce que vous **connaissez** Didier Drogba?*
    Do you know Didier Drogba?

*Nous **connaissons** très bien la Côte d'Ivoire.*
    We know the Ivory Coast very well.

*Mon ami **connaît** un bon restaurant près de chez lui.*
    My friend knows a good restaurant near his house.

*Le dentiste **sait** pourquoi tes dents sont noires.*
    The dentist knows why your teeth are black.

*Je **sais** que les grenouilles sont vertes.*
    I know that frogs are green.

*Est-ce que tu **sais** à quelle heure le film commence?*
    Do you know at what time the film begins?

 Can you give the reason for each choice above of *"connaître"* and *"savoir"*?

EXERCICES

1. Conjugate the following verbs fully in the present:

connaître (to know)

je connais	nous connaissons
tu connais	vous connaissez
elle/il connaît	ils/elles connaissent

savoir (to know)

je sais	nous savons
tu sais	vous savez
il/elle sait	ils/elles savent

décrire (to describe)

je décris	nous décrivons
tu décris	vous décrivez
il/elle décrit	ils/elles décrivent

lire (to read)

je lis	nous lisons
tu lis	vous lisez
elle/il lit	ils/elles lisent

2. Complete the sentences with *"connaître"* or *"savoir"*:

a. Nous _____savons_____ que Andy Schleck peut gagner Le Tour de France de nouveau.

b. Je ne _____connais_____ pas de personnes célèbres.

c. Est-ce que vous _____connaissez_____ la date de la mort de Napoléon?

d. Le serveur _____connaît_____ des histoires scandaleuses!

e. Vous _____savez_____ que les éléphants sont roses.

f. Ils _____savent_____ comment on prépare les spaghetti.

g. Elvis est mort. Oui, je _____sais_____.

h. Les habitants _____savent_____ où est la piscine de leur ville.

B) VERBS CONJUGATED WITH "AVOIR" IN THE PASSÉ COMPOSÉ

The *passé composé* is used to record or report events in the past.

For most verbs in French, the *passé composé* is formed with the present tense of *"avoir"* and the past participle.

1) REGULAR VERBS

◆ For most **-ER** verbs, the past participle ends in **-é** *(parlé, chanté, cherché, dansé)*

◆ For most **-IR** verbs, the past participle ends in **-i** *(fini, rougi, choisi, grossi)*

◆ For most **-RE** verbs, the past participle ends in **-u** *(entendu, attendu, rendu)*

Here is the formula to follow:

Subject	+	*Avoir*	+	Past Participle
J'		*ai*		*parlé*
Tu		*as*		*fini*
Il/Elle	+	*a*	+	*entendu*
Nous		*avons*		*chanté*
Vous		*avez*		*rendu*
Elles/Ils		*ont*		*choisi*

2) PASSÉ COMPOSÉ OF REGULAR VERBS

PARLER	FINIR	RENDRE
j'ai parlé	j'ai fini	j'ai rendu
tu as parlé	tu as fini	tu as rendu
elle a parlé	il a fini	il a rendu
nous avons parlé	nous avons fini	nous avons rendu
vous avez parlé	vous avez fini	vous avez rendu
ils ont parlé	elles ont fini	elles ont rendu

 EXAMPLES: *Le serveur **a donné** l'addition au client.*
The waiter gave the bill to the client.

*Est-ce que tu **as fini** tes devoirs?*
Have you finished your homework?

*Rebecca et Catherine **ont choisi** les maillots de bain bleus.*
Rebecca and Catherine have chosen (chose) the blue bathing suits.

3) IRREGULAR VERBS

Unfortunately, many common verbs have irregular past participles.

Here are the irregular past participles of verbs we have studied so far:

avoir → **eu**	*dormir* → **dormi**	*pouvoir* → **pu**
boire → **bu**	*écrire* → **écrit**	*prendre* → **pris**
connaître → **connu**	*être* → **été**	*recevoir* → **reçu**
croire → **cru**	*faire* → **fait**	*savoir* → **su**
devoir → **dû**	*lire* → **lu**	*voir* → **vu**
dire → **dit**	*mettre* → **mis**	*vouloir* → **voulu**

The negative of the *passé composé* is not difficult; it looks like a tasty sandwich: a subject, one piece of the negative (**NE**), one piece of verb (**AVOIR**), another piece of negative (**PAS, RIEN, JAMAIS, etc.**) and the last piece of verb (**PAST PARTICIPLE**).

Subject	+	Negative	+	*Avoir*	+	Negative	+	Past Participle
Je		*n'*		*ai*		*pas*		*réussi*
Elle	+	*n'*	+	*a*	+	*rien*	+	*entendu*
Nous		*n'*		*avons*		*jamais/pas*		*parlé*

 EXAMPLES: *Je **n'ai pas reçu** ta lettre.*
I did not get your letter.

*Le crocodile **n'a pas voulu** nager dans la piscine.*
The crocodile did not want to swim in the pool.

*Nous **n'avons pas vu** ce film.*
We didn't see that film.

*La princesse Julie **n'a jamais embrassé** une grenouille.*
Princess Julie has never kissed a frog.

EXERCICES

1. Conjugate these verbs in the *passé composé*:

marcher (to walk)	**choisir** (to choose) (negative)	**vendre** (to sell)
j'ai marché	je n'ai pas choisi	j'ai vendu
tu as marché	tu n'as pas choisi	tu as vendu
il/elle a marché	il/elle n'a pas choisi	elle/il a vendu
nous avons marché	nous n'avons pas choisi	nous avons vendu
vous avez marché	vous n'avez pas choisi	vous avez vendu
ils/elles ont marché	elles/ils n'ont pas choisi	elles/ils ont vendu

2. Write the correct form of the *passé composé* for the following <u>regular</u> verbs:

a. ~~Je~~ _____ J'ai aimé _____ le film *Argo*. (aimer)

b. Est-ce que tu _____ as choisi _____ du poulet ou un hamburger? (choisir)

c. Hier soir, nous _____ avons attendu _____ à l'aéroport pendant trois heures. (attendre)

d. Les Ravens _____ ont gagné _____ le Superbowl en 2013. (gagner)

e. Raphaël _____ a trouvé _____ des grenouilles dans la piscine. (trouver)

f. L'été passé, Brigitte _____ a vendu _____ des glaces sur la plage. (vendre)

g. Pourquoi est-ce que tu _____ as acheté _____ ce pantalon orange et jaune? (acheter)

h. Ils ~~ne~~ _____ n'ont pas répondu _____ au téléphone. (répondre)

i. Mon chat _____ a mangé _____ beaucoup de souris et il _____ a grossi _____. (manger/grossir)

j. Est-ce que vous _____ avez rendu _____ le livre à la bibliothèque? (rendre)

3. Complete the following sentences with the correct form of the *passé compose* (there are both regular and irregular verbs):

a. Est-ce que tu _____ *as joué* _____ au football hier? (jouer)

b. Le bébé _____ *a bu* _____ du jus d'orange. (boire)

c. Mes amis _____ *ont vu* _____ un film de science-fiction. (voir)

d. Les lions _____ *ont fini* _____ de manger la gazelle. (finir)

e. Il _____ *a entendu* _____ des fantômes dans le vieux château.
(entendre)

f. Est-ce que vous _____ *avez fait* _____ du ski cet hiver? (faire)

g. Quelle équipe _____ *a gagné* _____ le match de hockey à Montréal?
(gagner)

h. Pourquoi est-ce que la serveuse _____ *a mis* _____ l'addition sur la
table? (mettre)

4. Put these sentences in the negative form:

a. L'enfant a cru cette histoire bizarre.

   L'enfant n'a pas cru cette histoire bizarre.

b. Nous avons regardé les affiches de cinéma.

   Nous n'avons pas regardé les affiches de cinéma.

c. Ils ont compris ta plaisanterie.

   Ils n'ont pas compris ta plaisanterie.

d. Vous avez vendu votre vieille voiture verte.

   Vous n'avez pas vendu votre vieille voiture verte.

e. J'ai eu quatorze ans le quinze juillet.

   Je n'ai pas eu quatorze ans le quinze juillet.

C) INDIRECT OBJECT PRONOUNS

Leçon Cinq introduced direct object pronouns *(me, te, le, le, l', nous, vous, les)*. These pronouns took the place of nouns that took a "direct hit" from a verb *(L'argent? Bonnie et Clyde le prennent)*.

This lesson introduces another type of object pronoun. **Indirect object pronouns (IDOPs)** take the place of nouns that receive an action <u>indirectly</u>.

In the sentence "I wrote Elvis a letter," the word "letter" clearly is the direct object — I wrote what? The letter. "Elvis," however, is the <u>indirect object</u> because I wrote the letter **to** Elvis; I did not write Elvis.

It is possible to replace the noun "Elvis" with a pronoun: "I wrote **him** a letter." In this sentence, "him" is the <u>indirect object pronoun</u> that stands for Elvis.

Let's look at another example. In the sentence "Elvis told me a secret," "a secret" is the direct object. Elvis told what? A secret. The word "me" is the indirect object pronoun because Elvis told a secret **to** me.

Below is the list of indirect object pronouns you will use in French when a verb takes the preposition *"à."* The *"à"* is included in the pronoun and does not need to be written or spoken.

Here are the indirect object pronouns (IDOPs) in French:

Indirect Object Pronouns	
me	*nous*
te	*vous*
lui	*leur*

Note: The indirect pronoun *"lui"* means "to him" and "to her." The indirect pronoun *"leur"* also serves for both masculine and feminine, meaning "to them." Like the direct object pronouns, the indirect object pronouns are placed **before** the verb. This fact is true even in negative sentences.

 **EXAMPLES:** *Je dis toujours "merci" quand le serveur **m**'apporte la nourriture.*
I always say "thanks" when the waiter brings me the food.

*Quand les étudiants ne comprennent rien, le professeur **leur** explique la leçon.*
When the students don't understand anything, the teacher explains the lesson to them.

*Je **te** donne les magazines.*
I am giving you the magazines.

*Tu ne **lui** as pas rendu ses CDs.*
You did not give him back his CDs.

Note: In this *passé composé* sentence, the object pronoun *"lui"* <u>precedes</u> the conjugated form of *"avoir."*

*Alain **nous** a raconté une histoire vraie qui **lui** est arrivé a Tombouctou.*
    Alain told us a true story that happened to him in Tombouctou.

*Est-ce que Roméo a donné la lettre à Juliette? –Oui, il **lui** a donné la lettre.*
    Did Romeo give the letter to Juliet? –Yes, he gave her the letter.

*Est-ce que votre petit ami **vous** écrit beaucoup de messages secrets?*
    Does your boyfriend write you a lot of secret messages?

 EXERCICES

1. **Write the appropriate indirect object pronoun for each sentence in the space provided:**

   a. Jean Dujardin a gagné un Oscar; le président du jury _____lui_____ a donné un trophée.

   b. Félix ne _____me_____ chante pas de chanson et je suis très triste.

   c. J'ai vu mes grands-parents et je _____leur_____ ai donné un cadeau de Noël.

   d. Nous aimons notre fils et nous _____lui_____ donnons de l'argent pour ses vacances au Sénégal.

   e. La grenouille a vu la princesse et elle _____lui_____ a dit: "Embrasse-moi!"

   f. Le footballeur célèbre _____m'_____ a écrit une lettre et je suis très fière.

   g. Quand Christine est triste, je _____lui_____ lis une histoire amusante.

2. **Translate these sentences into French:**

   a. I give him the newspaper.

   Je lui donne le journal.

   b. He always tells me the truth.

   Il me dit toujours la vérité.

c. They tell us an interesting story.

Ils nous racontent une histoire intéressante.

d. We wrote to her in Bamako.

Nous lui avons écrit à Bamako.

3. In this letter there are five object pronoun errors. Underline and correct them:

 Cher Jacques,

Quand j'ai écrit une lettre à Maryse, elle ne <u>lui</u> [m'] a pas répondu. Je

vais lui écrire une deuxième fois. Je suis triste parce qu'elle ne

m'écrit plus. Je crois qu'elle a un autre petit ami. Son nom? Je

<u>leur</u> [le] connais. Il s'appelle Jacques et il habite dans la rue de

Varennes. Est-ce que tu <u>as le</u> [l'as] vu? Il habite dans ta rue, dans ta

maison. Maryse <u>moi</u> [me] dit qu'elle ne te connaît pas. Est-ce qu'elle

dit la vérité? Je ne <u>me</u> [la] crois pas. Est-ce que tu penses que je

suis jaloux?

A bientôt,

Christian

P.S. Le nom de son petit ami est Dupont comme toi.

D) THE EXPRESSIONS "IL Y A" AND "C'EST"

These expressions are both common and useful. *"Il y a"* means "there is" or "there are." In French, there's just one phrase used for both singular and plural. In the *passé composé*, *"il y a"* changes to: *"il y a eu,"* meaning "there was" and "there were."

EXAMPLES: *Il y a trois garçons dans la classe.*
There are three boys in the class.

Dans ma chambre, il y a une affiche de Taylor Swift.
In my room, there is a poster of *Taylor Swift.*

Il y a eu un accident terrible dans notre ville.
There was a terrible accident in our town.

"C'est" means "it is," "this is," or "that is." In the plural, *"c'est"* changes to *"ce sont,"* meaning "they are."

EXAMPLES: *Qu'est-ce que c'est? –C'est une serviette.*
What is it? –It is a towel.

Pourquoi est-ce que tu as fait cette chose? C'est très dangereux.
Why did you do this thing? It's so dangerous.

Tu connais Antoine et Damien? –Oui, ce sont mes cousins!
Do you know Antoine and Damien? –Yes, they are my cousins!

 EXERCICES

1. Choose among *"il y a," "c'est"* and *"ce sont"*:

a. _____C'est/Il y a_____ une guitare électrique.

b. _____Il y a_____ des fleurs dans le vase.

c. Geneviève, _____c'est_____ une fille très forte en algèbre.

d. _____Ce sont_____ des enfants très désagréables et je ne les invite jamais chez moi.

e. Dans mon équipe de natation, _____il y a_____ des garçons et des filles.

f. Monsieur, _____ il y a _____ un gros insecte dans ma soupe.

   –Mais Monsieur, _____ c'est _____ gratuit.

g. J'aime la campagne parce qu' _____ il y a _____ des animaux.

h. Ce chien, _____ c'est _____ ton chien ou le chien de Cédric?

i. Ils ont appelé leurs deux filles Céline et Cécile. _____ C'est _____ idiot!

j. Je t'ai donné des livres. _____ Ce sont _____ des histoires d'amour.

2. Translate the following sentences into French:

a. I love swimming. It is not a dangerous sport.

   J'aime la natation. Ce n'est pas un sport dangereux.

b. There are some newspapers and some magazines on the table.

   Il y a des journaux et des magazines sur la table.

c. I want to go on vacation in Mali. –No, it's too far!

   Je veux aller en vacances au Mali. –Non, c'est trop loin!

d. How are the roads in France? –They are modern roads, as in America.

   Comment sont les routes en France? –Ce sont des routes modernes comme en Amérique.

e. There is a newspaper in your mailbox.

   Il y a un journal dans ta boîte aux lettres.

These two sets of questions use grammatical structures and vocabulary from this lesson. Working with a partner, alternate asking and answering each question. When you get to the bottom of each list, start over at the top, switching roles. As a variation, write out the answers in complete sentences.

A) Est-ce que tu es allé à l'école à pied ou est-ce que tu as pris l'autobus?

Tu aimes embrasser une grenouille?

Est-ce que tu écris beaucoup de lettres à tes parents?

Où est-ce que tu as mis tes livres ce matin?

Qu'est-ce que tu fais dans la bibliothèque?

Comment est le climat en Afrique?

Pourquoi est-ce que les jeunes veulent un emploi pour l'été?

B) Est-ce que tu as été au supermarché avec ta mère récemment?

Est-ce que tu préfères la natation ou l'aviron?

Quand est-ce que tu as beaucoup de temps libre?

Est-ce que tu penses que le hockey sur glace est plus dangereux que le football?

Quels acteurs célèbres est-ce que tu préfères?

À côté de qui est-ce que tu es en classe?

Une grenouille, qu'est-ce que c'est?

EXERCICES DE RÉVISION

1. Answer in complete sentences:

a. À quelle heure est-ce que tu as fait tes devoirs ce soir?
J'ai fait mes devoirs à six heures (sept, huit . . . heures).
Je les ai faits à six heures (sept, huit, . . . heures).

b. Est-ce que tu es fier de ta famille?
Oui, je suis fier (fière) de ma famille.
Non, je ne suis pas fier (fière) de ma famille.

c. Est-ce que tu portes un maillot de bain à la piscine?
Oui, je porte un maillot de bain à la piscine.
Non, je ne porte pas de maillot de bain à la piscine.

d. Est-ce qu'il y a des animaux dans ton école?
Non, il n'y a pas d'animaux dans mon école.
Oui, il y a des animaux dans mon école.

e. Est-ce que tes amis sont toujours ensemble?
Oui, mes amis sont toujours ensemble.
Non, mes amis ne sont pas toujours ensemble.

2. Conjugate the following four verbs fully in the present:

connaître (to know)	**savoir** (to know) (negative)
je connais	je ne sais pas
tu connais	tu ne sais pas
elle/il connaît	il/elle ne sait pas
nous connaissons	nous ne savons pas
vous connaissez	vous ne savez pas
ils/elles connaissent	elles/ils ne savent pas

boire (to drink)	**lire** (to read)
je bois	je lis
tu bois	tu lis
il/elle boit	elle/il lit
nous buvons	nous lisons
vous buvez	vous lisez
elles/ils boivent	ils/elles lisent

3. **Conjugate the following four verbs fully in the *passé composé*:**

finir (to finish)	**entendre** (to hear)
j'ai fini	j'ai entendu
tu as fini	tu as entendu
elle/il a fini	il/elle a entendu
nous avons fini	nous avons entendu
vous avez fini	vous avez entendu
ils/elles ont fini	elles/ils ont entendu

avoir (to have)	**dormir** (to sleep) (negative)
j'ai eu	je n'ai pas dormi
tu as eu	tu n'as pas dormi
il/elle a eu	il/elle n'a pas dormi
nous avons eu	nous n'avons pas dormi
vous avez eu	vous n'avez pas dormi
elles/ils ont eu	elles/ils n'ont pas dormi

4. **Put each verb in parentheses into the appropriate form of the *passé composé*:**

a. Mon amie _____a pris_____ l'autobus pour arriver à l'heure au concert d'Amadou et Mariam. (prendre)

b. Nous _____avons reçu_____ les cadeaux le jour de notre anniversaire. (recevoir)

c. Vous ~~n'~~ _____n'avez_____ rien _____fait_____ hier. Pourquoi est-ce que vous ne travaillez plus? (faire)

d. Le serveur _____a donné_____ l'addition à la cliente. (donner)

e. Je ~~n'~~ _____t'ai dit_____ que j'aime beaucoup *The Dark Knight Rises*. (dire)

f. Est-ce que tu _____as eu_____ raison de prendre le train? (avoir)

g. Ils ~~n'~~ _____n'ont_____ pas _____mis_____ les assiettes sur la table. (mettre)

h. Victor Hugo _____a écrit_____ Les Misérables. (écrire)

i. Ils ~~n'~~ _____n'ont_____ pas _____connu_____ leurs parents. (connaître)

j. Nous _____avons regardé_____ la compétition de ski à la télé parce que nous aimons Bode Miller et Lindsey Vonn. (regarder)

5. **Rewrite these sentences replacing the underlined noun with the correct indirect object pronoun. Make sure to place the pronoun before the verb:**

Example: Jeanne parle <u>à son petit ami</u>.   **Jeanne lui parle.**

a. Il lit toujours une histoire <u>à ses enfants</u>.

   Il leur lit toujours une histoire.

b. Nous avons parlé <u>à un joueur de baseball célèbre</u>.

   Nous lui avons parlé.

c. J'ai envoyé une lettre <u>au président</u>.

Je lui ai envoyé une lettre.

d. Les journalistes ont demandé une interview <u>à Marion Cotillard</u>.

Les journalistes lui ont demandé une interview.

e. J'ai envoyé un paquet <u>aux enfants</u>.

Je leur ai envoyé un paquet.

f. Nous demandons la permission <u>à nos parents</u>.

Nous leur demandons la permission.

6. Translate the following sentences into French:

a. There are books, magazines and newspapers in the library.

Il y a des livres, des magazines et des journaux à la bibliothèque.

b. We do not shout in church.

Nous ne crions pas à l'église.

c. He cried because she said goodbye to him.

Il a pleuré parce qu'elle lui a dit au revoir.

d. The cat ate my beautiful fish!

Le chat a mangé mon beau poisson (mes beaux poissons)!

7. The following paragraph contains five errors. Underline each error and write the correct word above it:

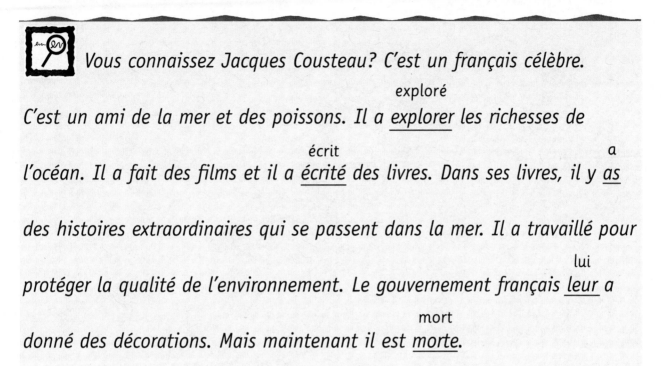

Vous connaissez Jacques Cousteau? C'est un français célèbre.

                                          exploré

C'est un ami de la mer et des poissons. Il a <u>explorer</u> les richesses de

                                    écrit   a

l'océan. Il a fait des films et il a <u>écrité</u> des livres. Dans ses livres, il y <u>as</u>

des histoires extraordinaires qui se passent dans la mer. Il a travaillé pour

                                                               lui

protéger la qualité de l'environnement. Le gouvernement français <u>leur</u> a

                                                 mort

donné des décorations. Mais maintenant il est <u>morte</u>.

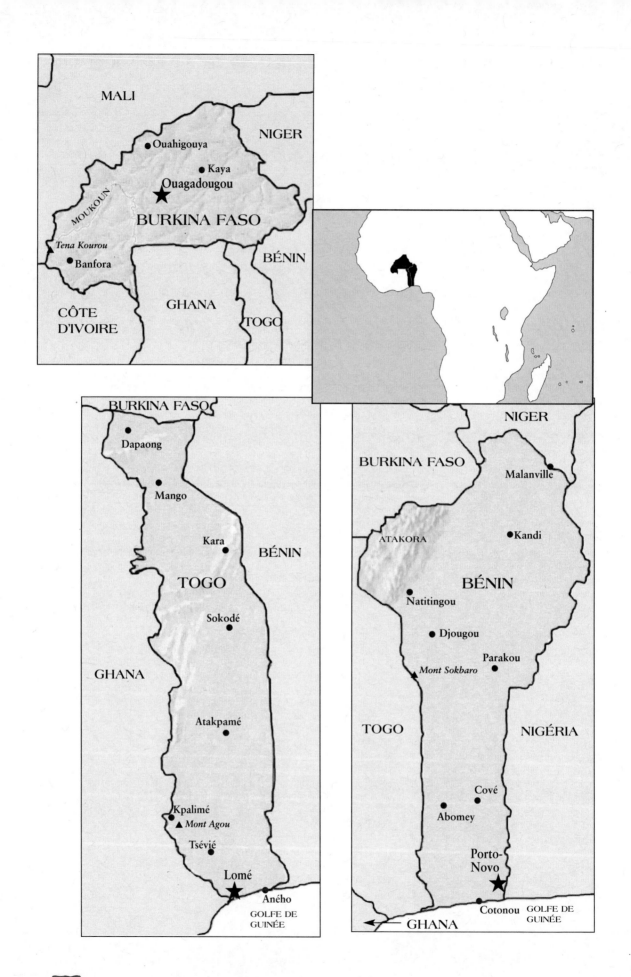

MALI

Ouahigouya

NIGER

Kaya

Ouagadougou

MOUHOUN

BURKINA FASO

BÉNIN

Tena Kourou
Banfora

GHANA

CÔTE
D'IVOIRE

TOGO

BURKINA FASO

Dapaong

Mango

Kara

BÉNIN

TOGO

Sokodé

GHANA

Atakpamé

Kpalimé
▲ Mont Agou

Tsévié

Lomé

Aného

GOLFE DE
GUINÉE

NIGER

BURKINA FASO

Malanville

Kandi

ATAKORA

BÉNIN

Natitingou

Djougou

Parakou

Mont Sokbaro

TOGO

NIGÉRIA

Cové

Abomey

Porto-
Novo

Cotonou   GOLFE DE
          GUINÉE

GHANA

LE BURKINA FASO, LE TOGO & LE BÉNIN

LE BURKINA FASO

Capitale:	Ouagadougou
Population:	17.000.000
Gouvernement:	République parlementaire
Chef d'état:	Président Blaise Compaore
Monnaie:	Franc CFA (XOF)
Langues:	Français (langue officielle) et d'autres langues africaines
Ressources:	Agriculture, arachides, bétail, coton, or
Principales richesses touristiques:	Festival du Film Africain, grand marché de Gorom-Gorom, Grande Mosquée de Bobo-Dioulasso, Le marché artisanal d'Ouagadougou, Musée provincial de Houët (Bobo-Dioulasso), Parc National d'Arli, Réserve de Nazinga, Tiebele
Cuisine:	Bœuf sauce aubergine, mouton sauce tomate, riz gras, sauce de poisson

BURKINABÉS CÉLÈBRES:

Janusz Mrozowski
(RÉALISATEUR, SCÉNARISTE)

Dim-Dolobsom Ouedraogo
(ÉCRIVAIN)

Thomas Sankara
(HOMME POLITIQUE)

Maurice Yaméogo
(HOMME POLITIQUE)

LE TOGO

Capitale:	Lomé
Population:	6.200.000
Gouvernement:	République
Chef d'état:	Président Faure Gnassingbe
Monnaie:	Franc CFA (XOF)
Langues:	Français (langue officielle) et d'autres langues africaines
Ressources:	Agriculture, phosphates
Musique/Danse:	Musique traditionnelle, rap, reggae, soukous, "zouk"
Principales richesses touristiques:	Festival de Guin (à Glidji), Maison Royale de Togoville, Marché des Féticheurs, Musée National de Lomé, Parc National de Fazao-Malfacassa, Parc National de Keran, région du Mont-Kabaye
Cuisine:	Aglan (crabe), abodo (escargots en brochettes), koklo meme, lamounou dessi (sauce de poisson), riz sauce arachide

TOGOLAIS CÉLÈBRES:

Sokey Edorh
(PEINTRE)

Kossi Efoui
(ÉCRIVAIN)

Afia Mala
(CHANTEUSE)

Thierry Nkeli-Faha
(MUSICIEN)

Rodrigue Norman
(DRAMATURGE)

LE BÉNIN

Capitale:	Porto-Novo (officielle), Cotonou (siège du gouvernement)
Population:	9.100.000
Gouvernement:	République
Chef d'état:	Président Thomas Yayi Boni
Monnaie:	Franc CFA (XOF)
Langues:	Français (langue officielle), fon, yoruba et d'autres langues africaines
Ressources:	Bois, coton, marbre, pétrole
Musique/Danse:	Festival de la Gani (danses, musique), jazz, musique traditionnelle, rap, reggae
Principales richesses touristiques:	Grand Marché de Dantokpa, Marché de Bakoumbe, Musée ethnographique de Porto-Novo, Palais de Abomey (site classé pour l'UNESCO), Palais Royal de Fon (Porto-Novo)

BÉNINOIS CÉLÈBRES:

Jean-Marc-Aurèle Afoutou
(POÈTE)

Angélique Kidjo
(CHANTEUSE)

Jean Odoutan
(CINÉASTE)

José Pliya
(ÉCRIVAIN)

VOCABULAIRE
LEÇON SEPT

THEME WORDS: "CLOTHES"

TRACK 7 DISC 2

la boucle d'oreille	earring
la casquette	cap
la ceinture	belt
le chapeau	hat
les chaussettes (f.)	socks
la chemise	shirt
le costume	suit
la cravate	tie
l' écharpe (f.)	scarf
les gants (m.)	gloves
le jean	jeans
la jupe	skirt
le manteau	coat
le pantalon	pants
le pull	sweater
la robe	dress
la veste	jacket
les vêtements (m.)	clothes

OTHER NOUNS

le billet	ticket
la blague	joke
le kilomètre	kilometer
le mot	word
l' œil (m.)	eye
l' oreille (f.)	ear
le téléphone	telephone

la vache	cow
les yeux (m.)	eyes

ADJECTIVES

agaçant/agaçante	annoying
content/contente	happy
ennuyé/ennuyée	upset
fatigué/fatiguée	tired
idiot/idiote	stupid
permis/permise	allowed
sportif/sportive	athletic, sporty

VERBS

accompagner	to accompany
décider	to decide
entrer	to go in
essayer	to try, to try on
rencontrer	to meet
tromper	to deceive
voler	to fly, to steal

MISCELLANEOUS

aujourd'hui	today
demain	tomorrow
hier	yesterday
hier soir	last night
lentement	slowly
par-dessus	above
sans	without

LEÇON SEPT

KEY GRAMMAR
CONCEPTS

A) OTHER IRREGULAR VERBS → *Autres verbes irréguliers*

B) VERBS CONJUGATED WITH "ÊTRE" IN THE PASSÉ COMPOSÉ → *Le passé composé avec "être"*

C) ADVERBS → *Les adverbes*

D) TALKING ABOUT THE WEATHER → *Parler du temps qu'il fait*

 ## A) OTHER IRREGULAR VERBS

CONDUIRE (to drive)	COURIR (to run)	PARTIR (to go away, to leave)	SORTIR (to go out)
je conduis	je cours	je pars	je sors
tu conduis	tu cours	tu pars	tu sors
il conduit	elle court	elle part	il sort
nous conduisons	nous courons	nous partons	nous sortons
vous conduisez	vous courez	vous partez	vous sortez
elles conduisent	ils courent	ils partent	elles sortent

Note: The past participles of these verbs are: *conduit, couru, parti, sorti.*

 # EXERCICES

1. Conjugate the following verbs fully in the present:

courir (to ___run___)

je cours
tu cours
il court
nous courons
vous courez
elles courent

connaître (to ___know___)

je connais
tu connais
il connaît
nous connaissons
vous connaissez
elles connaissent

partir (to ___leave___)	conduire (to ___drive___)
je pars	je conduis
tu pars	tu conduis
elle part	elle conduit
nous partons	nous conduisons
vous partez	vous conduisez
ils partent	ils conduisent

2. **Complete the following sentences using the correct form of the verb in parentheses:**

   a. Est-ce que Serena Williams ____court____ vite? (courir)

   b. Quand on a seize ans, on ____conduit____ avec ses parents. (conduire)

   c. Nous ____partons____ en vacances au mois de mars. (partir)

   d. Jennifer est très contente parce qu'elle ____sort____ avec Justin. (sortir)

   e. Ils ____partent____ maintenant parce qu'ils sont fatigués. (partir)

   f. Si tu ____sors____ sans pantalon, tu as des problèmes avec la police. (sortir)

   g. Monsieur Michelin est très ennuyé parce que son fils ____conduit____ trop vite. (conduire)

   h. Quand nous ____courons____, nous sommes fatigués. (courir)

B) VERBS CONJUGATED WITH "ÊTRE" IN THE PASSÉ COMPOSÉ

We saw in *Leçon Six* that most verbs are conjugated with *"avoir"* in the *passé composé*. Some very common verbs, however, are conjugated with *"être."* They are mostly "motion" verbs.

Set 1: *Coming/Going*		Set 2: *Up/Down/Stay/Fall*	
aller	to go	*descendre*	to go down
arriver	to arrive	*monter*	to go up
entrer	to go in (enter)	*rester*	to stay
partir	to leave	*tomber*	to fall
rentrer	to return		
revenir	to come back		
sortir	to go out		
venir	to come		

Here are the past participles of these verbs:

aller → **allé**		*rentrer* → **rentré**	
arriver → **arrivé**		*rester* → **resté**	
descendre → **descendu**		*revenir* → **revenu**	
entrer → **entré**		*sortir* → **sorti**	
monter → **monté**		*tomber* → **tombé**	
partir → **parti**		*venir* → **venu**	

 Did you notice that the verb *"revenir"* is conjugated like the verb *"venir"*?

The conjugation of these verbs follows the same pattern as the verbs conjugated with *"avoir."* What's different, however, is that the past participle acts like an adjective and must agree with the subject.

Subject	+	*Être*	+	Past Participle
Je		*suis*		*allé(e)*
Tu		*es*		*venu(e)*
Elle		*est*		*sortie*
Il	**+**	*est*	**+**	*parti*
Nous		*sommes*		*tombés/tombées*
Vous		*êtes*		*arrivé(e)/arrivé(e)s*
Ils		*sont*		*rentrés*
Elles		*sont*		*descendues*

Here is a model verb fully conjugated in the *passé composé* with *être*:

PARTIR	
je suis parti(e)	nous sommes parti(e)s
tu es parti(e)	vous êtes parti(e)(s)
elle est partie	elles sont parties
il est parti	ils sont partis

ATTENTION! Remember, with verbs conjugated with *"être,"* the past participle <u>always</u> agrees with the subject.

EXAMPLES: *Quand ma mère **est entrée**, le chat **est descendu** de la table de la cuisine.*
When my mother came in, the cat got off the kitchen table.

*Est-ce que les enfants **sont revenus**?*
Have the children come back?

*Anne et Paul **sont allés** au cinéma.*
Anne and Paul went to the movies.

*Pourquoi est-ce que ces garçons **sont tombés** de l'arbre?*
Why did these boys fall off the tree?

The negative form of the *passé composé* with *"être"* follows the same pattern as *"avoir"*:

Subject	+	Negative	+	Être	+	Negative	+	Past Participle
Je		ne		suis		pas		resté(e)
Elle	+	n'	+	est	+	pas	+	tombée
Nous		ne		sommes		pas		descendu(e)s

EXAMPLES: *Anne et Suzanne **ne sont pas sorties** hier soir.*
Anne and Suzanne did not go out last night.

*Madame Chopinette **n'est pas arrivée** à la gare parce qu'elle n'a pas trouvé de taxi.*
Mrs. Chopinette did not arrive at the station because she didn't find a taxi.

EXERCICES

1. Conjugate these verbs in the *passé composé*:

arriver	revenir	sortir (negative)
je suis arrivé(e)	je suis revenu(e)	je ne suis pas sorti(e)
tu es arrivé(e)	tu es revenu(e)	tu n'es pas sorti(e)
il est arrivé	elle est revenue	elle n'est pas sortie
nous sommes arrivé(e)s	nous sommes revenu(e)s	nous ne sommes pas sortis(e)s
vous êtes arrivé(e)(s)	vous êtes revenu(e)(s)	vous n'êtes pas sorti(e)(s)
elles sont arrivées	ils sont revenus	ils ne sont pas sortis

2. Write the correct form of the *passé composé* for the following verbs:

a. Candace Parker __est tombée__ pendant le match. (tomber)

b. Le petit garçon a froid parce qu'il __est sorti__ sans son manteau. (sortir)

c. Mes amis __sont partis__ au cinéma. (partir)

d. Le Comte de Monte-Cristo __est descendu__ par la fenêtre de la prison. (descendre)

e. Isabelle __est restée__ chez elle pendant les vacances. (rester)

f. Nous ne __sommes__ pas __arrivé(e)s__ jusqu'à la fin du marathon. (arriver)

g. Est-ce que vous __êtes tombé(e)(s)__ quand vous avez fait du surf? (tomber)

h. À quelle heure est-ce qu'ils __sont rentrés__ chez eux? (rentrer)

i. Je ne __suis__ pas __monté(e)__ dans ta voiture parce qu'elle est trop vieille. (monter)

j. Elle __est venue__ avec moi pour acheter des boucles d'oreilles au marché de Ouagadougou. (venir)

3. Put these sentences in the negative form:

a. Le chapeau est tombé dans la mer.

Le chapeau n'est pas tombé dans la mer.

b. Nous sommes sortis avec nos amis.

Nous ne sommes pas sortis avec nos amis.

c. Alphonsine est entrée au restaurant.

Alphonsine n'est pas entrée au restaurant.

d. Vous êtes montés à la Tour Eiffel.

Vous n'êtes pas montés à la Tour Eiffel.

 C) ADVERBS

Adverbs are words that are used to modify or qualify verbs, adjectives, or other adverbs. These words tell how, when, where, or with what intensity something is done.

In the sentence **"Last year I stupidly bought a car that was very poorly made,"** there are a number of adverbs:
- ◆ **"last year"** is an adverbial phrase which modifies the verb "bought," telling the listener when the action was done.
- ◆ **"stupidly"** is an adverb that qualifies the verb "bought."
- ◆ **"very"** is an adverb because it lets us know how poorly the car was made; it modifies the adverb "poorly."
- ◆ **"poorly"** is also an adverb which modifies "made;" it tells us how the car was made.

WHERE DO YOU PLACE ADVERBS?

◆ In French, most adverbs <u>follow</u> the verb they modify.

EXAMPLE: _Mon livre de français est **ici**._
My French book is here.

◆ In compound tenses (when a verb is used with *"avoir"* or *"être,"* e.g., *Je suis venu*), they generally follow the past participle.

EXAMPLE: *Sarah a voyagé souvent l'année dernière.*
Sarah traveled often last year.

◆ At times, some adverbs are found between *"avoir"* or *"être"* and the past participle.

EXAMPLE: *Nous avons beaucoup appris dans la classe de yoga.*
We learned a lot in yoga class.

Here is a list of twenty common adverbs in French:

Common Adverbs			
assez → enough		*loin* → far	
aujourd'hui → today		*mal* → badly	
aussi → also		*(un) peu* → (a) little	
beaucoup → a lot		*si* → so	
bien → well		*souvent* → often	
bientôt → soon		*tard* → late	
demain → tomorrow		*tôt* → early	
hier → yesterday		*toujours* → always	
ici → here		*très* → very	
là → there		*trop* → too much	

EXAMPLES: *Marc est arrivé hier, mais Marie arrive demain.*
Marc arrived yesterday, and Marie arrives tomorrow.

Mon ami est si crédule qu'il pense que les vaches peuvent voler.
My friend is so gullible that he thinks cows can fly.

Frédéric est très malade; il ne peut pas bien chanter maintenant.
Frederic is very sick; he can't sing well now.

J'achète toujours les billets en avance parce que le groupe est populaire.
I always buy the tickets early because the band is popular.

J'ai acheté une très belle jupe et ma sœur aussi a acheté des vêtements.
I bought a very beautiful skirt, and my sister also bought some clothes.

Pierre Cardin a beaucoup travaillé dans la mode; il va bientôt arrêter.
Pierre Cardin has worked a lot in fashion; he will stop soon.

You can also easily make adverbs from adjectives. Take the feminine form of the adjective and add "-ment."

fier	→	*fière*	→	*fièrement*
libre	→	*libre*	→	*librement*
sérieux	→	*sérieuse*	→	*sérieusement*

 EXAMPLES: ***Malheureusement****, je ne peux pas venir demain.*
Unfortunately, I cannot come tomorrow.

*Les étudiants protestent **faiblement** quand le professeur donne trop de travail.*
The students protest weakly when the teacher gives too much work.

*Le juge a parlé **froidement** au criminel.*
The judge spoke coldly to the criminal.

EXERCICES

1. Complete the following sentences using any adverb from the following list that makes sense *(assez, bien, demain, hier, loin, mal, si, souvent, toujours, très, trop)*. **A number of sentences may have more than one correct answer:**

a. Le film *Zero Dark Thirty* est _____si_____ populaire que c'est difficile d'acheter des billets.

b. Alfred n'est pas arrivé _____hier_____; il va arriver _____demain_____.

c. Je chante mal, mais Katy Perry chante _____bien_____.

d. Est-ce que tu as _____assez_____ d'argent pour acheter la belle robe jaune?

e. Mon père court _____toujours/souvent_____ sur la plage et moi jamais.

f. Elle a de _____très/si_____ beaux yeux noirs.

g. Mon chien mange _____bien/trop/souvent_____ et il est très gros.

h. Tu dis _____souvent/toujours_____ des blagues idiotes. C'est agaçant.

i. Je suis très ennuyée parce que j'ai _____ mal _____ travaillé.

j. La planète Mars est très _____ loin _____ de nous. Il y a beaucoup de kilomètres entre les planètes.

2. Convert the following adjectives into adverbs with *"-ment"*:

Example: lent → **lentement** _____

a. rapide → rapidement _____ **f.** inutile → inutilement _____

b. heureux → heureusement _____ **g.** fier → fièrement _____

c. ouvert → ouvertement _____ **h.** libre → librement _____

d. triste → tristement _____ **i.** froid → froidement _____

e. dernier → dernièrement _____ **j.** curieux → curieusement _____

3. The following list of things to do contains four errors. Underline each error and write the correct word above it:

Choses à faire demain:

tôt
–Partir <u>tard</u> à l'école

sérieusement
–Travailler <u>sérieuxment</u>

–Laver les vêtements rapidement

honnêtement
–Parler <u>honnêtemment</u> à mes parents

activement
–Aider ma mère <u>actifement</u>

The weather is a common topic of conversation everywhere. At the beginning of this book, you learned a few expressions to describe the weather. In this section, you will find even more ways to do so. Now that you understand more about the various parts of speech, you will see that the constructions differ in English and French.

Here is an expanded list of useful vocabulary for talking about the weather:

Quel temps fait-il aujourd'hui?	How's the weather today?
Il fait beau.	It's nice.
Il fait mauvais.	It's bad.
Il fait froid. Il fait très froid.	It's cold. It's very cold.
Il fait chaud. Il fait très chaud.	It's hot. It's very hot.
Il fait du vent.	It's windy.
Il pleut. Il pleut un peu.	It's raining. It's raining a little.
Il grêle.	It's hailing.
Il neige.	It's snowing.
Il y a des nuages.	It's cloudy.
Il y a du soleil.	It's sunny.
Il y a du vent.	It's windy.
Il y a du brouillard.	It's foggy.

1. **Using the weather vocabulary that you just learned, write an appropriate expression that you associate with each picture:**

a. _Il y a du soleil./Il fait beau._

b. _Il fait froid._

c. _Il neige._

d. _Il fait du vent._

2. **Pretend that you have just been hired at your local television station as the new meteorologist. Prepare a script for a telecast which describes not only the current weather in your area, but also the national forecast. Be sure to list a number of different weather patterns in play across the country:**

(Answers will vary.)

Aujourd'hui il fait mauvais en Californie. Il pleut. À Chicago, il

fait très froid et il y a du vent. À New York, il neige et il fait froid

mais en Floride il fait très beau, il fait chaud et il y a du soleil!

These two sets of questions use grammatical structures and vocabulary from this lesson. Working with a partner, alternate asking and answering each question. When you get to the bottom of each list, start over at the top, switching roles. As a variation, write out the answers in complete sentences.

A) Est-ce que tu es allé(e) à l'école à pied ou en autobus aujourd'hui?

À quel(le) ami(e) est-ce que tu as téléphoné hier soir?

De quelle couleur sont les yeux de ta mère?

Est-ce que tu as essayé de faire du ski?

Pourquoi est-ce qu'on met des chaussettes?

Quels vêtements est-ce que tu mets quand il y a du vent?

Quand est-ce que ta famille est arrivée aux États-Unis?

B) Dans quelles circonstances est-ce que tu es ennuyé(e)?

À quelle heure est-ce que tu es rentré(e) chez toi hier soir?

Avec qui est-ce que tu es sorti(e) samedi?

Est-ce que tu préfères travailler seul(e) ou avec des amis?

Pourquoi est-ce qu'on conduit vite?

En quels mois de l'année est-ce qu'il neige?

Quel animal court vite?

DIALOGUE

The following dialogue contains grammar and vocabulary that you've seen in this lesson and in the introductory section. After listening to the CD, read this dialogue aloud, alone or with friends. Afterwards, try to answer the questions that follow either aloud or in written form.

 ## LES AVENTURES DE RAPHAËL, ÉLISE ET "LE TIGRE"

SCÈNE QUATRE

Raphaël, "Le Tigre" et Élise dorment tranquillement dans un appartement à New York. A huit heures juste, Isabelle, la cousine de Jacques (l'ami de Raphaël) les appelle.

Isabelle: Bonjour, bonjour! Allez! Levez-vous!

Le Tigre: Quelle heure est-il Isabelle?

Isabelle: Il est huit heures. C'est l'heure du petit déjeuner. Dans quelques minutes, nous allons au commissariat de police pour voir s'ils ont des informations sur ton sac.

Raphaël: Bonjour. J'ai faim, Isabelle et Jacques. Qu'est-ce qu'il y a à manger?

Jacques: Des céréales, du pain, du jus d'orange, des *Pop-Tarts* et du café.

Le Tigre: Écoutez, écoutez! J'ai pris une décision hier soir. Finalement mon sac n'a aucune importance. Je peux acheter des vêtements aujourd'hui car j'ai encore de l'argent.

Jacques: Je peux te prêter mes vieux vêtements, Tigre. Je pense que nous sommes de la même taille, plus ou moins.

Élise: Raphaël, tes amis sont sympathiques. Nous avons beaucoup de chance.

Raphaël: Merci. Mais cet homme qui a volé le sac . . . J'ai rêvé de lui la nuit dernière. Je crois que je le connais.

Élise: Ne pense plus à cela. Tout va bien maintenant. J'ai parlé à mes parents hier soir et ils sont très contents. J'ai dit que le camp de tennis est très joli et que je suis impatiente de jouer au tennis. Mon père est très content.

Le téléphone sonne. Jacques répond.

Jacques: Allô! Oui, j'écoute!

Jacques repose le téléphone:

Jacques: C'est bizarre! Personne ne parle.

Isabelle: Qui sait? C'est peut-être un mauvais numéro. Mais, allons-y, les copains! J'ai organisé pour vous une merveilleuse journée. D'abord, nous allons au Metropolitan Museum pour voir une exposition de Henri Matisse et ensuite nous allons déjeuner dans mon restaurant français favori: "Chez Victor."

Raphaël:	Jacques m'a dit que vous avez vu Céline Dion "Chez Victor" la semaine dernière. C'est vrai?
Jacques:	Bien sûr, mon vieux! C'est la vérité.
Élise:	Céline chante très bien et elle est très jolie aussi. J'aime beaucoup ses chansons.

Les jeunes se préparent pour la journée. Ils déjeunent, se douchent et s'habillent.

Jacques:	C'est vrai que vous partez demain? New York est si grand et il y a beaucoup de choses à faire.
Isabelle:	C'est vrai. Cet après-midi, on tourne un nouveau film de Spike Lee à Central Park. Si nous avons le temps après le déjeuner, nous pouvons aller regarder.
Le Tigre:	Spike Lee est fantastique! C'est génial, ça!
Jacques:	Est-ce que vous savez que New York est l'endroit le plus célèbre dans l'histoire du cinéma? Vous imaginez combien de films ils ont faits ici?
Le Tigre:	D'abord, il y a *King Kong*.
Jacques:	Et aussi *West Side Story, Kramer vs. Kramer, When Harry Met Sally, Serpico, Fame, Sleepless in Seattle, Breakfast at Tiffany's, Taxi Driver,* et *Saturday Night Fever*.
Élise:	C'est incroyable! Allons-y! Si il y a le temps cet après-midi, est-ce que nous pouvons manger une glace à "Serendipity"? Mon cousin m'a dit qu'ils ont une boisson au chocolat super.
Isabelle:	D'accord! Je te promets que nous irons.

Élise, "Le Tigre," Raphaël, Jacques et Isabelle sortent de l'appartement. Au moment où ils partent le téléphone sonne de nouveau. Jacques décide de ne pas répondre.

QUESTIONS

1) Où dorment Raphaël, Élise et Le Tigre?

Ils dorment dans l'appartement de Jacques.

2) À quelle heure est-ce qu'ils se lèvent?

Ils se lèvent à huit heures.

3) Qu'est-ce qu'ils mangent pour le petit déjeuner?

Ils mangent des céréales, du pain, du jus d'orange, des Pop-Tarts et du café.

4) Pourquoi est-ce qu'ils ne vont pas au commissariat de police?

Parce que le sac n'a pas d'importance.

5) Pourquoi est-ce que Le Tigre n'achète pas de vêtements?

Parce qu'il peut utiliser les vêtements de Jacques.

6) Quelle exposition spéciale est-ce qu'il y a au Metropolitan Museum?

Il y a une exposition sur Henri Matisse.

7) Où est-ce qu'ils vont déjeuner?

Ils vont déjeuner Chez Victor.

8) Quelle chanteuse célèbre a mangé dans ce restaurant récemment?

Céline Dion a mangé dans ce restaurant.

9) Comment s'appellent trois films célèbres faits à New York? Connaissez-vous un autre film qui n'est pas mentionné dans le dialogue?

Ils s'appellent Miracle on 34th Street, Maid in Manhattan, et Annie Hall.

10) Quel problème de téléphone est-ce qu'il y a dans cette scène?

Personne ne parle quand Jacques répond.

EXERCICES DE RÉVISION

1. Answer in complete sentences:

a. Quel temps fait-il aujourd'hui?

Il pleut beaucoup.

b. D'habitude est-ce que ton professeur porte une cravate?

Non, mon professeur ne porte pas de cravate.

c. Combien de kilomètres est-ce que tu peux courir?

Je peux courir deux kilomètres.

d. Est-ce que tu as appris beaucoup de mots français aujourd'hui?

Oui, j'ai appris beaucoup de mots français aujourd'hui.

e. À quelle heure est-ce que tu es parti(e) de la maison ce matin?

Je suis parti(e) de la maison à huit heures moins le quart.

2. Conjugate the following verbs fully in the *passé composé*:

partir (to ___leave___)	**conduire (to ___drive___)**
je suis parti(e)	J'ai conduit
tu es parti(e)	tu as conduit
elle est partie	il a conduit
nous sommes parti(e)s	nous avons conduit
vous êtes parti(e)(s)	vous avez conduit
ils sont partis	elles ont conduit

courir (to _____run_____ **) (negative)**

je n'ai pas couru
tu n'as pas couru
elle n'a pas couru
nous n'avons pas couru
vous n'avez pas couru
ils n'ont pas couru

descendre (to _____go down_____ **)**

je suis descendu(e)
tu es descendu(e)
il est descendu
nous sommes descendus(e)s
vous êtes descendu(e)(s)
elles sont descendues

3. **Now change each of the following verbs from the present tense to the corresponding form of the _passé composé;_ remembering which verbs use _"avior"_ and which use _"être."_**

Examples: il rentre **il est rentré**   tu attends **tu as attendu**

a. je reviens

je suis revenu(e)

b. elle est

elle a été

c. nous descendons

nous sommes descendu(e)s

d. vous ne montez pas

vous n'êtes pas monté(e)(s)

e. ils veulent

ils ont voulu

f. tu lis

tu as lu

g. vous chantez

vous avez chanté

h. je choisis

j'ai choisi

i. il attend

il a attendu

j. nous écrivons

nous avons écrit

4. Complete the following sentences using the appropriate form of the *passé composé*:

a. Brian Joubert _____ *a gagné* _____ une médaille de patinage artistique à Dammarie-lès-Lys. (gagner)

b. Albertine _____ *est partie* _____ de la fête sans sa veste. (partir)

c. Ils _____ *sont venus* _____ chez moi hier dans la nouvelle voiture de ma tante. (venir)

d. Malheureusement, elle ~~x́~~ _____ *n'a* _____ pas_____ *lu* _____ ma lettre. (lire)

e. Est-ce que tu _____ *as compris* _____ la blague que Gilbert a racontée? (comprendre)

f. Mon écharpe _____ *est tombée* _____ dans la rivière. (tomber)

g. Est-ce que vous _____ *avez acheté* _____ les billets pour le concert de Justin Bieber? (acheter)

h. ~~x́~~ _____ *J'ai vu* _____ un homme mystérieux avec une chemise noire. (voir)

i. Mon cousin Félix _____ *a demandé* _____ un emploi à la banque. (demander)

j. Sylvain _____ *a trouvé* _____ une belle affiche à mettre dans sa chambre. (trouver)

5. Write the "opposite" of the following adverbs:

a. rapidement → *lentement*   e. ici → *là*

b. bien → *mal*   f. tard → *tôt*

c. hier → *aujourd'hui*   g. utilement → *inutilement*

d. un peu → *beaucoup*   h. chaudement → *froidement*

6. Translate the following sentences into French:

a. The cow walks slowly to the river.

La vache marche lentement vers la rivière.

b. My grandfather spoke to me seriously.

Mon grand-père m'a parlé sérieusement.

c. In Burkina Faso, it is very hot in the summer.

Au Burkina Faso, il fait très chaud en été.

7. The following postcard contains six errors. Underline each error and write the correct word above it:

 Ma chère Louisette,

Je suis en Haïti. Aujourd'hui il pleut et il <u>est</u> très chaud. J'ai des amis ⟨fait⟩

haïtiens et hier soir j'ai <u>sorti</u> avec eux. Je suis allée danser à la Lagune ⟨je suis sortie⟩

Bleue. Les haïtiens <u>danses</u> très bien et très <u>rapide</u>. C'est très difficile pour ⟨dansent⟩ ⟨rapidement⟩

une américaine comme moi et j'ai <u>perdus</u> mes chaussures! Mon ami Kéder ⟨perdu⟩

m'a donné une leçon de danse, mais je dois pratiquer sérieusement pour

faire des progrès. Malheureusement, je dois partir dans trois jours.

Je t'embrasse bien affectueusement,

Pauline

LE NIGER & LE TCHAD

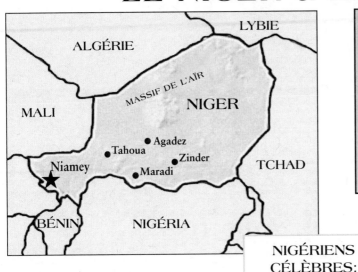

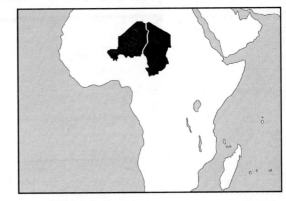

LE NIGER

Capitale:	Niamey
Population:	16.100.000
Gouvernement:	République
Chef d'état:	Président Issofuo Mahamadou
Monnaie:	Franc CFA (XOF)
Langues:	Français (langue officielle), hausa, djerma
Ressources:	Fer, or, pétrole, phosphates, textiles, uranium
Principales richesses touristiques:	La Cure Sale, Désert du Ténéré, Grand Marché de Niamey, Grande mosquée, Massif de l'Air, Musée National, Parc National W, ville d'Agadez
Cuisine:	Couscous, ragoût de mouton, riz

NIGÉRIENS CÉLÈBRES:

Moustapha Alassane
(CINÉASTE)

Andrée Clair
(ÉCRIVAINE)

Boubou Hama
(ÉCRIVAIN)

Haruna Ishola
(MUSICIEN)

Alhassane Issoufou
(FOOTBALLEUR)

Varuna Ishola
(MUSICIEN)

Mamar Kassey
(GROUPE MUSICAL)

LE TCHAD

Capitale:	N'Djamena
Population:	11.500.000
Gouvernement:	République
Chef d'état:	Président Idriss Deby Itnor
Monnaie:	Franc CFA (XAF)
Langues:	Français, arabe (langues officielles) et d'autres langues africaines
Ressources:	Kaolin, pêche, pétrole, uranium
Musique/Danse:	Afro-pop, Dala, Griot (chanteurs), Soudanais, rap, reggae
Principales richesses touristiques:	Grand Marché de N'Djamena, Musée national, Oasis de Faya, vieille ville d'Abéché
Cuisine:	Boule de petit mil (céréale), boulettes aux œufs (bœuf haché), sauce moundourou (poisson), soupe de queue de bœuf

TCHADIENS CÉLÈBRES:

Blaise Ndolar
(JOUEUR DE FOOT)

Clément Masdongar
(DANSEUR, PEINTRE, MUSICIEN)

Baba Moustapha
(ÉCRIVAIN)

Kaltouma Nadjina
(ATHLÈTE)

Joseph Brahim Seid
(ÉCRIVAIN ET HOMME POLITIQUE)

MC Solar
(RAPPEUR)

Kaar Kass Sonn
(RAPPEUR)

VOCABULAIRE
LEÇON HUIT

THEME WORDS: "AT HOME"

l' *assiette (f.)*	plate
la *baignoire*	bathtub
le *balai*	broom
le *canapé*	couch, sofa
le *couteau*	knife
la *cuillère*	spoon
la *cuisine*	kitchen, cooking
la *douche*	shower
l' *escalier (m.)*	stairs
l' *évier (m.)*	kitchen sink
la *fourchette*	fork
le *grille-pain*	toaster
le *lavabo*	bathroom sink
le *placard*	closet
le *rideau*	curtain
la *salle à manger*	dining room
la *salle de bains*	bathroom
le *séjour*	living room
le *tapis*	carpet, rug
le *verre*	glass

OTHER NOUNS

l' *ennemi(e) (m./f.)*	enemy
le *fantôme*	ghost
le *gâteau*	cake
l' *hôtesse de l'air (f.)*	flight attendant
le *marchand*	shopkeeper

le *médecin*	doctor
le *pilote*	pilot
le *problème*	problem
la *relation*	relationship

ADJECTIVES

affectueux/ affectueuse	affectionate
égoïste	selfish
fou/folle	crazy, mad
généreux/généreuse	generous
gentil/gentille	kind, nice
méchant/méchante	mean
seul/seule	alone

VERBS

(se) battre	to fight
(se) brosser	to brush
(se) déshabiller	to undress
(se) disputer	to quarrel
(s') embrasser	to kiss, to embrace
(s') habiller	to dress (to get dressed)
(se) laver	to wash
(se) lever	to get up
(se) marier	to get married
(se) réveiller	to wake up

MISCELLANEOUS

déjà	already
encore	still, more

LEÇON HUIT

KEY GRAMMAR
CONCEPTS

A) **REFLEXIVE AND RECIPROCAL CONSTRUCTIONS** →
Les constructions des verbes réfléchis et réciproques

B) **IMMEDIATE FUTURE AND RECENT PAST** → *Le futur proche et le passé récent*

C) **DEMONSTRATIVE ADJECTIVES** → *Les adjectifs démonstratifs*

 A) REFLEXIVE AND RECIPROCAL CONSTRUCTIONS

All of the sentences we have studied, of course, had subjects. Some also had a direct object. In the sentence "The mother washes the baby," "the mother" is the subject, doing the action to "the baby," who is the direct object. There are other sentences we've seen with indirect objects: "I wrote a letter to Elvis" — Elvis is the indirect object.

1) REFLEXIVE VERBS IN THE PRESENT TENSE

When a **verb is reflexive**, the subject and the direct object refer to the <u>same</u> person. To avoid repetition, we use a reflexive object pronoun. In the sentence "I wash myself," the word "myself" is the reflexive object pronoun. Whom do I wash? I wash myself! Let's look at another example. "Bill bought himself a new computer." In this sentence, "himself" is the reflexive object pronoun. The subject, "Bill," bought something to give to himself.

Here is a list of reflexive object pronouns in French:

Reflexive Object Pronouns	
me	*nous*
te	*vous*
se	*se*

Reflexive verbs are very easy to conjugate.

ATTENTION! Every reflexive verb has a reflexive object pronoun (**ROP**) before it.

se réveiller (to wake up)	
*je **me** réveille*	*nous **nous** réveillons*
*tu **te** réveilles*	*vous **vous** réveillez*
*il **se** réveille*	*elles **se** réveillent*

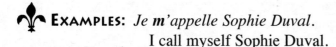 **EXAMPLES:** *Je m'appelle Sophie Duval.*
I call myself Sophie Duval.

*Nous **nous** lavons les mains avant le dîner.*
We wash our hands before dinner.
(In this sentence, we are clearly washing ourselves . . . *"les mains"* identifies
what part of our body we are washing. In a reflexive sentence, the definite article
is used in French with body parts, since using a possessive adjective would feel
redundant.)

*Philippe **se regarde** dans le miroir et il **se trouve** très beau.*
Philippe looks at himself in the mirror and he finds himself
very handsome.

*À quelle heure est-ce que tu **te lèves** le matin?*
At what time do you get up in the morning?

*Ces jeunes gens **s'appellent** Coldplay.*
These young men call themselves *Coldplay*.

*Souvent je **me dis** que j'ai beaucoup de talent.*
Often, I tell myself that I have a lot of talent.

2) RECIPROCAL VERBS IN THE PRESENT TENSE

Sometimes two people do the exact same thing to each other. For example, I might
write you a letter and you write me a letter. In English, we could say, "We write each
other a letter." This sentence provides an excellent example of a **reciprocal action**.
Obviously, for reciprocal actions, two or more people are needed. I could do something
to you that you do to me; we could do something to you all that you all do to us; one
group could do something to another group and vice-versa.

The following three object pronouns are used in reciprocal constructions:

nous
vous
se

EXAMPLES: *Patrick et Julie **se disent** des secrets pendant le cours de mathématiques.*
Patrick and Julie tell each other secrets during math class.

*Mon ami et moi nous **nous embrassons** toujours au cinéma.*
My friend and I always kiss each other at the movies.

*Mes frères ne **se disputent** pas souvent.*
My brothers don't often quarrel.

*Les sportifs **se sont attaqués** pendant le match.*
The athletes attacked each other during the game.

*Marcel et Yvonne **se marient** dans la vieille église.*
Marcel and Yvonne are getting married in the old church.
(They are getting married to each other.)

3) Reflexive and reciprocal verbs in negative sentences

In negative sentences, the reflexive (or reciprocal) pronoun remains next to the verb just like DOPs and IDOPs. The two pieces of the negative always go on either side of the reflexive pronoun-verb group.

⚜ EXAMPLES: *Tu **ne te lèves pas** tôt.* (reflexive)
*Nous **ne nous lavons jamais**.* (reflexive)
*Elles **ne se téléphonent plus**.* (reciprocal)

4) Reflexive and reciprocal verbs in the passé composé

All reflexive and reciprocal verbs use *"être"* in the *passé composé*. The past participle consequently agrees with the subject.

Here is the order of words in a reflexive/reciprocal sentence:

Subject	+	Pronoun	+	Être	+	Past Participle
Je		me		suis		brossé(e)
Tu		t'		es		levé(e)
Il		s'		est		lavé
Nous	+	nous	+	sommes	+	embrassé(e)s
Vous		vous		êtes		marié(e)(s)
Elles		se		sont		regardées

⚜ EXAMPLES: *Mon oncle et sa fiancée **se sont mariés** l'année passée.*
My uncle and his fiancée got married last year.

*Je **me suis lavé** les mains dans le lavabo.*
I washed my hands in the sink.

Here is the order of words in a negative reflexive/reciprocal sentence:

Subject	+	Ne	+	Pronoun	+	Être	+	Negative	+	Past Participle
Je		ne		me		suis		pas		réveillé(e)
Tu		ne		t'		es		pas		habillé(e)
Elle	+	ne	+	s'	+	est	+	pas	+	levée
Nous		ne		nous		sommes		pas		marié(e)s
Vous		ne		vous		êtes		pas		disputé(e)(s)
Ils		ne		se		sont		pas		lavés

⚜ EXAMPLES: *Elle **ne s'est pas réveillée** pour aller au match!*
She didn't wake up to go to the game!

*Léa **ne s'est pas déshabillée** avant d'entrer dans la baignoire!*
Léa did not get undressed before getting into the bathtub!

*Homer et Marge Simpson **ne se sont pas embrassés** hier soir.*
Homer and Marge Simpson did not kiss (each other) last night.

EXERCICES

1. **Conjugate the reflexive/reciprocal verbs in the following sentences in the present tense:**

   a. Madeleine et Paul _____ *se regardent* _____ dans les yeux. (se regarder)

   b. Tu _____ *te laves* _____ dans la salle à manger. (se laver)

   c. Ils _____ *se brossent* _____ les dents avant d'aller chez le dentiste.
   (se brosser)

   d. Je _____ *m'achète* _____ un nouveau tapis pour ma chambre. (s'acheter)

   e. Les ennemis _____ *se battent* _____ férocement. (se battre)

   f. Nous _____ *nous disons* _____ "bonjour" tous les matins très poliment.
   (se dire)

   g. Est-ce que vous _____ *vous écrivez* _____ pendant les vacances? (s'écrire)

   h. Je _____ *me réveille* _____ toujours très tard le dimanche. (se réveiller)

2. **Put all the sentences of the previous exercise in the negative form: (You may use "*ne . . . jamais,*" "*ne . . . pas,*" "*ne . . . plus,*" etc.)**

   a. Madeleine et Paul ne se regardent jamais dans les yeux.

   b. Tu ne te laves pas dans la salle à manger.

   c. Ils ne se brossent pas les dents avant d'aller chez le dentiste.

   d. Je ne m'achète pas un nouveau tapis pour ma chambre.

e. Les ennemis ne se battent pas agressivement.

_____

f. Nous ne nous disons pas "bonjour" tous les matins très poliment.

_____

g. Est-ce que vous ne vous écrivez pas pendant les vacances?

_____

h. Je ne me réveille pas toujours très tard le dimanche.

_____

3. **Decide if the verb should be reflexive/reciprocal or not. Then conjugate in the present tense:**

a. Mon frère _____lave_____ les assiettes dans l'évier. (laver/se laver)

b. Je _____me réveille_____ tôt le dimanche. (réveiller/se réveiller)

c. La maman _____déshabille_____ le bébé. (déshabiller/se déshabiller)

d. Est-ce que tu _____te laves_____ dans la salle de bains? (laver/se laver)

e. Papa _____embrasse_____ souvent ma petite sœur. (embrasser/s'embrasser)

f. Les jeunes filles _____se brossent_____ les cheveux. (brosser/se brosser)

g. Pourquoi est-ce que vous _____lavez_____ les verres dans la baignoire? (laver/se laver)

h. Judith Godrèche _____se regarde_____ dans le miroir. (regarder/se regarder)

4. Conjugate the reflexive/reciprocal verbs in the *passé composé*:

a. Nous _nous sommes lavé(e)s_ dans la douche. (se laver)

b. L'hôtesse de l'air _ne s'est pas réveillée_ avant l'accident.
(se réveiller [in the negative])

c. Théodore et Pauline _se sont embrassés_ sur le canapé. (s'embrasser)

d. Le pilote et l'hôtesse de l'air _se sont mariés_ à Tahiti. (se marier)

e. Est-ce que tu _t'es brossé_ les dents avec Crest? (se brosser)

f. Tous mes amis _se sont acheté_ des cadeaux pour Noël. (s'acheter)

g. Ils _se sont habillés_ élégamment pour le mariage de leur cousin.
(s'habiller)

h. Je _me suis regardé(e)_ dans tes yeux parce que je t'aime. (se regarder)

i. Pourquoi est-ce que Gilles Marini et Cheryl Burke
se sont disputés ? (se disputer)

j. Vous _ne vous êtes pas déshabillé(e)(s)_ dans le jardin. (se déshabiller [in the negative])

5. Decide if the verb should be reflexive/reciprocal or not. Then use the *passé composé*.

⁈ATTENTION! **Remember you must use *"avoir"* if the verb is not reflexive.**

Examples: Je <u>me suis déshabillé(e)</u> dans ma chambre. (déshabiller/se déshabiller)

✗ _J'ai déshabillé_ le bébé dans sa chambre. (déshabiller/se déshabiller)

a. Thomas _a brossé_ son chien sur la pelouse. (brosser/se brosser)

b. Le médecin _s'est lavé_ avant d'aller à l'hôpital. (laver/se laver)

c. Clark Kent _s'est changé_ en Superman avant d'attaquer l'ennemi.
(changer/se changer)

d. Les acteurs _se sont préparés_ derrière le rideau. (préparer/se préparer)

e. Hier, nous _____ avons lavé _____ le tapis dans la douche. (laver/se laver)

f. Ils _____ se sont vus _____ au café de l'aéroport. (voir/se voir)

g. Les élèves _____ se sont aidés _____ pour préparer l'examen. (aider/s'aider)

6. Put all the sentences of the previous exercise in the negative form (using *"ne . . . jamais," "ne . . . plus," "ne . . . pas,"* etc.):

a. Thomas n'a jamais brossé son chien sur la pelouse.

b. Le médecin ne s'est pas lavé avant d'aller à l'hôpital.

c. Clark Kent ne s'est pas changé en Superman avant d'attaquer l'ennemi.

d. Les acteurs ne se sont pas préparés derrière le rideau.

e. Hier, nous n'avons pas lavé le tapis dans la douche.

f. Ils ne se sont plus vus au café de l'aéroport.

g. Les élèves ne se sont pas aidés pour préparer l'examen.

1) THE IMMEDIATE FUTURE

In *Leçon Douze*, you will learn the verbal endings of the "true" future tense. In the meantime, however, you can use the **immediate future** tense, a construction similar to English (e.g., "I am going to buy a pizza" instead of "I will buy a pizza.") The immediate future is a construction that is used to refer to an event that, in the speaker's mind, is going to occur relatively soon.

In French, you simply use the present tense of *"aller"* (to go) + the infinitive of the verb you want.

Immediate Future			
Je vais	*Nous allons*		
Tu vas	*Vous allez*	**+**	**Infinitive**
Elle va	*Ils vont*		

EXAMPLES: *Ce soir, à la télévision, **nous allons regarder** Anemone Marmottan skier dans les Alpes.*
Tonight, on television, we are going to watch Anemone Marmottan skiing in the Alps.

*Je **vais partir** en vacances la semaine prochaine.*
I'm going to go (leave) on vacation next week.

*Votre fille **va aimer** le nouveau film de James Bond.*
Your daughter is going to like the new James Bond film.

*Nous allons **voir** Amour.*
We are going to see *Amour*.

2) THE RECENT PAST

Although you have learned that the *passé composé* describes a completed action, you can also use a different construction to express that you have just done something. The **recent past** is used to describe such an action. For example, you can say *"Je viens de voir un oiseau bleu,"* which means "I have just seen (I just saw) a blue bird," indicating that this event just happened.

In French, you simply use the present tense of *"venir"* + *"de"* + the infinitive of the verb you want.

Recent Past					
Je viens	*Nous venons*				
Tu viens	*Vous venez*	**+**	*de*	**+**	**Infinitive**
Il vient	*Elles viennent*				

 **EXAMPLES:** *Je **viens de préparer** un délicieux sandwich avec le grille-pain.*
I have just prepared a delicious sandwich with the toaster.

*Mon petit ami **vient de m'inviter** au match des Cowboys.*
My boyfriend has just invited me to the Cowboys game.

*Le petit enfant pleure parce qu'il **vient de se réveiller**.*
The small child is crying because he just woke up.

*Tu **viens de tomber** dans l'escalier! Est-ce que tu as mal au pied?*
You have just fallen down the stairs! Does your foot hurt?

WHERE DO YOU PLACE THE NEGATIVE PARTICLES?

The negative particles *"ne," "pas,"* and *"jamais"* are placed on either side of the verbs *"aller"* and *"venir."*

 EXAMPLES: *Je **ne** vais **pas** inviter Charlotte à la fête.*
I am not going to invite Charlotte to the party.

*Elle **ne** va **jamais** laver les rideaux dans la piscine.*
She is never going to wash the curtains in the pool.

*Non, je **ne** viens **pas** de tomber dans l'escalier!*
No, I haven't just fallen down the stairs!

*Il **ne** vient **pas** d'acheter sa voiture; elle est vieille.*
He has not just bought his car; it is old.

WHERE DO YOU PLACE OBJECT PRONOUNS WITH INFINITIVES?

Direct *(me, te, le, la, l', nous, vous, les)*, indirect *(me, te, lui, nous, vous, leur)* and reflexive/reciprocal *(me, te, se, nous, vous, se)* object pronouns are placed right <u>before</u> the infinitive.

 EXAMPLES: *L'addition est pour toi; je ne vais pas **la payer**.*
The bill is for you; I am not going to pay it.

*Où est mon chapeau? –Je viens de **le trouver** dans le placard.*
Where is my hat? –I just found it in the closet.

*Elle vient de **me donner** une cravate verte.*
She just gave me a green tie.

*Je vais **leur expliquer** les verbes réfléchis.*
I am going to explain the reflexive verbs to them.

*Nous allons **nous écrire** pendant les vacances.*
We are going to write to each other during vacation.

EXERCICES

1. Conjugate the following three infinitives in the immediate future:

voler	se laver	entrer (ne . . . pas)
je vais voler	je vais me laver	je ne vais pas entrer
tu vas voler	tu vas te laver	tu ne vas pas entrer
il va voler	elle va se laver	il ne va pas entrer
nous allons voler	nous allons nous laver	nous n'allons pas entrer
vous allez voler	vous allez vous laver	vous n'allez pas entrer
elles vont voler	ils vont se laver	elles ne vont pas entrer

2. Complete the following sentences with the appropriate form of the immediate future:

a. Marina Anissina et Gwendal Peizerat _____vont gagner_____ la compétition de danse sur glace. (gagner)

b. Ma sœur _____va voir_____ un épisode de *Mad Men*. (voir)

c. Ce soir, nous _____n'allons pas dîner_____ dans le nouveau restaurant "Chez Marius." ([ne . . . pas] dîner)

d. Est-ce que vous _____allez vous marier_____ samedi prochain? (se marier)

e. Tu _____vas être_____ malade si tu manges beaucoup de gâteau. (être)

f. Nous _____allons fermer_____ les rideaux parce qu'il y a beaucoup de soleil. (fermer)

g. Je _____vais utiliser_____ mon iPad pour voir mes videos préférées. (utiliser)

h. Mes parents _____ne vont pas donner_____ de raquette de tennis à ma jeune sœur. ([ne . . . pas] donner)

i. Est-ce que Marcelline _____va chanter_____ au concert ce soir? (chanter)

3. Conjugate the following two infinitives in the recent past:

danser	s'habiller
je viens de danser	je viens de m'habiller
tu viens de danser	tu viens de t'habiller
elle vient de danser	il vient de s'habiller
nous venons de danser	nous venons de nous habiller
vous venez de danser	vous venez de vous habiller
ils viennent de danser	elles viennent de s'habiller

4. Complete the following sentences in the recent past with the appropriate form of the verb in parentheses:

a. Je _viens de téléphoner_ à l'université pour connaître les programmes d'été. (téléphoner)

b. Nous _venons d'acheter_ une nouvelle maison à la mer. (acheter)

c. Tu _viens de lire_ un grand livre: <u>Le Petit Prince</u>. (lire)

d. Nous _venons de nous lever_ à six heures pour partir en vacances. (se lever)

e. Usain Bolt _vient de courir_ le 100 mètres avec succès. (courir)

f. Helen Bonham Carter _vient de finir_ un nouveau film: *Les Miserables*. Je veux aller le voir. (finir)

g. Je _viens d'apprendre_ que le français est une langue difficile! (apprendre)

h. Clémentine et Hubert _viennent de choisir_ l'église où ils vont se marier. (choisir)

5. Put the following sentences in the negative form:

a. Je vais acheter des couteaux chez le marchand.
   Je ne vais pas acheter de couteaux chez le marchand.

b. Harry Potter va gagner le match de Quiddich sur son balai magique.

Harry Potter ne va pas gagner le match de Quiddich sur son

balai magique.

c. Le chien vient de manger les biscuits sur la table de la cuisine.

Le chien ne vient pas de manger les biscuits sur la table de

la cuisine.

d. Tu vas dormir sur le canapé ce soir parce que ton grand-père va dormir dans ta chambre.

Tu ne vas pas dormir sur le canapé ce soir parce que ton

grand-père ne va pas dormir dans ta chambre.

e. L'enfant vient de manger l'œuf avec une cuillère.

L'enfant ne vient pas de manger l'œuf avec une cuillère.

6. Find and correct the six errors in the following dialogue:

passer
Je vais passe l'examen du SAT II et je viens d'acheter le gros livre

de préparation. Je vais ̶l̶e̶ l'étudier et je le vais comprendre. Je viens de

lire le chapitre quatre et il est très facile. Malheureusement, mon ami

Patrick vient me de téléphoner pour me dire que les exercices du chapitre

neuf sont impossibles à faire. Je vais les ne faire pas ce soir parce que je

me
ne veux plus travailler. Je vais se coucher. Bonsoir!

C) DEMONSTRATIVE ADJECTIVES

Demonstrative adjectives help to identify and distinguish one noun from other nouns of the same type. These adjectives precede the nouns they modify. The corresponding words in English are "this," "that," "these," and "those."

Here are the French equivalents:

Demonstrative Adjectives	
ce (masculine, singular nouns)	*ces* (feminine or masculine plural nouns)
cet (masculine, singular nouns that begin with a vowel or a silent "h")	
cette (feminine, singular nouns)	

EXAMPLES:

ce livre	this/that book
cet animal	this/that animal
cet hôpital	this/that hospital
cette table	this/that table
ces livres	these/those books
ces animaux	these/those animals
ces tables	these/those tables

 # EXERCICES

1. Put the correct demonstrative adjectives in front of these nouns:

a. _____ce_____ couteau

b. _____cet_____ ami

c. _____ces_____ fourchettes

d. _____cette_____ église

e. _____ces_____ femmes

f. _____ces_____ amis

g. _____cette_____ amie

h. _____cet_____ œuf

i. _____ces_____ voitures

j. _____ces_____ pilotes

2. Identify and correct the five errors in the following dialogue between Colette and her friend Gérard:

Gérard: *Pourquoi est-ce que tu as ce balai?*

Colette: *C'est parce que je joue au curling.*

Gérard: *Je ne connais pas <u>ces</u> sport.*
ce

Colette: *Je viens de commencer. Je joue avec <u>cette</u> homme.*
cet

Il est dans cette équipe canadienne. <u>Cet</u> sport est
Ce

représenté pour la première fois dans les Jeux

Olympiques à Salt Lake City.

Gérard: *Est-ce que c'est nouveau?*

Colette: *Mais non! <u>Cet</u> activité est très ancienne. Elle est*
Cette

originaire de Hollande et d'Écosse. Dans <u>cettes</u> pays,
ces

en hiver, il fait froid et il y a de la glace. On pousse

cet objet bizarre et lourd sur la glace. Est-ce que tu

veux jouer avec moi?

Gérard: *Oui, je vais essayer.*

PRATIQUE DE L'ORAL
QUESTIONS PAR DEUX

These two sets of questions use grammatical structures and vocabulary from this lesson. Working with a partner, alternate asking and answering each question. When you get to the bottom of each list, start over at the top, switching roles. As a variation, write out the answers in complete sentences.

 A) Quand est-ce que ton professeur va te donner un examen?

À quelle heure est-ce que tu t'es levé(e) ce matin?

Comment s'appelle ta ville?

Qui est-ce qui vient de parler?

Où est-ce que tu vas dîner ce soir?

Est-ce que tu as fini ces exercices?

Est-ce que tu te laves le matin ou le soir?

B) Quand est-ce que tu utilises une fourchette?

Où est-ce que tu te déshabilles?

Quand est-ce que tu vas aller au cinéma?

Pourquoi est-ce que ces questions sont difficiles?

Où est-ce qu'on lave un chien?

Quelle équipe vient de gagner le dernier match de football américain?

Avec qui est-ce que tu vas passer ce week-end?

EXERCICES DE RÉVISION

1. Answer in complete sentences:

a. Où est-ce que tu t'es lavé(e) ce matin?

Je me suis lavé(e) dans la salle de bains.

b. Est-ce que tu préfères les gâteaux au chocolat ou à la vanille?

Je préfère les gâteaux à la vanille.

c. Est-ce que tu as déjà vu une compétition de curling?

Non, je n'ai jamais vu de compétition de curling.

d. Est-ce que nous venons de finir la Leçon Dix?

Non, nous ne venons pas de finir la Leçon Dix.

e. Qu'est-ce que tu vas faire après l'école?

Après l'école je vais faire du sport.

2. Change the verbs in these sentences to the *passé composé*:

a. Tu te réveilles tôt.

Tu t'es réveillé(e) tôt.

b. Vous ne vous habillez pas dans le séjour.

Vous ne vous êtes pas habillé(e)(s) dans le séjour.

c. Je brosse le tapis sur la pelouse.

J'ai brossé le tapis sur la pelouse.

d. Nous ne nous embrassons jamais.

Nous ne nous sommes jamais embrassé(e)s.

e. Est-ce qu'elles se regardent souvent?

Est-ce qu'elles se sont souvent regardées?

f. Il se prépare pour l'interview.

Il s'est préparé pour l'interview.

g. Nous nous marions samedi.

Nous nous sommes mariés samedi.

3. **Translate the following sentences:**

a. He washed the plates in the sink.

Il a lavé les assiettes dans l'évier.

b. I woke up at six o'clock this morning.

Je me suis réveillé(e) à six heures ce matin.

c. You do not wash yourself often.

Tu ne te laves pas souvent/Vous ne vous lavez pas souvent.

d. She woke up her husband, and he went to work.

Elle a réveillé son mari, et il est allé au travail.

4. **Complete the following sentences with the correct form of the given verb.** ATTENTION! **Be careful! Some verbs are in the *passé composé*:**

a. Elle ___a préparé___ le dîner et nous l'avons mangé. (préparer)

b. En général, est-ce que vous ___vous réveillez___ facilement le matin? (se réveiller)

c. Comment est-ce que tu ___t'es habillé(e)___ pour Halloween l'année dernière? (s'habiller)

d. Pourquoi est-ce que vous _ne vous êtes pas regardé(e)s_ à la fête hier? Est-ce que vous ne vous aimez plus? ([ne . . . pas] se regarder)

e. La petite fille _habille_ toujours sa Barbie en princesse. (habiller)

f. Malheureusement, nous _ne nous voyons pas_ souvent. ([ne . . . pas] se voir)

g. La semaine dernière, mon frère _s'est acheté_ une superbe voiture de sport. (s'acheter)

h. Les Duval _sont partis/partent_ en vacances en famille. (partir)

i. Ils _ont pu_ venir en France avec nous l'été dernier. (pouvoir)

j. Les chiens méchants _s'observent_ avant de s'attaquer. (s'observer)

5. Conjugate the following verbs in the immediate future:

choisir	perdre (ne . . . pas)
je vais choisir	je ne vais pas perdre
tu vas choisir	tu ne vas pas perdre
elle va choisir	il ne va pas perdre
nous allons choisir	nous n'allons pas perdre
vous allez choisir	vous n'allez pas perdre
ils vont choisir	elles ne vont pas perdre

6. Now conjugate the same verbs in the recent past:

<table>
<tr><td colspan="2" align="center">**choisir**</td><td colspan="2" align="center">**perdre**</td></tr>
<tr><td>je viens de choisir</td><td></td><td>je viens de perdre</td><td></td></tr>
<tr><td>tu viens de choisir</td><td></td><td>tu viens de perdre</td><td></td></tr>
<tr><td>il vient de choisir</td><td></td><td>elle vient de perdre</td><td></td></tr>
<tr><td>nous venons de choisir</td><td></td><td>nous venons de perdre</td><td></td></tr>
<tr><td>vous venez de choisir</td><td></td><td>vous venez de perdre</td><td></td></tr>
<tr><td>elles viennent de choisir</td><td></td><td>ils viennent de perdre</td><td></td></tr>
</table>

7. Replace the underlined nouns with direct or indirect pronouns. Try to place them correctly in the sentence:

a. Je viens d'acheter les couteaux.

Je viens de les acheter.

b. Le pilote va inviter la dentiste à dîner.

Le pilote va l'inviter.

c. Ben Affleck va parler à son ami Matt Damon.

Ben Affleck va lui parler.

d. Rodolphe n'est pas gentil. Il ne va pas donner ces cadeaux à ses amis.

Rodolphe n'est pas gentil. Il ne va pas leur donner ces cadeaux.

e. Nous venons de mettre nos nouvelles chaussures roses.

Nous venons de les mettre.

f. Mon professeur vient de punir Christophe.

Mon professeur vient de le punir.

8. Write the appropriate demonstrative adjective in front of these nouns:

a. _____cet_____ oiseau

b. _____ces_____ hôtels

c. _____ce_____ gant

d. _____cette_____ glace

e. _____ces_____ femmes

f. _____cet_____ agréable village

g. _____cette_____ affiche artistique

h. _____ces_____ journaux

i. _____ce_____ maillot de bain orange

j. _____cette_____ serviette

9. Identify and correct the six errors in the following paragraph:

Ce

Cet matin, nous nous sommes levés tôt pour aller au zoo. Quand

nous sommes arrivés, le gardien nous a dit: "Vous arrivez trop tard; ces

méchants singes viennent de manger notre lion." Cette information a été

grande

une *grand* surprise. Mais heureusement le gardien nous a dit aussi: "La

d'avoir   va le

girafe vient *avoir* un bébé. Elle *le va* laver dans le lac. Vous pouvez venir

cette

les voir." Quand nous avons vu *ces* girafe, elle nous a regardés et elle a

dit:"Bonjour! Est-ce que vous avez un cadeau pour mon nouveau bébé?

Je vais ~~de~~ lui dire que vous êtes très généreux!" Après cette visite à ce

zoo suréaliste, nous pouvons aller voir un documentaire sur l'Afrique!

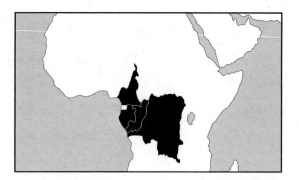

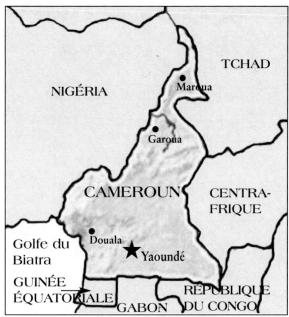

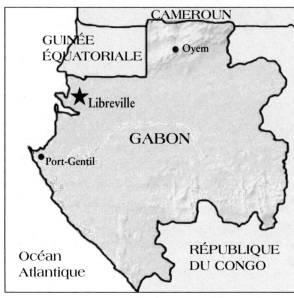

LA RÉPUBLIQUE DU CONGO

Capitale:	Brazzaville
Population:	4.100.000
Gouvernement:	République
Chef d'état:	Président Denis Sassou-Nguesso
Monnaie:	Franc CFA (XAF)
Langues:	Français (langue officielle), lingala, monokutuba, kikongo
Ressources:	Agriculture (canne à sucre, café, cacao), bois, pêche, pétrole
Musique/Danse:	Rap franco-congolais (Bisso Ne Bisso), "zouk"
Principales richesses touristiques:	Cases sur pilotis de l'île Mbamou, le Fespam (grand festival de musique), parcs nationaux (Odzala Lefini), ville de Mossaka
Cuisine:	Bananes, bovidé, chèvre, gibier, insectes (chenilles, sauterelles), pâte de manioc ou de maïs, poisson, poule, riz

CONGOLAIS CÉLÈBRES

Henri Lopes (HOMME POLITIQUE, ÉCRIVAIN)

Jean Malonga (ÉCRIVAIN)

Théophile Obenga (HISTORIEN)

Nicolas Odongo (PEINTRE)

LE CAMEROUN, LE GABON, LA RÉPUBLIQUE DÉMOCRATIQUE DU CONGO & LA RÉPUBLIQUE DU CONGO

LE CAMEROUN

Capitale:	Yaoundé
Population:	20.000.000
Gouvernement:	République
Chef d'état:	Président Paul Biya
Monnaie:	Franc CFA (XAF)
Langues:	Français, anglais (langues officielles), et d'autres langues africaines
Ressources:	Aluminium, café, coton, cultures vivrières et maraîchères, filatures, industrie du bois, pétrole, tissage
Musique:	Makossa
Principales richesses touristiques:	Forêts, Foumban (Palais Royal), Musée d'Art Nègre, Musée du Sultan, Parc National du Waza
Cuisine:	Fruits, fufu, garri, maïs, manioc, millet

LE GABON

Capitale:	Libreville
Population:	1.500.000
Gouvernement:	République
Chef d'état:	Président Ali Ben Bongo Ondimba
Monnaie:	Franc CFA (XAF)
Langues:	Français (langue officielle), fang, myene, nzebi, bapounou/eschira, bandjabi
Ressources:	Bois, cultures de canne à sucre, de bananes, de cacao, de café, d'hévéas, d'huile de palme et de plantain, de manioc, de riz, mines d'or, pétrole, produits chimiques
Musique/Danse:	Biguine, rap, rumba, "zouk"
Principales richesses touristiques:	Franceville et les plateaux Batékés, la Lopé (réserve), parcs nationaux, la plage d'Ekwata
Cuisine:	Crustacés, escargots, patates douces, poissons, riz

LA RÉPUBLIQUE DÉMOCRATIQUE DU CONGO (ZAÏRE)

Capitale:	Kinshasa
Population:	74.000.000
Gouvernement:	République
Chef d'état:	Président Joseph Kabila
Monnaie:	Franc congolais (CDF)
Langues:	Français (langue officielle), lingala, kikongo, kingwana, tshiluba
Ressources:	Argent, bauxite, bois, cobalt, cuivre, diamants, manganèse, pétrole, radium, uranium
Musique/Danse:	Rumba, soukous
Principales richesses touristiques:	Forêt équatoriale, Lac Kivu, Lac Tanganyika, Ruwenzori
Cuisine:	Bananes, insectes, pommes de terre

CAMEROUNAIS CÉLÈBRES

Francis Bebey
(MUSICIEN, ÉCRIVAIN)

Mongo Beti
(ÉCRIVAIN)

Calixte Beyola
(ÉCRIVAIN)

Manu Dibango
(MUSICIEN)

Ferdinand Pyono
(ÉCRIVAIN, HOMME POLITIQUE)

Les Lions Indomptables du Cameroun
(ÉQUIPE DE FOOTBALL)

Wes Madiko
(MUSICIEN)

Marie Claire Matip
(FEMME DE LETTRES)

Rabiatou Nioya
(THÉÂTRE)

GABONAIS CÉLÈBRES

Pierre Akendengué
(MUSICIEN)

Angèle Assélé
(CHANTEUSE)

Pierre-Marie Dong
(CINÉASTE)

Ferdinand Allogho-Oke
(DRAMATURGE, POÈTE)

CONGOLAIS CÉLÈBRES

Patrice Lumumba
(HOMME POLITIQUE)

Mobutu Sese Seko
(HOMME POLITIQUE)

Papa Wemba
(MUSICIEN)

VOCABULAIRE LEÇON NEUF

TRACK 13 DISC 2

THEME WORDS: "AT SCHOOL"

le	bureau	desk, office
le	calendrier	calendar
la	carte	map
la	cloche	bell
le	contrôle	quiz
la	craie	chalk
le	drapeau	flag
l'	école (f.)	school
l'	examen (m.)	exam
le	lycée	high school
le	professeur	teacher
le	sac à dos	backpack
le	tableau	blackboard
l'	université (f.)	university

OTHER NOUNS

l'	arrivée (f.)	arrival
le	baiser	kiss
le	championnat	championship
la	chance	luck
la	climatisation	air-conditioning
le	code postal	zip code
le	départ	departure
les	félicitations (f.)	congratulations
la	loterie	lottery
la	météo	weather report
le	minuit	midnight

le	monde	world
l'	orage (m.)	storm
le/la	voisin/ voisine	neighbor

ADJECTIVES

bon marché	cheap
excité/excitée	excited
long/longue	long
poli/polie	polite
prochain/prochaine	next
tranquille	quiet, calm

VERBS

(s') amuser	to have a good time
avoir son diplôme	to graduate
(s') ennuyer	to be bored
(se) fâcher	to become angry
goûter	to taste, to snack
nier	to deny

MISCELLANEOUS

aller à bicyclette (faire du vélo)	to ride a bicycle
bien sûr	of course
d'abord	at first
enfin	finally
savoir par cœur	to know by heart

LEÇON NEUF

KEY GRAMMAR CONCEPTS

A) THE IMPERFECT TENSE → *L'imparfait*

B) DOUBLE OBJECT PRONOUNS → *Plusieurs pronoms objet*

C) THE PARTITIVE ARTICLE → *L'article partitif*

 A) THE IMPERFECT TENSE

The **imperfect** is another past tense. It differs from the *passé composé* in a number of ways and is used in different situations.

The imperfect is used to describe ongoing actions or those which have not been completed. It is also used for habitual actions, as well as for descriptions in the past. We will learn more in the next lesson about the differences between the imperfect and the *passé composé*.

For now, let's take a look at the imperfect in context:

 EXAMPLES: *Je **dormais** quand le chien est entré dans ma chambre.*
   I was sleeping when the dog came into my room.

   *Napoléon **était** un petit homme.*
   Napoleon was a short man.

   *Le professeur **rendait** les contrôles quand la cloche a sonné.*
   The teacher was returning the quizzes when the bell rang.

   *Quand j'**avais** huit ans, je **prenais** le bus pour aller à l'école.*
   When I was eight, I used to take the bus to school.

   *Nous ne sommes pas allés à la piscine parce qu'il **pleuvait**.*
   We did not go to the pool because it was raining.

HOW DO YOU FORM THE IMPERFECT TENSE?

Let's take a look at how to conjugate the imperfect. The great news is that the following formula works for every verb in the French language except one: *être*!

1 Begin with the *"nous"* form of the present tense . . .

2 Take off the *"-ons"* . . .

3 Add these endings to the remaining "stem":

je → *-ais*	nous → *-ions*
tu → *-ais*	vous → *-iez*
il → *-ait*	elles → *-aient*

EXAMPLES:

aller: nous all-ons — *j'allais, tu allais, il allait, nous allions, vous alliez, elles allaient*

avoir: nous av-ons — *j'avais, tu avais, il avait, nous avions, vous aviez, elles avaient*

boire: nous buv-ons — *je buvais, tu buvais, il buvait, nous buvions, vous buviez, elles buvaient*

chanter: nous chant-ons — *je chantais, tu chantais, il chantait, nous chantions, vous chantiez, elles chantaient*

finir: nous finiss-ons — *je finissais, tu finissais, il finissait, nous finissions, vous finissiez, elles finissaient*

vendre: nous vend-ons — *je vendais, tu vendais, il vendait, nous vendions, vous vendiez, elles vendaient*

More verbs in the imperfect:

ÉCRIRE	PRENDRE	DIRE	METTRE
j'écrivais	je prenais	je disais	je mettais
tu écrivais	tu prenais	tu disais	tu mettais
elle écrivait	il prenait	il disait	elle mettait
nous écrivions	nous prenions	nous disions	nous mettions
vous écriviez	vous preniez	vous disiez	vous mettiez
ils écrivaient	elles prenaient	elles disaient	ils mettaient

ATTENTION! The verb *"être,"* the only irregular verb in the imperfect, needs to be memorized:

ÊTRE	
j'étais	nous étions
tu étais	vous étiez
il était	elles étaient

EXERCICES

1. **Conjugate the following verbs fully in the imperfect:**

<table>
<tr><td colspan="2" align="center">voir</td><td colspan="2" align="center">s'amuser</td></tr>
<tr><td colspan="2">je voyais</td><td colspan="2">je m'amusais</td></tr>
<tr><td colspan="2">tu voyais</td><td colspan="2">tu t'amusais</td></tr>
<tr><td colspan="2">il voyait</td><td colspan="2">elle s'amusait</td></tr>
<tr><td colspan="2">nous voyions</td><td colspan="2">nous nous amusions</td></tr>
<tr><td colspan="2">vous voyiez</td><td colspan="2">vous vous amusiez</td></tr>
<tr><td colspan="2">elles voyaient</td><td colspan="2">ils s'amusaient</td></tr>
<tr><td colspan="2" align="center">faire</td><td colspan="2" align="center">être</td></tr>
<tr><td colspan="2">je faisais</td><td colspan="2">j'étais</td></tr>
<tr><td colspan="2">tu faisais</td><td colspan="2">tu étais</td></tr>
<tr><td colspan="2">il faisait</td><td colspan="2">elle était</td></tr>
<tr><td colspan="2">nous faisions</td><td colspan="2">nous étions</td></tr>
<tr><td colspan="2">vous faisiez</td><td colspan="2">vous étiez</td></tr>
<tr><td colspan="2">elles faisaient</td><td colspan="2">ils étaient</td></tr>
</table>

2. **Now change the following verbs from the present or the *passé composé* tenses to the corresponding form of the imperfect:**

Examples: je veux → **je voulais**

tu as compris→ **tu comprenais**

a. ils viennent → ils venaient

b. j'ai été → j'étais

c. vous appelez → vous appeliez

d. tu fais   → <u>tu faisais</u>

e. elles goûtent   → <u>elles goûtaient</u>

f. tu as lu   → <u>tu lisais</u>

g. elle reçoit   → <u>elle recevait</u>

h. nous nous sommes lavés → <u>nous nous lavions</u>

i. ils conduisent   → <u>ils conduisaient</u>

j. il vient   → <u>il venait</u>

3. **Complete the following sentences in the imperfect using the appropriate form of the verb in parentheses:**

   a. Je ~~n'~~ <u>n'écoutais</u> jamais mes professeurs de français; pour cette raison, je ne parle pas bien français. (écouter)

   b. Rob Thomas <u>chantait</u> les paroles de la chanson *"Smooth"* pendant que Carlos Santana jouait de la guitare. (chanter)

   c. Le criminel <u>partait</u> avec le sac plein d'argent quand une voiture de police est arrivée devant la banque. (partir)

   d. Quand mon père <u>était</u> à l'université, il ne <u>travaillait</u> jamais. (être/travailler)

   e. Michel a eu un accident mortel parce qu'il <u>conduisait</u> trop vite. (conduire)

   f. Enfant, Mike Myers <u>écrivait</u> toujours des histoires comiques. Adulte, il a fait un film comique extraordinaire: *Austin Powers, International Man of Mystery*. (écrire)

   g. Carole Montillet <u>faisait</u> du ski quand elle <u>était</u> petite et récemment elle a gagné une médaille d'or. (faire/être)

   h. Ils sont allés à la plage parce qu'ils <u>croyaient</u> que la météo était bonne, mais il a plu toute la journée. (croire)

i. La mère _____ *lisait* _____ une histoire de monstres et le petit

garçon _____ *avait* _____ peur. (lire/avoir)

j. Les enfants _____ *s'amusaient* _____ sous le bureau de leur père et il s'est
fâché. (s'amuser)

4. **The following paragraph contains six errors. Underline each error and write
the correct word above it:**

allés
Hier, Monsieur et Madame Capdeville sont <u>allé</u> au cinéma et quand

couraient
ils sont rentrés, ils ont été horrifiés: deux enfants <u>courait</u> sans vêtements

regardait
dans le jardin! La petite Séraphine <u>regardé</u> un film pour adultes à la télé.

Le chien mangeait le poulet du dîner et la jeune fille qui gardait les

enfants dormait dans leur lit. Le téléphone a sonné; c'était les voisins qui

faisaient   *fâchés*
<u>faisait</u> des protestations. Les pauvres parents se sont <u>fâchaient</u> et la

pleurait
jeune fille <u>pleuraient</u>.

B) DOUBLE OBJECT PRONOUNS

Do you remember all of the object pronouns we have studied thus far?

Here is a review of object pronouns:

Reflexive Object Pronouns (ROPs)		Direct Object Pronouns (DOPs)		Indirect Object Pronouns (IDOPs)	
me	nous	me	nous	me	nous
te	vous	te	vous	te	vous
se	se	le/la/l'	les	lui	leur

❖ ◆ ❖ Did you notice that ROPs, DOPs, and IDOPs have identical forms in the 1st and 2nd person, singular and plural?

It is possible to use pronouns from different categories in the same sentence. For example, the English sentence "I gave a present to my sister" could be rewritten: "I gave it to her," which uses both a direct object pronoun (DOP) — "it" — and an indirect object pronoun (IDOP) — "her." Similarly, the sentence "My uncle sang some lullabies to himself" could be rewritten: "My uncle sang them to himself," which uses both a direct object pronoun (DOP) — "them" — and a reflexive object pronoun (ROP) — "himself."

The French language has some special rules about using multiple object pronouns.

When using more than one object pronoun in a sentence, the order is:

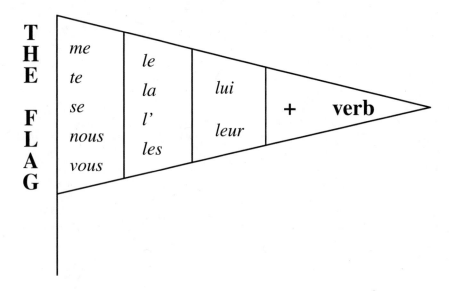

Helpful Tip: This order holds true no matter what the pronouns stand for. In other words, *me, te, se, nous,* and *vous* will always come first, whether they are ROPs, DOPs or IDOPs!

◆ In the **present** and the **imperfect**, all the pronouns come together right before the verb.

◆ In the *passé composé*, they come right before the auxiliary (or helping) verb (*"avoir"* or *"être"*)

⚜ EXAMPLES: *Le drapeau? –Ma sœur **me l'**a donné.*
    The flag? –My sister gave it to me.
    (**Note:** In this sentence, *"me"* is the IDOP, and *"l'"* is the DOP.)

*Les mains? –Nous **nous les** lavons avant le dîner.*
    Our hands? –We wash them before dinner.
    (**Note:** In this sentence, *"nous"* is the ROP, and *"les"* is the DOP.)

Est-ce que Gaspard a le nouveau CD de Justin Bieber, Believe Acoustic*? –Oui, Angélique **le lui** a envoyé.*
    Does Gaspard have the new Justin Bieber CD, *Believe Acoustic*?
    –Yes, Angélique sent it to him.

◆ In the **negative form**, the order is the same: in the **present** and the **imperfect**, the pronouns remain "glued" to the verb, and the two pieces of negative are placed on either side of the pronoun-verb group.

⚜ EXAMPLE: *Les photos? –Annie **ne me les** montre **jamais**.*
    The pictures? –Annie never shows them to me.

In the *passé composé* the sentence order goes like this:

> *Ne* + **Pronouns** + *Avoir/Être* + *Jamais/Pas/Rien* + **Past Participle**

⚜ EXAMPLES: *Est-ce qu'elle a écrit les cartes postales à ses amis? –Non, elle **ne les leur a pas écrites**.*
    Did she write the postcards to her friends? –No, she did not write them to them.

*Tu te lisais ces histoires quand tu étais petit? –Non, je **ne me les lisais jamais**.*
    Did you used to read these stories to yourself when you were little?
    –No, I never read them to myself.

1. Rewrite the following sentences, replacing the underlined words with an object pronoun:

a. Robert me montre <u>la carte du Cameroun</u>.

Robert me la montre.

b. Le professeur a rendu <u>les examens</u> <u>aux étudiants</u>.

Le professeur les leur a rendus.

c. Yvette n'a pas écrit <u>le code postal</u> sur l'enveloppe.

Yvette ne l'a pas écrit sur l'enveloppe.

d. Il s'est brossé <u>les dents</u>.

Il se les est brossées.

e. Est-ce que tu as montré <u>la lettre de Pierre</u> <u>à ton petit ami</u>?

Est-ce que tu la lui as montrée?

f. Elles se sont acheté <u>ces nouveaux sacs à dos de chez Armani</u>!

Elles se les sont achetés!

g. Est-ce qu'il t'a raconté <u>cette histoire</u>?

Est-ce qu'il te l'a racontée?

h. Ma grand-mère ne nous chantait jamais <u>ces chansons anciennes</u>.

Ma grand-mère ne nous les chantait jamais.

i. Le marchand vous a vendu <u>le calendrier de l'année passée</u>!

Le marchand vous l'a vendu!

j. Il me dit <u>la date de son arrivée</u>.

Il me la dit.

2. Translate the following sentences:

a. The guitar? He gives it to me.

La guitare? Il me la donne.

b. My granddaughter showed it to you.

Ma petite-fille te/vous l'a montré(e).

c. We are not sending it (masc.) to them.

Nous ne le leur envoyons pas.

d. Do you buy them for yourself?

Est-ce que vous les achetez pour vous? OR Est-ce que tu les achètes pour toi?

3. The following paragraph contains seven pronoun errors. Underline each error and write the correction above it:

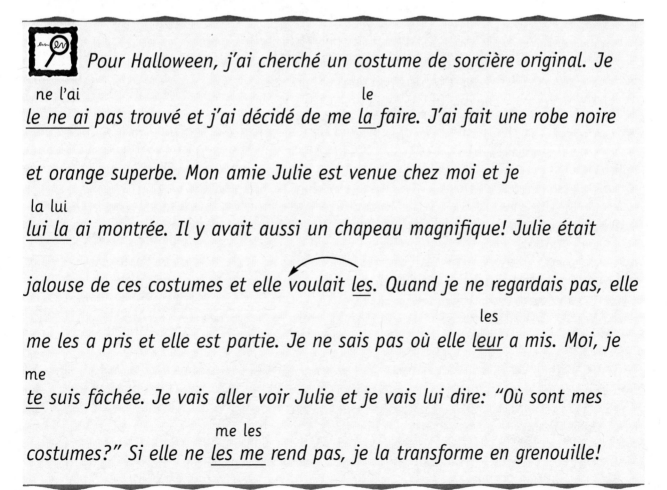

Pour Halloween, j'ai cherché un costume de sorcière original. Je

~~ne l'ai~~   le

<u>le ne ai</u> pas trouvé et j'ai décidé de me <u>la</u> faire. J'ai fait une robe noire

et orange superbe. Mon amie Julie est venue chez moi et je

la lui

<u>lui la</u> ai montrée. Il y avait aussi un chapeau magnifique! Julie était

jalouse de ces costumes et elle voulait <u>les</u>. Quand je ne regardais pas, elle

                                    les

me les a pris et elle est partie. Je ne sais pas où elle <u>leur</u> a mis. Moi, je

me

<u>te</u> suis fâchée. Je vais aller voir Julie et je vais lui dire: "Où sont mes

                     me les

costumes?" Si elle ne <u>les me</u> rend pas, je la transforme en grenouille!

We have seen the definite articles *(le, la, l', les)* and the indefinite articles *(un, une, des)*. There is another article in French called the *"partitive,"* so named because you use it when you are talking about only <u>part</u> of something.

For example, if you order a small pizza, you could eat "the" pizza, but if you order a huge pizza, usually you eat *"some"* of the pizza, not the whole thing. In the same manner, you have *"some"* courage because you do not own all the courage in the world.

In these situations, you use the following French articles:

Partitive Articles	
du (masculine, singular nouns)	*des* (all plural nouns)
de la (feminine, singular nouns)	
de l' (masculine or feminine, singular nouns that begin with a vowel or an "h")	

EXAMPLES: *Je n'aime pas travailler, mais j'ai **du** travail pour demain.*
I don't like to work, but I have some work for tomorrow.

*Robert a **de la** chance! Il a gagné à la loterie.*
Robert is lucky! He won the lottery.

*Le chien a bu **de l'**eau dans les toilettes.*
The dog drank some water from the toilet.

*A la fin de la lettre, j'envoie toujours **des** baisers à Jacqueline.*
At the end of the letter, I always send kisses to Jacqueline.

EXERCICES

1. Complete the following sentences with the correct partitive article:

a. J'écris au tableau avec ____de la____ craie.

b. Il y a souvent ____des____ orages en été.

c. J'aime cet enfant parce qu'il a ____de l'____ enthousiasme pour les verbes irréguliers!

d. Est-ce que vous mettez ____du____ sucre dans votre café?

e. Avec ____des____ œufs, on peut faire un repas bon marché.

f. Nous avons ____des____ voisins très bizarres.

g. Est-ce que les enfants peuvent boire ____du____ vin aux États-Unis?

h. C'est le printemps, et il y a ____de l'____ amour dans l'air.

i. Maintenant les Américains boivent ____de l'____ eau minérale comme les Français.

j. Les carnivores sont des animaux qui mangent ____de la____ viande.

2. Place the correct article (definite, indefinite or partitive) in the following sentences:

a. Quand j'étais petit, j'aimais beaucoup ____le____ chocolat au lait.

b. Le pilote a eu ____du____ courage quand l'avion a eu ____des____ difficultés.

c. Nous avons ____un____ ami qui parle zoulou.

d. ____Les____ souris aiment ____le____ fromage.

e. Les Chinois mangent souvent ____du____ riz. C'est bon!

f. Un ours blanc est ____un____ animal dangereux.

g. Ernestine porte toujours _____des_____ chaussures chères.

h. Le petit Horace a reçu _____une_____ bicyclette pour Noël.

i. Ma grosse tante Ursule mange _____de la_____ salade pour maigrir.

j. Ils voulaient _____de l'_____ argent pour acheter leurs billets pour le concert.

3. The following paragraph contains six errors. Underline each error and write the correct word above it:

                                               au
Mon mari adore la mousse <u>à le</u> chocolat et je vais lui préparer son

dessert préféré. Malheureusement, je ne fais pas bien la cuisine. D'abord,

                      un   de la
j'ai regardé dans <u>du</u> livre de cuisine. Pour faire <u>du</u> mousse, je dois mettre

des
<u>un</u> œufs, du beurre, <u>de l'</u>sucre et naturellement du chocolat. J'ai réussi

une mousse splendide, mais, catastrophe, le chat est tombé dans l'assiette!

                                la
J'ai dû le laver dans <u>du</u> baignoire!

PRATIQUE DE L'ORAL
QUESTIONS PAR DEUX

These two sets of questions use grammatical structures and vocabulary from this lesson. Working with a partner, alternate asking and answering each question. When you get to the bottom of each list, start over at the top, switching roles. As a variation, write out the answers in complete sentences.

A) Quand est-ce que vous vous amusez avec vos amis?

À quel âge est-ce qu'on va au lycée?

Où est-ce qu'on écrit avec une craie?

Quel est ton code postal?

Est-ce que tu portes tes livres dans un sac à dos?

En quelle année est-ce que tu vas avoir le diplôme d'université?

Est-ce que tu fais du vélo en été?

B) Est-ce que tu as participé à un championnat de cyclisme?

Est-ce que la climatisation est nécessaire chez toi en été?

Est-ce que tu sais où on peut acheter des billets de loterie?

Est-ce que tu connais les parents de notre professeur de français?

Est-ce que tu sais par cœur le nom des capitales des pays d'Europe?

Qu'est-ce que tu fais à minuit?

Quand sont les prochaines vacances?

DIALOGUE

The following dialogue contains grammar and vocabulary that you've seen in this lesson and in the introductory section. After listening to the CD, read this dialogue aloud, alone or with friends. Afterwards, try to answer the questions that follow either aloud or in written form.

 ## LES AVENTURES DE RAPHAËL, ÉLISE ET "LE TIGRE"

SCÈNE CINQ

Il est neuf heures du soir. Raphaël, "Le Tigre," Élise, Jacques et Isabelle se promènent dans l'avenue Lexington à New York. Ils décident de prendre un café dans un restaurant qui s'appelle "E.J.'s."

Raphaël: Quelle journée extraordinaire!

Élise: Raphaël a raison. Les tableaux de Matisse que nous avons vus au musée étaient magnifiques.

Jacques: J'ai beaucoup aimé les portraits.

Le Tigre: Moi, c'est le chocolat chaud chez "Serendipity" que j'ai préféré.

Raphaël: Tu penses toujours à manger! Et puis le film de Spike Lee à Central Park était fabuleux aussi. Je ne savais pas combien de travail est nécessaire pour filmer seulement quelques minutes d'action.

Élise: Est-ce que vous avez reconnu des acteurs célèbres?

Jacques: Moi, oui. Je crois que j'ai vu Jack Nicholson.

Une serveuse vient à la table.

La serveuse: Bonsoir.

Isabelle: Un café au lait, s'il vous plaît.

Élise: Un Coca-Cola.

Jacques: Un café noir.

Raphaël: Un Coca-Cola.

Le Tigre: Pour moi, un Coca-Cola aussi et un morceau de gâteau au chocolat, avec cinq fourchettes, s'il vous plaît.

Les cinq amis rient. A ce moment, un homme avec une moustache et une femme habillée de blanc entrent dans le restaurant. Ils s'asseyent à une table au fond du restaurant. Les jeunes ne les ont pas vus, mais l'homme et la femme les regardent avec curiosité.

Jacques: Quel dommage que vous deviez partir demain!

Isabelle: C'est vrai. Il y a encore tellement beaucoup de choses à faire.

Raphaël: Vous êtes très généreux, mais nous avons l'idée folle d'aller aussi à Chicago. Je crois que nous pouvons y arriver en vingt-quatre heures en train. Nous allons y passer un jour et revenir à Washington pour ce week-end.

La serveuse arrive avec les boissons et le gâteau au chocolat.

Élise: C'est une idée folle. Vous ne m'avez jamais dit que vous pensiez faire ça.

Le Tigre: Alors, tu n'aimes pas les surprises, toi?

Élise: Si, mais je pensais que nous allions passer trois ou quatre jours ici.

Raphaël: Mais nous devons voir le monde. Nous sommes jeunes!

Jacques et Isabelle se murmurent quelque chose.

Jacques: Et j'ai une surprise pour vous. Isabelle et moi, nous allons avec vous à Chicago!

Élise: Super! Mais tes parents? Est-ce qu'ils ne reviennent pas ce soir?

Jacques: Ils ont décidé de rester quelques jours de plus à Dallas. Isabelle leur a dit que nous allions passer quelques jours dans son appartement de Greenwich Village.

Raphaël: C'est une idée superbe. Allons tous ensemble à Chicago, mais allons à l'appartement maintenant. Nous devons nous coucher tôt. Le train part à six heures du matin.

Le Tigre: Attendez! Je n'ai pas encore fini de manger le gâteau!

Tout le monde rit. Élise, "Le Tigre," Raphaël, Jacques et Isabelle se lèvent, paient l'addition et sortent du restaurant. L'homme à la moustache et la femme habillée de blanc les suivent dans la rue.

QUESTIONS

1) **Où sont les jeunes quand la scène commence?**

   Ils sont dans un restaurant.

2) **Quelle partie de la journée est-ce qu'Élise et Raphaël ont préférée?**

   Élise a aimé le musée et Raphaël le film de Spike Lee.

3) **Qu'est-ce que Le Tigre a préféré?**

   Il a préféré le chocolat chaud de "Serendipity."

4) **Quel acteur célèbre est-ce que Jacques a vu?**

   Jacques a vu Jack Nicholson.

5) **Quelles boissons est-ce que les jeunes ont commandées?**

   Ils ont commandé du café et du Coca-Cola.

6) **Qui est entré dans le restaurant? Où est-ce qu'ils se sont assis?**

   L'homme à la moustache et la femme en blanc. Ils se sont assis

   au fond du restaurant.

7) **Quelle ville célèbre est-ce que les jeunes amis veulent visiter?**

   Ils veulent visiter Chicago.

8) **Qui va voyager avec eux?**

   Jacques et Isabelle vont voyager avec eux.

9) **A quelle heure part le train le matin?**

   Le train part à six heures.

10) **Qui suit les jeunes dans la rue?**

   L'homme et la femme les suivent.

EXERCICES DE RÉVISION

1. Conjugate the following verbs fully in the imperfect:

aller (to ___go___)	être (to ___be___)	finir (to ___finish___)
j'allais	j'étais	je finissais
tu allais	tu étais	tu finissais
il allait	elle était	il finissait
nous allions	nous étions	nous finissions
vous alliez	vous étiez	vous finissiez
elles allaient	ils étaient	elles finissaient

savoir (to ___know___)	prendre (to ___take___)	venir (to ___come___)
je savais	je prenais	je venais
tu savais	tu prenais	tu venais
il savait	elle prenait	il venait
nous savions	nous prenions	nous venions
vous saviez	vous preniez	vous veniez
ils savaient	elles prenaient	elles venaient

2. Complete the following sentences with the correct imperfect form of the verb in parentheses:

a. Mes parents ~~me~~ ___m'accompagnaient___ au magasin quand je me suis perdu dans les rues de New-York. (accompagner)

b. Le calendrier ___était___ sur le bureau du professeur et il le ___regardait___ souvent. (être/regarder)

c. Mes parents me ___donnaient___ toujours un baiser quand je ___partais___ à l'école. (donner/partir)

d. Quel temps est-ce qu'il _____*faisait*_____ hier à Brazzaville? (faire)

e. Comment _____*s'appelait*_____ le cousin de notre grand-mère? (s'appeler)

f. Je _____*goûtais*_____ souvent les tartes que je _____*préparais*_____ pour savoir si elles étaient bonnes! (goûter/préparer)

g. Nous ne _____*comprenions*_____ rien au cours de biologie. (comprendre)

h. Les enfants ne _____*pouvaient*_____ pas comprendre pourquoi les adultes _____*faisaient*_____ la guerre. (pouvoir/faire)

i. Vous _____*lisiez*_____ un journal quand Martin Brodeur et Vincent Lecavalier sont arrivés. (lire)

j. Le criminel _____*niait*_____ les accusations, mais personne ne le _____*croyait*_____. (nier/croire)

3. Answer the questions in complete sentences:

a. Quand tu avais deux ans, est-ce que tu parlais français?

Non, je ne parlais pas français quand j'avais deux ans.

b. Pourquoi est-ce que tu ne t'ennuies pas au cours de français?

Parce que le cours de français est amusant et intéressant.

c. Quand tu étais très petit, est-ce que tu allais au lycée?

Non, je n'allais pas au lycée quand j'étais très petit.

d. Où vas-tu après la classe aujourd'hui?

Aujourd'hui après la classe je vais chez moi.

e. Est-ce que tu étudiais le français à l'école primaire?

Non, je n'étudiais pas le français à l'école primaire.

4. **Place one or more of the following pronouns in the sentences** (*me, te, se, nous, vous, le, la, l', lui, leur*)**:**

   a. J'aime mes amis et je ___leur___ parle souvent.

   b. Ils ___se___ fâchent quand les enfants font des bêtises.

   c. Mon ami voulait les croissants et je ___les___ ___lui___ ai donnés.

   d. Nous avons trouvé deux petits chiens et nous ___leur___ avons donné à manger.

   e. Si vous trouvez mon sac à dos, vous ___me___ ___le___ mettez de côte parce que je le veux.

   f. Ils ont répondu au téléphone, mais ils ne savaient pas qui ___leur___ parlait.

5. **Rewrite the following sentences replacing the underlined nouns with personal pronouns in the correct order:**

   a. Ils présentent <u>leurs félicitations</u> <u>aux jeunes mariés</u>.

   Ils les leur présentent.

   b. Je te demande <u>l'heure d'arrivée de l'avion</u>.

   Je te la demande.

   c. Anabelle donne <u>le baiser</u> <u>à la grenouille</u>, mais la grenouille ne se transforme pas en prince!

   Anabelle le lui donne, mais la grenouille ne se transforme pas en prince!

   d. Nous avons découvert le trésor et nous avons donné <u>le trésor</u> <u>à nos amis</u>.

   Nous avons découvert le trésor et nous le leur avons donné.

   e. Pourquoi est-ce que tu ne m'as pas expliqué <u>la situation</u>?

   Pourquoi est-ce que tu ne me l'as pas expliquée?

f. Qui t'a donné <u>le résultat du problème</u>?

Qui te l'a donné?

g. Tu expliques <u>les pronoms</u> <u>aux nouveaux étudiants</u>.

Tu les leur expliques.

h. Je regardais <u>les boucles d'oreilles</u> quand j'ai rencontré <u>Amélie</u>.

Je les regardais quand je l'ai rencontrée.

i. L'acteur comique me raconte <u>la blague idiote</u>.

L'acteur comique me la raconte.

j. Qui nous achète <u>ces vêtements ridicules</u>? –Pauvre grand-mère!

Qui nous les achète? –Pauvre grand-mère!

6. Translate the following sentences:

a. I gave it to her.

Je le/la lui ai donné(e).

b. Who explained it to you?

Qui vous/te l'a expliqué(e)?

c. We said it to them.

Nous le/la leur avons dit(e).

d. They are bored.

Ils s'ennuient.

7. Complete the following sentences with the partitive articles *(de la, de l', du)*:

a. Je bois toujours mon café avec _____du_____ sucre et _____de la_____ crème.

b. Vous avez _____de l'_____ intelligence et _____du_____ courage.

c. Est-ce que vous mangez _____du_____ poisson pour le petit déjeuner?

d. Quand elle nage, elle a _____de l'_____ eau dans les oreilles.

e. Je vais faire _____du_____ chocolat au lait.

f. En hiver, c'est agréable de manger _____de la_____ soupe.

g. Les végétariens mangent _____de la_____ salade et _____du_____ riz.

h. Il y a _____du_____ vin dans la bouteille.

i. Est-ce que vous mangez _____de la_____ glace quand il fait froid?

j. Il y a _____du_____ suspense dans le film *Les Miserables*!

8. Complete the following sentences with definite, indefinite, or partitive articles:

a. Pour _____l'_____ anniversaire de Clémentine, nous ferons _____un_____ gâteau à la vanille.

b. Au supermarché, il y a _____des_____ oranges et _____des_____ pommes.

c. En général, est-ce qu'elles préfèrent _____le_____ thé ou _____le_____ café?

d. Mon grand-père congolais mange souvent _____du_____ maïs et

_____des_____ fruits tropicaux.

e. La vieille dame a acheté _____un_____ cadeau pour _____le_____ mariage de Babar et Céleste.

f. J'ai _____un_____ chien et il mange _____de la_____ viande en grande quantité.

g. Le professeur a _____des_____ craies pour écrire sur _____le_____ tableau de la classe.

h. _____La_____ météo annonce _____des_____ orages terribles sur toute la République du Congo.

i. Tu n'as pas vu _____le_____ départ de la compétition, mais tu as vu _____l'_____ arrivée.

j. _____Les_____ voisins de ma sœur se fâchent quand elle fait _____du_____ bruit.

9. The following paragraph contains six errors. Underline each error and write the correct word above it:

pensait
Notre professeur de français, Monsieur Perceval, pensais organiser

une fête française mardi prochain, mais ce n'est pas possible. Nous

devons la faire dimanche. Il a fait une liste et il nous l'a donnée. Après

nous sommes allés au supermarché et nous avons acheté du fromage

des
français et de la baguettes, des pommes, des oranges et des bananes

une
pour faire un salade de fruits. Monsieur Perceval va préparer du bœuf

du   de la
bourguignon avec de riz et du salade. Il va beaucoup travailler et lundi

lui
nous allons leur écrire une lettre pour dire "Merci!"

MADAGASCAR

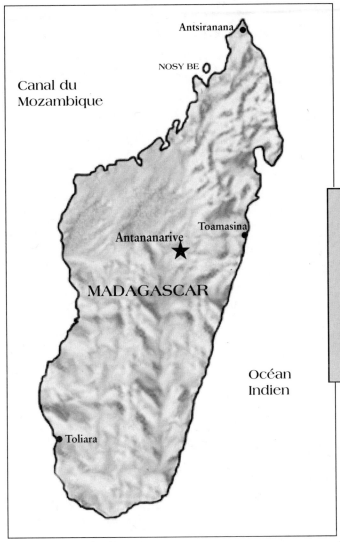

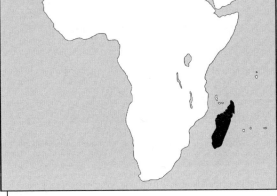

MADAGASCAR

Capitale:	Antananarive
Population:	21.300.000
Gouvernement:	République
Chef d'état:	Président Andry Nirina Rajoelina°
Monnaie:	Madagascar ariary (MGA)
Langues:	Français, malgache (langues officielles)
Ressources:	Café, cacao, clous de girofle, minerais, sisal, vanille
Musique:	Influences africaines et indonésiennes, rythmes Vaky-Soava, salegy, valiha (instrument à cordes)
Principales richesses touristiques:	Canotage sur le Mangoky, chutes d'eau, exploration sous-marine, geysers, lémurs, Marché de Zuma (un des plus grands du monde), orchidées tropicales, paradis environnemental (géographiquement isolé), randonnées, Réserve de Tsingy
Cuisine:	Curry de poulet et de poisson, légumes, thé au riz, ravitoto (soupe de porc), riz, vanille

MALGACHES CÉLÈBRES:

Régis Gizavo
(MUSICIEN)

Eusèbe Joajoby
(MUSICIEN)

Germain Randrianarisoa
dit «Rajery»
(MUSICIEN)

Michèle Rakotoson
(ÉCRIVAINE)

Ranavalona I
(REINE)

Granivore
(PEINTRE)

225

VOCABULAIRE LEÇON DIX

THEME WORDS: "VACATIONS"

TRACK 17 DISC 2

l'	accident (m.)	accident
l'	agent de police (m.)	policeman
le	château	castle
l'	étranger/étrangère	foreigner
l'	hôtel (m.)	hotel
l'	île (f.)	island
le	lac	lake
la	lune de miel	honeymoon
la	mer	sea
le	passeport	passport
le	permis de conduire	driver's license
le	renseignement	information
la	sieste	siesta, nap
les	vacances (f.)	vacation
la	valise	suitcase
le	voyage	trip

OTHER NOUNS

le	buisson	bush
le	magnétoscope	VCR
la	pelouse	lawn
le	rang	row
le	résultat	result
le	réveil	alarm clock
la	rose	rose
la	télévision	television
la	tulipe	tulip

ADJECTIVES

bronzé/bronzée	tanned
étranger/étrangère	foreign
moche	lousy

VERBS

bavarder	to chat
conduire	to drive
(se) dépêcher	to hurry
(se) doucher	to shower
manquer	to miss (e.g., a train)
partager	to share
prendre un bain	to take a bath
raconter	to tell (a story)
visiter	to visit (a place)
voyager	to travel

MISCELLANEOUS

à l'étranger	abroad
d'habitude	usually
l' est (m.)	east
le nord	north
l' ouest (m.)	west
le sud	south
surtout	especially

LEÇON DIX

KEY GRAMMAR
CONCEPTS

A) CHOOSING BETWEEN THE PASSÉ COMPOSÉ AND THE IMPERFECT → *Choisir entre le passé composé et l'imparfait*

B) USES OF "DE" INSTEAD OF THE ARTICLE → *Utilisations de "de" à la place de l'article*

C) AGREEMENT OF THE PAST PARTICIPLE → *Accord du participe passé*

 A) CHOOSING BETWEEN THE PASSÉ COMPOSÉ AND THE IMPERFECT

The ability to **choose wisely between the** *passé composé* **and the** *imparfait* is a sign of a good French speaker. Oftentimes, sentences can make perfect sense using either the *passé composé* or the *imparfait;* however, the meaning of each sentence may be quite different.

Let's take a closer look at the key concepts of each of these past tenses:

Passé Composé	*Imparfait*
◆ Single, complete event	◆ Incomplete, ongoing event
◆ The beginning or ending point of an action	◆ Description
	◆ Telling time in the past
◆ When you tell how long an action lasted	◆ Habitual actions

Let's take a look at a number of sentences that contain examples both of a verb in the *passé composé* and a verb in the imperfect tense. Try to figure out why the speaker has chosen each tense.

 **EXAMPLES:** *Il **était** onze heures du soir quand mon frère **est rentré** à la maison.*
It was eleven at night when my brother returned home.

*Nous **dînions** au restaurant quand Usher **est entrée**.*
We were having dinner in the restaurant when Usher entered.

*Napoléon **était** un grand général, mais il **a perdu** la bataille de Waterloo.*
Napoleon was a great general, but he lost the Battle of Waterloo.

*Mon petit chien **était** si fatigué qu'il **s'est endormi** sur le canapé.*
My little dog was so tired that he fell asleep on the sofa.

*Parce que Christine **était** fatiguée après le match, elle **a dormi** pendant quatre heures.*

Because Christine was tired after the match, she slept for four hours.

*Le téléphone **sonnait** quand j'**ai ouvert** la porte.*

The phone was ringing when I opened the door.

*La belle princesse **dormait** quand le prince charmant l'**a embrassée**.*

The beautiful princess was sleeping when Prince Charming kissed her.

*Je **suis restée** seulement trois jours à Cannes parce qu'il **faisait** trop chaud.*

I stayed only three days in Cannes because it was too hot.

*Le petit garçon **s'ennuyait** beaucoup en classe et il **est tombé** de sa chaise.*

The little boy was very bored in class, and he fell off his chair.

*Sherlock Holmes **a manqué** le train parce qu'il ne **trouvait** pas son passeport.*

Sherlock Holmes missed the train because he couldn't find his passport.

In the above sentences, the contrast between the imperfect and *passé composé* is striking. Did you notice the following?

◆ In some sentences, the imperfect indicates an action or a situation which began at some point before and was continuing at the time of a second past action that was in the *passé composé*.

For example: *"La belle princesse dormait"* tells of an action in progress in the past when the prince kissed her.

◆ The phrase *"il faisait trop chaud"* describes the ongoing, hot weather.

◆ *"Je suis restée seulement trois jours"* describes a completed action.

The imperfect can also be used to indicate habitual or repeated actions in the past:

EXAMPLE: *"Quand j'avais quinze ans, je **détestais** la géométrie."*
When I was fifteen years old, I used to hate geometry.

EXERCICE

In the following two paragraphs, choose between the *passé composé* and the imperfect tenses. Try to pick the tense that you feel best captures the feel of the narrative. You will be more successful if you read through the whole story first.

a. Quand ✗ _____j'étais_____ (être) jeune, ✗ _____j'habitais_____ (habiter) à La Nouvelle Orléans. Nous _____avions_____ (avoir) une belle maison près d'un parc. Un jour, ma mère _____regardait_____ (regarder) la télévision quand la météo _____a annoncé_____ (annoncer) une grande tornade. Il _____était_____ (être) sept heures du soir. Il _____a fait_____ (faire) du vent pendant douze heures. Mes frères et moi, nous _____avions_____ (avoir) très peur. Le jour après, le soleil _____est sorti_____ (sortir). Mes frères et moi, nous _____avons dit_____ (dire): "Bravo!"

b. Je _____lisais_____ (lire) un journal tranquillement chez moi hier soir quand le téléphone _____a sonné_____ (sonner). ✗ _____J'ai répondu_____ (répondre) et un homme _____a dit_____ (dire): "Félicitations! Vous _____avez gagné_____ (gagner) à la loterie." Je ne _____savais_____ (savoir) pas quoi faire. ✗ _____J'étais_____ (être) super content. ✗ _____J'ai posé_____ (poser) le téléphone et ✗ _____j'ai commencé_____ (commencer) à chercher mon billet. Je _____cherchais_____ (chercher) et je _____cherchais_____ (chercher) et je _____ne pouvais pas_____ ([ne . . . pas] pouvoir) le trouver. Où est-ce qu'il _____était_____ (être)? Un moment plus tard, mon chien Eugène _____est entré_____ (entrer) dans la chambre. Il _____tenait_____ (tenir) le billet entre ses dents. ✗ _____J'ai pris_____ (prendre) le billet et ✗ _____j'ai donné_____ (donner) un gros baiser à Eugène.

1) REVIEW OF THE THREE TYPES OF ARTICLES

We have seen that there are three kinds of articles in French: the definite article, the indefinite article and the partitive article.

a) The **definite article** is used in <u>very specific situations</u>:

> **EXAMPLE:** *Le chat de Joséphine déteste mon chien.*
> Joséphine's cat hates my dog.
> (This is a very specific cat.)

The definite article is also used at the other end of the spectrum for <u>generalizations</u>:

> **EXAMPLE:** *Les chats aiment le lait.*
> Cats like milk.
> (This is a generalization: we are saying that, in general, cats like milk.)

You could say that the indefinite and the partitive articles are used somewhere <u>in between</u> the specific and the general.

b) The **indefinite article** describes a non-specific person or thing:

> **EXAMPLE:** *J'ai vu un chien.*
> I saw a dog.
> (This is not a dog I know; it is not specific.)

c) The **partitive article** is used to indicate a part of something:

> **EXAMPLE:** *Il a mangé du poulet.*
> He ate some chicken.
> (He ate a part of the chicken, not the whole thing.)

2) Use of "de" in negatives sentences (or sentences indicating a quantity) with indefinite and partitive articles

When indefinite or partitive articles are used in <u>negative</u> sentences (or sentences indicating a quantity), they are replaced by **de** (or **d'** in front of a vowel). Note, however, definite articles do <u>not</u> change in these situations.

A. Definite article *(le, la l', les)*	B. Indefinite article *(un, une, des)*	C. Partitive article *(du, de la, de l', des)*	D. Definite article *(le, la, l', les)*
Very specific	Not specific	Part of something	Generalization

UN, UNE

DU, DE LA,

DE L'

DES

Negative or Quantities + de or d'

🔶 **EXAMPLES:** **A. Definite article referring to a specific noun.**

*Eléonore a mangé **la** glace que sa mère a achetée.*
Eléonore ate the ice cream her mother bought.
(She ate the specific ice cream her mother bought.)

*Eléonore n'a pas mangé **la** glace que sa mère a achetée.*
Eléonore did not eat the ice cream her mother bought.
Note: The article does not change in the negative sentence.

B. Indefinite article referring to a non-specific noun.
*Eléonore a mangé **une** glace.*
Eléonore ate an ice cream.
(We know nothing about that ice cream.)

*Eléonore n'a pas mangé **de** glace.*
Eléonore did not eat an ice cream.
Note: The article becomes "*de*" in a <u>negative</u> sentence.

C. Partitive article indicating a part/portion of something.

*Eléonore a mangé **de la** glace.*
> Eléonore ate some ice cream.
>> (She ate a certain amount of ice cream.)

*Eléonore n'a pas mangé **de** glace.*
> Eléonore did not eat any ice cream.

*Eléonore a mangé trop **de** glace.*
> Eléonore ate too much ice cream.
>> ("Too much" indicates a quantity.)

Note: The article became *de* in the last two sentences (the first is negative, the second is a quantity).

D. Definite article indicating a noun "in general."

*Eléonore adore **la** glace.*
> Eléonore loves ice cream.
>> (She loves ice cream in general.)

*Eléonore n'aime pas **la** glace.*
> Eléonore does not like ice cream.

Note: In this negative sentence, the article does not change.

3) QUANTITIES

When you use an expression of quantity, such as *beaucoup de, un peu de, trop de, une douzaine de, une bouteille de,* etc., the article is dropped.

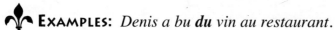 **EXAMPLES:** *Denis a bu **du** vin au restaurant.*
> Denis drank some wine in the restaurant.

*Denis a bu **un verre de** vin au restaurant.*
> Denis drank a glass of wine in the restaurant.

*J'ai **des** devoirs de maths pour demain.*
> I have some math homework for tomorrow.

*J'ai **trop de** devoirs de maths pour demain.*
> I have too much math homework for tomorrow.

*Nous achetons **des** œufs pour l'omelette.*
> We buy eggs for the omelette.

*Nous achetons **une douzaine d'**œufs pour l'omelette.*
> We buy a dozen eggs for the omelette.

EXERCICE

1. **Choose the correct article (definite, indefinite, or partitive) or the preposition *"de"* in the following sentences:**

   a. ____Les____ lions aiment ____la____ viande parce qu'ils sont carnivores.

   b. Anne-Marie a acheté ___un / du___ pain, ___de l'___ eau minérale,

   ___un / du___ fromage et beaucoup ____de____ pommes pour le pique-nique.

   c. Le petit garçon a mangé ____le____ gâteau qui était sur la table et maintenant il n'y a pas de dessert pour la famille.

   d. Il y a trop ____de____ tomates dans cette salade, et je n'aime pas

   ____les____ tomates.

   e. Ma tante Amélie a fait ____un____ excellent gâteau au chocolat pour mon anniversaire.

   f. ____Les____ singes ont ____des____ mains et ____des____ pieds comme nous!

   g. Est-ce que vous avez acheté ____des____ œufs pour faire ___l' / une___ omelette?

   h. Oui, j'ai mis un kilo ____de____ sucre et 500 grammes ____de____ chocolat dans le gâteau.

2. **Put the following sentences in the negative form.** ATTENTION! **Be sure to remember certain changes with indefinite and partitive articles in negative sentences!**

   a. Les étudiants aiment les examens difficiles.

   Les étudiants n'aiment pas les examens difficiles.

   _____

b. J'aime le lait dans le café.

Je n'aime pas le lait dans le café.

---

c. Au restaurant, Basile choisit toujours du poisson parce qu'il adore le poisson.

Au restaurant, Basile ne choisit jamais de poisson parce qu'il

n'adore pas le poisson.

d. Dans le *Wizard of Oz,* le lion a du courage.

Dans le Wizard of Oz, le lion n'a pas de courage.

---

e. Leurs cousins ont choisi des films de science-fiction.

Leurs cousins n'ont pas choisi de films de science-fiction.

---

f. La grand-mère raconte une histoire terrifiante à ses petits enfants.

La grand-mère ne raconte pas d'histoire terrifiante à ses

petits-enfants.

g. Sur cette montagne, il y a un hôtel de luxe.

Sur cette montagne, il n'y a pas d'hôtel de luxe.

---

h. L'employé de l'aéroport m'a donné des renseignements utiles.

L'employé de l'aéroport ne m'a pas donné de renseignements utiles.

---

3. Find and correct the eight errors in this paragraph:

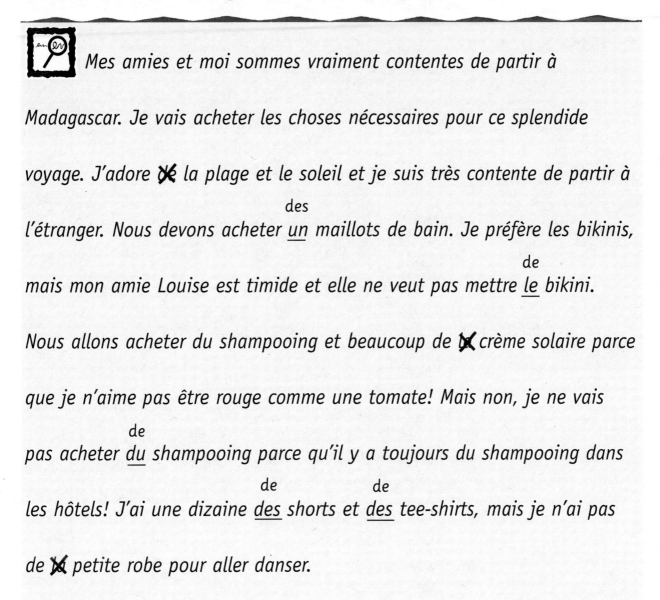

    Mes amies et moi sommes vraiment contentes de partir à

Madagascar. Je vais acheter les choses nécessaires pour ce splendide

voyage. J'adore ✗ *la plage et le soleil et je suis très contente de partir à*

                des

l'étranger. Nous devons acheter <u>un</u> maillots de bain. Je préfère les bikinis,

                                   de

mais mon amie Louise est timide et elle ne veut pas mettre <u>le</u> bikini.

Nous allons acheter du shampooing et beaucoup de ✗ *crème solaire parce*

que je n'aime pas être rouge comme une tomate! Mais non, je ne vais

           de

pas acheter <u>du</u> shampooing parce qu'il y a toujours du shampooing dans

                       de   de

les hôtels! J'ai une dizaine <u>des</u> shorts et <u>des</u> tee-shirts, mais je n'ai pas

de ✗ *petite robe pour aller danser.*

C) AGREEMENT OF THE PAST PARTICIPLE

1) PAST PARTICIPLES CONJUGATED WITH "ÊTRE"

As we have seen, the past participles conjugated with *"être"* agree with the <u>subject</u> of the verb.

 EXAMPLES: *Lucie est partie en vacances sans son permis de conduire.*
Lucie went on vacation without her driver's license.

Ils se sont douchés après le match.
They showered after the game.

Mes sœurs sont allées à la campagne pour le week-end.
My sisters went to the country for the weekend.

2) PAST PARTICIPLES CONJUGATED WITH "AVOIR"

Past participles conjugated with *"avoir"* agree with the <u>direct object</u> **IF** the direct object (or direct object pronoun — DOP) is placed <u>before</u> the verb.

 EXAMPLES: *Quelle **ville** italienne est-ce que Hillary Clinton a visitée?*
Which Italian city did Hillary Clinton visit?

*Est-ce que tu as aimé ces **films**? –Oui, je **les** ai adorés!*
Did you like these movies? –Yes, I loved them!

*J'ai vu **Jennifer Aniston** au restaurant, mais mon frère ne **l'**a pas vue parce qu'il n'était pas avec nous.*
I saw Jennifer Aniston in the restaurant, but my brother didn't see her because he wasn't with us.

*Quels **CDs** est-ce que tu as perdus?*
Which CDs did you lose?

WHAT HAPPENS, HOWEVER, IF THE DIRECT OBJECT COMES AFTER THE VERB?

In this situation, the past participle does not agree.

 EXAMPLE: *Hillary Clinton a **visité** les grandes **capitales européennes**.*
Hillary Clinton visited the major European capitals.

*Est-ce que tu as **fait la sieste** aujourd'hui?*
Did you take a nap today?

Note: Did you notice? The past participle does <u>not</u> change!

1. In these sentences make the past participle agree when necessary:

a. Est-ce que tu as vu _____—_____ Tessa Virtue et Scott Moir aux Jeux

Olympiques? –Non, je ne les ai pas vu s_____.

b. Regarde les belles fleurs que j'ai acheté es_____ pour la fête des
mères.

c. Ils ont passé _____—_____ leur lune de miel à Toliara à Madagascar.

d. Nous nous sommes dépêché (e)s_____ d'aller acheter les billets pour le
concert des Rolling Stones.

e. J'ai peur de dire à mes parents les résultats que j'ai eu s_____ à
l'examen de français!

f. Où est l'argent? –Les voleurs l'ont pris _____—_____.

g. Est-ce que tu aimes la chemise rouge que mon frère a mis e_____
pour la fête?

h. Nous avons admiré _____—_____ l'Océan Indien.

**2. Put the verbs that express the main action in the *passé composé*, making
any other needed changes including having the past participles agree
when necessary:**

a. Les agents de police vont voir le terrible accident sur l'autoroute.

  Les agents de police ont vu le terrible accident sur l'autoroute.

  _____

b. Je regarde les petites carottes que je mets en rangs dans le jardin.

  J'ai regardé les petites carottes que j'ai mises en rangs dans

  le jardin.

c. Sur le bateau, elle voit des beaux étrangers bronzés et elle les invite dans sa cabine!

Sur le bateau, elle a vu des beaux étrangers bronzés et elle les a

invités dans sa cabine!

d. Je ne comprends pas les histoires incroyables que tu racontes.

Je n'ai pas compris les histoires incroyables que tu as racontées.

e. Pour savoir si la soupe est chaude, il la goûte.

Pour savoir si la soupe était chaude, il l'a goûtée.

f. Vous vous ennuyez au cinéma parce que le film est moche.

Vous vous êtes ennuyé(e)(s) au cinéma parce que le film était

moche.

g. Je ne comprends pas la leçon huit, mais heureusement, vous me l'expliquez.

Je n'ai pas compris la leçon huit, mais heureusement vous me

l'avez expliquée.

h. Le criminel raconte ses mauvaises actions.

Le criminel a raconté ses mauvaises actions.

PRATIQUE DE L'ORAL
QUESTIONS PAR DEUX

These two sets of questions use grammatical structures and vocabulary from this lesson. Working with a partner, alternate asking and answering each question. When you get to the bottom of each list, start over at the top, switching roles. As a variation, write out the answers in complete sentences.

 A) Où est-ce que tu vas aller pour ta lune de miel?

À quel âge est-ce que tu vas avoir le permis de conduire?

À quelle heure est-ce que tu regardes la télévision?

Quels pays étrangers est-ce que tu as visités?

Où est-ce que tu prends un bain?

Quand est-ce que tu te dépêches?

Avec qui est-ce que tu aimes bavarder?

B) Avec quels (quelles) amis(es) est-ce que tu partages tes secrets?

Quand est-ce que tu manques la classe?

Avec quelle machine est-ce que tu regardes les vidéos?

À quel rang est-ce que tu es assis(e) en classe?

En quelle saison est-ce que tu es bronzé(e)?

Pourquoi est-ce que tu te douches?

Quand est-ce que ton père conduit trop vite?

EXERCICES DE RÉVISION

1. Answer in complete sentences:

a. D'habitude est-ce que tu es en retard à l'école?

Non, d'habitude, je ne suis pas en retard à l'école.

b. Où est-ce que tu allais à l'école quand tu étais petit?

Quand j'étais petit, j'allais à l'école à . . . .

c. Où est-ce que tu demandes des renseignements pour les avions?

Je demande des renseignements pour les avions à l'aéroport.

d. Qu'est-ce que tu faisais avant de commencer cet exercice?

Avant de commencer cet exercice, je parlais avec mes amis (. . .j'étudiais, etc.).

e. Où est-ce qu'il y a beaucoup d'agents de police?

Il y a beaucoup d'agents de police près des banques.

2. Conjugate fully the following verbs as indicated:

écrire *(passé composé)*	**tomber** *(passé composé)*	**vouloir** (ne . . . pas) *(passé composé)*
j'ai écrit	je suis tombé(e)	je n'ai pas voulu
tu as écrit	tu es tombé(e)	tu n'as pas voulu
elle a écrit	elle est tombée	elle n'a pas voulu
nous avons écrit	nous sommes tombé(e)s	nous n'avons pas voulu
vous avez écrit	vous êtes tombé(e)(s)	vous n'avez pas voulu
ils ont écrit	ils sont tombés	ils n'ont pas voulu

écrire (l'imparfait)	**tomber** (l'imparfait)	**vouloir** (ne . . . pas) (l'imparfait)
j'écrivais	je tombais	je ne voulais pas
tu écrivais	tu tombais	tu ne voulais pas
il écrivait	il tombait	il ne voulait pas
nous écrivions	nous tombions	nous ne voulions pas
vous écriviez	vous tombiez	vous ne vouliez pas
elles écrivaient	elles tombaient	elles ne voulaient pas

3. **In the following paragraph, put each verb in the proper form of the *passé compose* or the imperfect:**

Quand mes grands-parents _____ étaient _____ (être) jeunes, ils

_____ habitaient _____ (habiter) à Québec, au Canada. En 1953, ils

_____ se sont mariés _____ (se marier) et ils _____ sont allés _____ (aller)

à New York. L'existence à New York _____ n'était pas _____ ([ne . . . pas] être)

facile, mais mon grand-père _____ avait _____ (avoir) un très bon

travail dans un magasin à Long Island. Très vite ma grand-mère _____ a appris _____

(apprendre) l'anglais, mais mon grand-père _____ avait _____ (avoir) plus

de difficultés à dominer la langue. Quand mon père _____ est arrivé _____

(arriver) dans la famille en 1961, mes grands-parents _____ étaient _____

(être) très fiers. Mon père _____ a eu _____ (avoir) son diplôme

de l'Université de New York en 1982 et maintenant, il est professeur de français.

4. Complete the following sentences with the correct form of the article or "de" (or "d'"):

a. Nous devons faire ____des____ rideaux pour cette fenêtre parce que je ne

peux pas dormir quand il n'y a pas ____de____ rideaux.

b. D'habitude ____les____ petits enfants n'aiment pas ____les____ douches

parce qu'ils détestent avoir ____du____ shampooing dans les yeux.

c. Adélaïde a trouvé ____un____ magnifique maillot de bain pour son voyage
à Madagascar.

d. Pourquoi est-ce qu'il n'y a pas ____d'____ herbe verte sur cette pelouse?

Parce qu'il n'y a pas beaucoup ____d'____ eau cet été.

e. Où est-ce que tu as mis la bouteille ____d'____ Orangina?

f. Dans la montagne, il y a souvent ____des____ avalanches au printemps.

g. Est-ce qu'il y a ____une____ autoroute de Paris à Marseille?

h. En Afrique, il y a ____des____ léopards, mais il n'y a pas ____de____
tigres.

5. Rewrite the following sentences, adding an expression of quantity
(trop de, un kilo de, un sac de, une douzaine de, un verre de). **Use each
expression only once:**

a. Maxime a acheté des roses pour sa petite amie.

Maxime a acheté une douzaine de roses pour sa petite amie.
_____

b. Le prof d'histoire donne toujours du travail pour le week-end.

Le prof d'histoire donne toujours trop de travail pour le week-end.
_____

c. Le cuisinier japonais achète du riz.

Le cuisinier japonais achète un sac de riz. _____

_____

d. Quand ils font du sport, ils boivent de l'eau.

Quand ils font du sport, ils boivent un verre d'eau. _____

_____

e. Il y a des pommes sur la table de la cuisine.

Il y a un kilo de pommes sur la table de la cuisine. _____

_____

6. In these sentences, make the past participle agree when necessary:

a. Est-ce que tes amis se sont amusé s_____ pendant le voyage?

b. Quelle autoroute avez-vous pris e_____ pour aller à Strasbourg?

c. Mes parents m'ont promis _____—_____ de me donner une voiture pour aller à l'université.

d. Quelle catastrophe, mon passeport est tombé _____—_____ dans la mer!

e. A qui est-ce que tu as envoyé _____—_____ les cartes postales que tu as

écrit es_____?

f. Est-ce que tu as reçu _____—_____ les renseignements sur cet hôtel à

Andernos-les Bains? –Oui, je les ai reçu s_____ hier.

g. La robe que j'ai lavé e_____ est dans mon placard.

h. La grand-mère fatiguée est contente parce que ses petits-enfants sont enfin

parti s_____.

7. The following dialogue contains six errors. Underline each error and write the correct word above it:

– Bonjour Madame. Où voulez-vous passer

vos vacances?

– J'aime beaucoup la montagne, mais je n'aime pas

la
~~de~~ mer.

de
– C'est très bien, il y a beaucoup ~~des~~ places dans

les hôtels des Pyrénées.

un   une
– Je voudrais ~~de~~ hôtel de luxe avec ~~de la~~ piscine.

– A Barrège, il y a un excellent hôtel, mais il n'est

pas bon marché.

de l'
– Ce n'est pas grave: je suis riche, j'ai ~~des~~ argent!

– Je peux vous proposer une belle chambre. Je l'ai
réservée
~~réservé~~ pour mes bons clients.

– Je suis contente de vos services et je vais en

parler à mon mari. A bientôt!

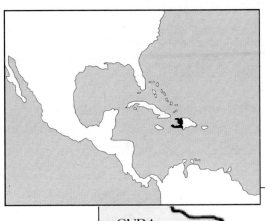

HAÏTI

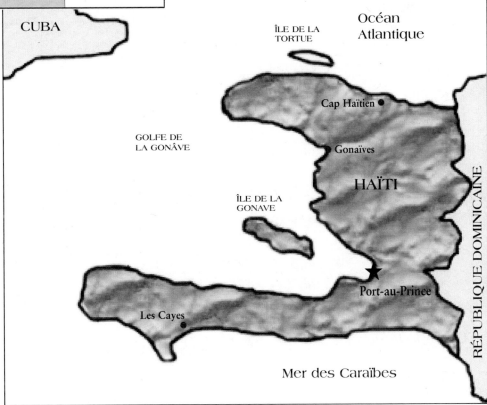

HAÏTI

Capitale:	Port-au-Prince
Population:	10.100.000
Gouvernement:	République
Chef d'état:	Président Michele Martelly
Monnaie:	La gourde (HTG)
Langues:	Français, créole (langues officielles)
Ressources:	Bauxite, cacao, café, cuivre, sisal, sucre, textiles
Musique/Danse:	Bamboche, meringue (danse nationale), salsa, reggae, "zouk"
Principales richesses touristiques:	Cap Haïtien, La Citadelle, côte nord, marché au fer, Musée d'Art Haïtien, plages
Cuisine:	Bananes au rhum, créole, langouste flambée, patates douces, piment oiseau, riz et pois, rhum, tassot de dinde

HAÏTIENS CÉLÈBRES:

Le Père Jean-Bertrand Aristide
(HOMME POLITIQUE)

Marie Chauvet
(ÉCRIVAINE)

Edwidge Danticat
(ÉCRIVAINE)

René Dépestre
(ÉCRIVAIN)

Hector Hippolyte
(PEINTRE)

Wyclef Jean
(MUSICIEN)

Toussaint Louverture
(HOMME POLITIQUE)

VOCABULAIRE LEÇON ONZE

TRACK 19 DISC 2

THEME WORDS: "MUSIC"

l'	adolescent/ adolescente, (l') ado (m./f.)	teenager
la	batterie	drums
la	chaîne	stereo system
la	chanson	song
le/la	chanteur/ chanteuse	singer
le	concert	concert
l'	émission (f.)	television program, show
le	groupe	band
la	guitare	guitar
le	piano	piano
la	publicité (la) pub	advertisement (ad), announcement
la	radio	radio
la	trompette	trumpet
la	vidéo	videocassette
le	violon	violin

OTHER NOUNS

l'	arbre (m.)	tree
la	boîte	box
l'	épisode (m.)	episode
le	mariage	wedding
la	réponse	reply, answer
la	vie	life

ADJECTIVES

branché/ branchée	"in" (in the know, connected)
classique	classical
fort/forte	loud, strong
premier/ première	first
prêt/prête	ready

VERBS

allumer	to turn on (electricity)
dépenser	to spend (money)
écouter	to listen to
enregistrer	to tape (e.g., TV show, song)
entendre	to hear
fumer	to smoke
inviter	to invite
quitter	to leave
(se) sentir	to feel

MISCELLANEOUS

d'accord	OK
déjà	already
environ	more or less, about
surtout	especially
tout de suite	right away
vite	fast, quickly

LEÇON ONZE

<table>
<tr><td rowspan="4">KEY GRAMMAR CONCEPTS
</td><td>**A) COMMANDS** → *L'impératif*</td></tr>
<tr><td>**B) RELATIVE PRONOUNS "QUI" AND "QUE"** → *Pronoms relatifs "qui" et "que"*</td></tr>
<tr><td>**C) PREPOSITIONS WITH GEOGRAPHICAL NOUNS** → *Prépositions avec les noms géographiques*</td></tr>
</table>

 A) COMMANDS

Commands express a desire that someone else either do or not do something. In French, it is very easy to give orders. The imperative (command form) uses the same conjugation as the present tense except that:

◆ There is no subject pronoun used, just as in English

◆ There is no *"s"* in the *"tu"* form of **-ER** verbs

ATTENTION! The *"tu"* form of *"aller"* is *"va!"* (It is irregular!)

	Command Forms		
	tu	**vous**	**nous**
écouter	*Écoute!*	*Écoutez!*	*Écoutons!*
répondre	*Réponds!*	*Répondez!*	*Répondons!*
finir	*Finis!*	*Finissez!*	*Finissons!*

EXAMPLES:

Prends ton livre!	Take your book!
Allons dîner!	Let's go have dinner!
Fermez la fenêtre!	Close the window!
Finissez les exercices!	Finish the exercises!
Lis ce magazine!	Read this magazine!
Écoutons ce CD!	Let's listen to this CD!
Enregistre cette émission!	Tape this program!
Va à l'école!	Go to school!

Giving a negative command is straightforward:

> *Ne* + **Verb** + *Pas*

EXAMPLES: *Ne prends pas ton livre!*   Don't take your book!
                  Ne fermez pas la fenêtre!   Don't close the window!
                  N'écoutons pas ce CD!   Let's not listen to this CD!
                  Ne dormez pas en classe!   Don't sleep in class!
                  Ne va pas au concert ce soir!   Don't go to the concert tonight!

EXERCICES

1. Put the following verbs in the imperative forms of *"tu"* and *"vous,"* following the example provided:

	tu (+)	vous (−)
Example: finir	Finis!	Ne finissez pas!
a. dire	Dis!	Ne dites pas!
b. travailler	Travaille!	Ne travaillez pas!
c. dormir	Dors!	Ne dormez pas!
d. regarder	Regarde!	Ne regardez pas!
e. attendre	Attends!	N'attendez pas!
f. mettre	Mets!	Ne mettez pas!
g. aller	Va!	N'allez pas!
h. écrire	Écris!	N'écrivez pas!

2. Give the imperative forms according to the examples below:

Examples: *Tu dois partir.* (You must leave.)   **Pars!**

           Nous ne devons pas entrer.   **N'entrons pas!**

a. Vous devez choisir ce pull.   Choisissez ce pull!

b. Tu ne dois pas vendre ce vélo.   Ne vends pas ce vélo!

c. Nous devons lire ce livre.

Lisons ce livre!

d. Tu dois aller au supermarché.

Va au supermarché!

e. Vous ne devez pas manger trop de chocolat.

Ne mangez pas trop de chocolat!

f. Tu dois embrasser la grenouille.

Embrasse la grenouille!

g. Nous ne devons pas sortir ce soir.

Ne sortons pas ce soir!

h. Tu ne dois pas perdre ce billet.

Ne perds pas ce billet!

B) RELATIVE PRONOUNS "QUI" AND "QUE"

A **relative pronoun** lets you connect two sentences into one, thereby avoiding needless repetition of words.

HOW DO YOU USE THE RELATIVE PRONOUN "QUI"?

◆ For instance, you could say: The dog ate **the cake**. **The cake** was on the table.
◆ However, most people would say: The dog ate **the cake that** was on the table.

"**That**" is the relative pronoun replacing "cake" in the second part of the sentence.
"**That**" is also the subject of the verb "was." Because it is the subject, it will be translated into French as *QUI*. So the above sentence will translate into French as follows:

Le chien a mangé le gâteau **qui** était sur la table.

HOW DO YOU USE THE RELATIVE PRONOUN "QUE"?

◆ Consider a different case: The dog is eating **the cake**. Caroline made **the cake**.
◆ Most people would say: The dog is eating **the cake** that Caroline made.

"**That**" is still the relative pronoun that replaces "cake" in the second half of the sentence. However, in this case, it is the <u>direct object</u> of the verb "made." Because it is an <u>object</u>, it will be translated into French as *QUE*. So the sentence will translate as:

Le chien mange le gâteau **que** Caroline a fait.

Helpful Tip: Before a vowel *QUE* becomes *QU'* but *QUI* always remains *QUI*.

EXAMPLES: *Je connais une chanteuse **qui** porte des robes élégantes!*
   I know a singer who wears elegant dresses!

*Je connais la chanteuse **que** vous avez invitée à votre mariage.*
   I know the singer whom you invited to your wedding.

*Nous aimons la pub de Perrier **qui** est à la télé.*
   We like the Perrier ad that is on TV.

*Nous aimons la pub de Perrier **que** nous avons vue.*
   We like the Perrier ad which we saw.

*Regarde les oiseaux **qui** sont dans les arbres!*
   Look at the birds that are in the trees!

*Regarde le petit oiseau **qu'elle** a trouvé sous l'arbre!*
   Look at the little bird that she found under the tree!

❓◆❓ Did you notice that the relative pronouns *"qui"* and *"que"* can mean "who," "whom," "which" or "that"?

 # EXERCICES

1. Complete the following sentences with *"qui"* or *"que"* as necessary:

a. Nous avons écouté le CD _____ que _____ tu as acheté hier.

b. Je n'aime pas cette nouvelle émission _____ qui _____ passe à la télé en ce moment.

c. Louisette est une fille _____ qui _____ joue admirablement de la guitare.

d. Les enfants adorent les films _____ que _____ Walt Disney a faits.

e. Est-ce que tu connais les chansons _____ que _____ Emily Loizeau a chantées au concert?

f. Notre prof de math _____ qui _____ donne beaucoup de devoirs est complètement fou.

g. Les cigares _____ que _____ le gros monsieur fume sont très désagréables.

h. Un ado branché est un adolescent _____ qui _____ connaît toutes les choses **à la mode.**

i. Est-ce que tu peux me raconter l'épisode de *Downton Abbey* ___que___ je n'ai pas vu?

j. La batterie est un instrument ___qui___ fait beaucoup de bruit.

2. Complete the following sentences in an original way:

Example: Jean Dujardin est un acteur que __**ma sœur aime beaucoup**__ .

a. Un éléphant est un animal qui _habite en Afrique / est gros_ .

b. Je ne trouve pas le CD que _tu m'as donné / j'ai acheté hier_ .

c. La musique classique est un genre de musique que _je déteste / mes_ _parents aiment_ .

d. Paris est une ville qui _est très belle / est en France_ .

e. Dwayne Wade est un sportif qui _est excellent / joue au basket_ .

f. Madame Legoff a un poisson rouge qui _est très joli_ .

g. Est-ce que tu aimes le DVD que _tu as regardé_ ?

h. Nous avons passé nos vacances dans un magnifique hôtel qui _est sur la_ _montagne_ .

3. Find and correct the five mistakes in the following story:

Je vais te raconter une histoire qui est triste. C'est une histoire
que
~~qui~~ ma mère nous racontait quand nous étions petits. Blanche-Neige était
qui avait
une princesse ~~qu'avait~~ une méchante belle-mère. Un jour, Blanche-Neige a

dû partir dans une forêt qui était terrifiante. La maison qu'elle a trouvée *était charmante. Les petits hommes que habitaient là ont admiré* ^{qui}

Blanche-Neige et ils l'ont invitée chez eux. Un jour la méchante belle-

mère lui a apporté une pomme que était empoisonnée. Blanche-Neige est ^{qui}

morte, mais un prince qui passait dans la forêt a embrassé la jeune fille

que s'est réveillée. Quelle belle histoire! ^{qui}

C) Prepositions with geographical nouns

You already have run across many prepositions of location:

à	→ at		*derrière*	→ behind
à côté (de)	→ next (to)		*devant*	→ in front of
à droite (de)	→ to the right (of)		*entre*	→ between
à gauche (de)	→ to the left (of)		*loin de*	→ far from
au milieu (de)	→ in the middle (of)		*près de*	→ near
chez	→ at someone's place		*sous*	→ under
dans	→ in		*sur*	→ on

For geographical places, these are the prepositions you will use:

◆ For cities, the preposition for "in" is always *"à"*:

Examples: *Le président Hollande habite **à** Paris.*
President Hollande lives in Paris.

*Nous avons passé trois semaines **à** Port-au-Prince.*
We spent three weeks in Port-au-Prince.

*Le Vatican est **à** Rome.*
The Vatican is in Rome.

◆ For "feminine" countries, the preposition for "in" is *"en"*. (In French, all countries have a gender. You can tell the gender because feminine countries <u>usually</u> end with an "e.")

> ░ATTENTION!░ *"Le Mexique"* and *"le Cambodge"* are exceptions. They are masculine.

> ⚜ EXAMPLE: *En France, on mange beaucoup de fromage.*
> In France, they eat a lot of cheese.

◆ For "masculine" countries, the preposition for "in" is *"au."*

> ⚜ EXAMPLES: *Il y a beaucoup de forêts au Canada.*
> There are many forests in Canada.
>
> *On parle espagnol au Mexique.*
> They speak Spanish in Mexico.

◆ If the country's name is plural, the preposition for "in" is *"aux."*

> ⚜ EXAMPLE: *Le Mississippi est aux États-Unis.*
> The Mississippi River is in the United States.

EXERCICES

1. Place one of the following prepositions in the sentences below
(à, à gauche de, au milieu de, chez, dans, derrière, entre, loin, sous, sur).
Use each preposition only once:

a. Les biscuits sont _____dans_____ la boîte.

b. En classe, je suis assis _____entre_____ Annie et Basile.

c. Le Cambodge est _____loin_____ du Canada.

d. Il est allé _____chez_____ le dentiste parce qu'il avait mal aux dents.

e. Le policier ne voit pas le criminel parce qu'il est _____derrière_____ l'arbre!

f. Est-ce que tu as mis les couteaux et les fourchettes _____sur_____ la table?

g. Pour réparer le moteur, mon oncle Albert est allé _____sous_____ la voiture.

h. Ils sont partis _____à_____ la montagne en juillet.

i. L'île de Tahiti est _____au milieu_____ de l'Océan Pacifique.

j. Ta chambre est à droite de l'escalier. Ma chambre est _____à gauche de_____ l'escalier.

2. Complete with *"à," "en," "au,"* or *"aux"*:

LA CUISINE INTERNATIONALE

Les spaghetti sont excellents _____en_____ Italie, et _____au_____ Japon, le poisson est délicieux. Quand je vais _____en_____ Suisse, je mange beaucoup de chocolat, mais _____en_____ Belgique, le chocolat est très bon aussi.

_____En_____ Hollande, vous pouvez manger du Gouda qui n'est pas un fromage fait _____en_____ France. Je recommande les fruits _____au_____ Brésil parce qu̶e̶ _____qu'en_____ Amérique du Sud, il y a beaucoup de soleil. Mangez du curry _____en_____ Inde et revenez _____aux_____ États-Unis pour manger un bon hamburger.

PRATIQUE DE L'ORAL
QUESTIONS PAR DEUX

These two sets of questions use grammatical structures and vocabulary from this lesson. Working with a partner, alternate asking and answering each question. When you get to the bottom of each list, start over at the top, switching roles. As a variation, write out the answers in complete sentences.

 A) Où est-ce que tu habites?

Pourquoi est-ce que c'est mal de fumer?

Pourquoi est-ce que ton prof de math est fou?

Comment est-ce que tu dépenses ton argent?

Quelle publicité est-ce que tu aimes à la télé?

Quel est ton compact préféré?

Dans quel pays est-ce qu'il y a des éléphants?

B) Comment est-ce que tu passes le week-end?

Où est la Tour Eiffel?

Quels vêtements est-ce qu'on porte quand on est un ado branché?

Quelle émission de télé est-ce que tu regardes souvent?

Tu dînes à quelle heure environ?

Dans quel pays est Montréal?

Quelle est la date de Halloween?

DIALOGUE

The following dialogue contains grammar and vocabulary that you've seen in this lesson and in the introductory section. After listening to the CD, read this dialogue aloud, alone or with friends. Afterwards, try to answer the questions that follow either aloud or in written form.

 LES AVENTURES DE RAPHAËL, ÉLISE ET "LE TIGRE"

SCÈNE SIX

Il est six heures moins dix du matin. Élise, "Le Tigre," Raphaël, Isabelle et Jacques attendent sur le quai devant un grand train Amtrak. Dans quelques minutes ils vont monter dans le train pour faire leur voyage à Chicago.

Le Tigre: Mon Dieu! Comme c'est tôt!

Élise: Tu as raison, Tigre. Il n'y a pas d'autre train, Raphaël?

Raphaël: Non. Ce train est parfait . . . Il va arriver à Chicago en vingt-cinq heures. Nous arrivons à six heures du matin.

Jacques: À six heures? Quelle horreur! Nous sommes fous!

Isabelle: Ne vous inquiétez pas. Nous pouvons dormir dans le train jusqu'à demain matin. Je sais qu'il y a tant de choses à faire à Chicago que nous n'aurons pas sommeil.

Raphaël: C'est vrai. *La Tour Sears* est la construction la plus haute du pays et le *Musée de la Science et l'Industrie* est un des meilleurs du monde.

Élise: En plus, on dit que le lac Michigan est très beau et Chicago a des plages splendides.

Le Tigre: J'ai faim. On sert le petit déjeuner dans le train?

Jacques: Mon Dieu, Tigre. C'est vrai ce que disent tes amis. Tu ne penses qu'à manger.

Ils rient tous. À ce moment, on entend une annonce.

La voix: Sur le quai Deux, le train pour Chicago est prêt au départ. Les voyageurs sont priés de monter dans le train. Attention au départ.

À ce moment l'homme à la moustache et la femme habillée en blanc arrivent sur le quai.

Élise: Tigre, Raphaël! Vous voyez ces deux personnes? Je crois que je les ai vues récemment dans un autre endroit.

Isabelle: Ça arrive souvent à New York, Élise. Après quelques jours, on croit connaître tout le monde. Allons-y, montons dans le train!

Le Tigre: Alors, moi, je crois qu' Élise a raison. Cet homme avec la moustache . . . je crois que c'est celui qui m'a volé mon sac à dos.

Isabelle: Quel homme? Celui avec la femme? Ah, je les ai vus à la cafétéria aussi.

L'homme à la moustache et la femme habillée en blanc commencent à s'approcher des jeunes.

Jacques: Les voilà! Que faire? On appelle la police?

Élise: J'ai mon portable.

Raphaël: Non, non. Il n'y a pas de temps. Montons dans le train.

Les cinq jeunes montent une seconde avant la fermeture des portes. On entend un sifflet et le train se met en marche.

Élise: Est-ce que vous savez si l'homme et la femme sont montés aussi?

Le Tigre: Non, je ne crois pas.

Élise: J'ai peur.

Isabelle: Ne t'inquiète pas. Il n'arrivera rien. Nous sommes cinq et ils ne sont que deux.

Jacques: En plus, nous allons à Chicago et ils restent à New York.

Dans une autre partie du train, l'homme à la moustache et la femme habillée en blanc s'asseyent.

L'homme: Quelle chance! Pour un peu nous rations le train!

La femme: Mais nous avons très bien sauté! Et maintenant, ils ne vont plus pouvoir nous échapper.

L'homme: Oui, ma chérie. Dans quelques heures nous leur ferons une visite. Pour le moment nous allons nous reposer un peu.

QUESTIONS

1) Quelle heure est-il quand la scène commence?

Il est six heures moins dix.

2) Où est-ce que les jeunes vont?

Ils vont à Chicago.

3) Le voyage dure combien d'heures?

Le voyage dure vingt-cinq heures.

4) Comment s'appelle la tour la plus haute des États-Unis?

La construction la plus haute s'appelle la Tour Sears.

5) Quel musée de Chicago est très célèbre?

Le Musée de la Science et de l'Industrie est très célèbre.

6) Qui arrive à ce moment sur le quai?

L'homme à la moustache et la femme habillée en blanc.

7) Ils vont appeler la police? Pourquoi?

Ils ne vont pas appeler la police parce qu'il n'y a pas de temps.

8) De qui est-ce qu'Élise a peur?

Elle a peur de l'homme et de la femme.

9) Qui parle à la fin de la scène? Où sont-ils?

L'homme à la moustache et la femme habillée en blanc parlent. Ils sont dans le train.

10) Qu'est-ce qu'ils vont faire dans quelques heures?

Ils vont faire une visite aux jeunes.

EXERCICES DE RÉVISION

1. Answer in complete sentences:

a. Est-ce que c'est bien de fumer à la bibliothèque?

Non, ce n'est pas bien de fumer à la bibliothèque.

b. Comment s'appelle la personne qui fait la discipline à l'école?

La personne qui fait la discipline à l'école s'appelle Monsieur (Madame) . . .

c. Est-ce que tu comprends les exercices que ton professeur de biologie a donnés?

Oui, je comprends les exercices que mon professeur de biologie a donnés.

d. De quel instrument de musique est-ce que tu joues?

Je joue du piano (du saxophone . . .).

e. Où est-ce qu'il y a beaucoup d'arbres?

Il y a beaucoup d'arbres dans un parc ou dans une forêt.

2. Change the following imperatives from the *"vous"* form to the *"tu"* form or from *"tu"* to *"vous"*:

Examples: Viens!   **Venez!**

              Regardez!   **Regarde!**

a. Parlez!   *Parle!*

b. Ne perdez pas ce billet!   *Ne perds pas ce billet!*

c. Finis le devoir!   *Finissez le devoir!*

d. Ne buvez pas d'alcool!   *Ne bois pas d'alcool!*

e. Sors!   *Sortez!*

f. Allez à la poste!   *Va à la poste!*

g. Écris ton nom!   *Écrivez votre nom!*

h. Ne mettez pas les doigts dans le nez!   *Ne mets pas les doigts dans le nez!*

3. **Put the verbs in the imperative, choosing the person according to the information given in the sentence:**

   a. _Enregistre_ ton nouveau CD! (enregistrer)

   b. _Allons_ chez nous! (aller)

   c. _Ne dors pas_ dans ta classe d'histoire! ([ne . . . pas] dormir)

   d. _Lisez_ vos lettres! (lire)

   e. _Prenons_ nos livres! (prendre)

   f. _Ne dépense pas_ tout ton argent! ([ne . . . pas] dépenser)

4. **Complete the following sentences with "qui" or "que" as necessary:**

   a. J'adore le groupe ____que____ tu as enregistré.

   b. Le garçon ____qui____ joue de la batterie a une grosse moustache.

   c. Ta cousine ____que____ j'ai vue au concert est très sympathique.

   d. Le premier homme ____qui____ est allé sur la lune s'appelle Armstrong.

   e. Lave toutes les chaussettes ____qui____ sont dans ta chambre!

   f. La réponse ____que____ tu as donnée est incorrecte.

   g. Où est le chien ____qui____ a mangé mon devoir d'anglais?

   h. François Hollande est le président ____que____ les Français ont choisi.

5. Complete the following sentences creatively:

a. Apolo Ohno est un sportif qui *est très rapide* .

b. Harry Potter est un personnage que *j'admire beaucoup* .

c. Bugs Bunny est un lapin qui *est très intelligent* .

d. Le riz est une nourriture qui *est blanche* .

e. J'aime beaucoup la chemise que *ma mère m'a achetée* .

f. Roméo et Juliette est une pièce de théâtre que *j'ai vue en DVD* .

6. Choose the correct preposition *(à, au, aux, en)***:**

a. _____*aux*_____ États-Unis   **e.** _____*en*_____ Italie

b. _____*au*_____ Portugal   **f.** _____*à*_____ Tokyo

c. _____*au*_____ Mexique   **g.** _____*en*_____ Corée

d. _____*à*_____ Baton Rouge   **h.** _____*à*_____ Montréal

7. Place one of the following prepositions in the sentences below *(à, au milieu, chez, dans, devant, en, entre, près, sous, sur)***. Use each preposition only once:**

a. Je ne peux pas voir le film parce qu'il y a un homme immense _____*devant*_____ moi.

b. Regarde! Il a un chapeau de cowboy _____*sur*_____ la tête.

c. Je vais passer une semaine _____*chez*_____ mon excellent ami Gilbert.

d. Je déteste nager _____*sous*_____ l'eau parce que l'eau entre dans mon nez!

e. Je suis _____*entre*_____ mes amis: Elizabeth est à ma gauche et Robert est à ma droite.

f. Cap Haïtien est _____ près _____ de la mer. On va à la plage facilement.

g. La pupille est _____ au milieu _____ de l'œil.

h. Il y a un beau mariage _____ à _____ l'église aujourd'hui.

i. Je me lave _____ dans _____ la baignoire.

j. _____ En _____ Chine, on parle chinois.

8. The following story contains six errors. Underline each error and write the correction above it:

>   qui
> *Madame Zigopuce est une mère adorable que a quatre enfants.*
>
>   mange
> *Elle dit:* ◆ *"Adeline, manges ta soupe et bois ton verre de lait!"*
>
>   mangez
> ◆ *"Paul et Jacques ne pas parlez quand vous manger!"*
>
>   Faites
> ◆ *"Les filles! Faisez vos lit immédiatement!"*
>
>   sors
> ◆ *"Marion, sort le chien dans le jardin!"*
>
> ◆ *"Et maintenant, allons nous coucher!"*
>
> *Quelle vie!*

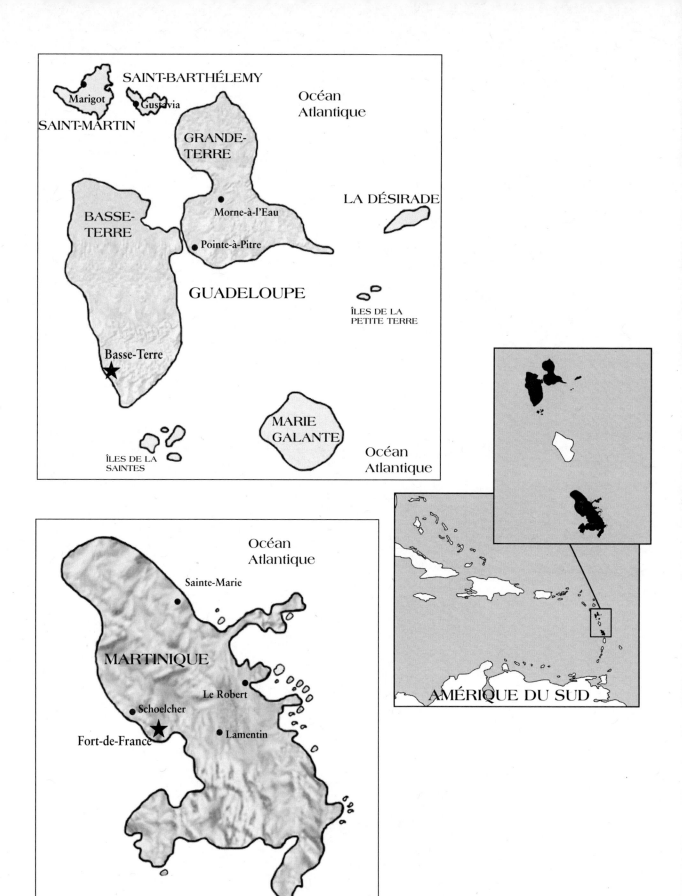

LA MARTINIQUE & LA GUADELOUPE

LA MARTINIQUE

Capitale:	Fort-de-France
Population:	410.000
Gouvernement:	Département d'outre-mer
Chef d'état:	Gouverné par le président français (François Hollande)
Monnaie:	Euro
Langues:	Français, créole (langues officielles)
Ressources:	Ananas, bananes, palmes, rhum, sucre, tourisme
Musique/Danse:	Limbo, steel band, "zouk"
Principales richesses touristiques:	La Montagne Pelée (volcan), plages, Les Trois Îlets, lieu de naissance de l'impératice Joséphine, première femme de Napoléon Bonaparte)
Cuisine:	Conques, curry, épices exotiques de tradition française, Franco-Caribéenne, fruits de mer, indienne et africaine, langoustes, "planteur" (jus de fruits et rhum), poissons

MARTINIQUAIS CÉLÈBRES:

Joséphine Bonaparte
(IMPERÉRATRICE)

Aimé Césaire
(ÉCRIVAIN ET HOMME POLITIQUE)

Patrick Chamoiseau
(ÉCRIVAIN)

Le Père Labat
(PRÊTRE)

Ronny Turiaf
(JOUEUR DE BASKET)

LA GUADELOUPE

Capitale:	Basse-Terre
Population:	410.000
Gouvernement:	Département d'outre-mer (République française)
Chef d'état:	Gouverné par le président français (François Hollande)
Monnaie:	Euro
Langues:	Français, créole (langues officielles)
Ressources:	Bananes, cacao, café, rhum, sucre, tourisme, vanille
Musique/Danse:	Biguine (danse créole), disco, Ken'nida (groupe musical), percussions, "zouk"
Principales richesses touristiques:	Fête des Cuisinières, forêts, plages, Parc National de Guadeloupe, Ste. Marie de Capesterre (Christophe Colomb y a débarqué)
Cuisine:	Cabri, columbo, conques, Française-créole, langoustes, oursins, punch au rhum, tortues

GUADELOUPÉENS CÉLÈBRES:

Dany Bébel
(SOCIOLOGUE)

Maryse Condé
(ÉCRIVAINE)

Alexis Leger («Saint-John Perse»)
(POÈTE ET DIPLOMATE)

Mickaël Pietrus
(JOUER DE BASKET)

Simone Schwarz-Bart
(ÉCRIVAINE)

Marius Trésor
(FOOTBALLEUR)

VOCABULAIRE LEÇON DOUZE

TRACK 23 · DISC 2

THEME WORDS: "HIGH TECH"

l' *appareil photo (m.)*	camera
l' *aspirateur (m.)*	vacuum cleaner
le *congélateur*	freezer
le *courrier électronique*, le *mail*, *l'e-mail*	e-mail
le *four*	oven
le *four à micro-ondes*	microwave oven
l' *imprimante (f.)*	printer
le *lave-linge*	washing machine
le *lave-vaisselle*	dishwasher
la *machine*	machine
le *moteur*	engine
le *portable*	cell phone
la *radio*	radio
le *réfrigérateur*	refrigerator
le *répondeur*	answering machine

OTHER NOUNS

l' *ascenseur (m.)*	elevator
l' *autoroute (f.)*	highway, freeway
la *banlieue*	suburbs
la *boutique*	shop
la *carotte*	carrot
la *couleur*	color
le *couloir*	hallway
les *épinards (m.)*	spinach
la *faute*	mistake
le *maïs*	corn
le *monde*	world
le *morceau*	piece
la *raquette*	racquet
la *route*	road

VERBS

faire attention à	to pay attention
oublier	to forget
utiliser	to use
voler	to steal, to fly

ADJECTIVES

amoureux (de)/ amoureuse (de)	in love (with)
paresseux/ paresseuse	lazy
pressé/pressée	in a hurry
timide	shy

MISCELLANEOUS

contre	against
tout à coup	suddenly
tout droit	straight ahead

LEÇON DOUZE

KEY GRAMMAR CONCEPTS

A) THE FUTURE → *Le futur*

B) USES OF "ON" → *Utilisation de "on"*

C) USES OF "TOUT" → *Utilisations de "tout"*

A) THE FUTURE

Back in *Leçon Huit,* you studied the immediate future tense, which describes what will happen very soon. You will now learn the **true future**, a tense that reports events that will occur both in the near and faraway future.

It is quite easy to form the future of regular verbs.

◆ For **-ER** and **-IR** verbs (such as *parler* and *finir*), the infinitive is the stem to which you add the future endings.

◆ For **-RE** verbs (such as *entendre*), just take off the final *"e,"* and you are left with the "stem" for building the future.

Therefore, the stems for our model verbs are *parler-, finir-, entendr-*.

To these stems we need to add the following endings to form the future tense:

-ai	-ons
-as	-ez
-a	-ont

PARLER	FINIR	ENTENDRE
je parlerai	je finirai	j'entendrai
tu parleras	tu finiras	tu entendras
elle parlera	il finira	elle entendra
nous parlerons	nous finirons	nous entendrons
vous parlerez	vous finirez	vous entendrez
ils parleront	elles finiront	elles entendront

✠ **EXAMPLES:** *Elle **prendra** l'autoroute pour aller à Marseille.*
She will take the highway to go to Marseille.

*Je **regarderai** The Office ce soir.*
I will watch *The Office* tonight.

*Nous **choisirons** un très petit portable.*
We will choose a very small cellphone.

*Tu **écouteras** la météo à la radio.*
You will listen to the weather report on the radio.

*Ils **écriront** un message sur mon iPad.*
They will write a message on my iPad.

There are a number of irregular verbs in the future, and their stems must be memorized.
The good news, however, is that the endings for these verbs are the same as for regular verbs.

Here are a few verbs with irregular future stems:

aller → ***ir-***		*pouvoir* → ***pourr-***	
avoir → ***aur-***		*savoir* → ***saur-***	
devoir → ***devr-***		*venir* → ***viendr-***	
être → ***ser-***		*voir* → ***verr-***	
faire → ***fer-***		*vouloir* → ***voudr-***	

✠ **EXAMPLES:** *Quand tu **verras** ton courriel, tu **seras** surpris.*
When you see your e-mail, you will be surprised.

*Ma mère **aura** quarante ans demain.*
My mother will be forty years old tomorrow.

*Tu **pourras** mettre le gâteau dans le four.*
You will be able to put the cake in the oven.

*La semaine prochaine, ils **iront** en Guadeloupe.*
Next week they will go to Guadeloupe.

*Ce soir, ils **devront** mettre les assiettes dans le lave-vaisselle.*
Tonight, they will have to put the plates in the dishwasher.

EXERCICES

1. Conjugate the following verbs fully in the future:

croire	faire	gagner
je croirai	je ferai	je gagnerai
tu croiras	tu feras	tu gagneras
elle croira	il fera	elle gagnera
nous croirons	nous ferons	nous gagnerons
vous croirez	vous ferez	vous gagnerez
ils croiront	elles feront	ils gagneront

rougir	vendre	avoir
je rougirai	je vendrai	j'aurai
tu rougiras	tu vendras	tu auras
il rougira	elle vendra	il aura
nous rougirons	nous vendrons	nous aurons
vous rougirez	vous vendrez	vous aurez
elles rougiront	ils vendront	elles auront

2. Complete the following sentences with the correct future form of the verb in parentheses:

a. Quand est-ce que tu _____*iras*_____ dans les magasins pour acheter un nouveau réfrigérateur? (aller)

b. Est-ce qu'ils _____*utiliseront*_____ leur appareil photo pendant les vacances? (utiliser)

c. Demain je _____*devrai*_____ passer l'aspirateur dans le séjour. (devoir)

d. Est-ce que vous _____*réparerez*_____ mon lave-vaisselle? (réparer)

e. Je ne _____serai_____ pas chez moi vendredi, mais tu

_____pourras_____ laisser un message sur le répondeur. (être/pouvoir)

f. Quand nous _____viendrons_____ chez toi, est-ce que nous

_____prendrons_____ l'autoroute? (venir/prendre)

g. Ils _____gagneront_____ certainement le match samedi prochain.
(gagner)

h. Je pense qu'elle _____choisira_____ la raquette noire. (choisir)

i. Si ce petit garçon mange cet énorme morceau de gâteau, il

_____aura_____ mal à l'estomac. (avoir)

j. Si tu n'étudies pas, tu ne _____sauras_____ pas répondre aux
questions. (savoir)

B) Uses of "On"

When you don't know who is doing an action, when it doesn't matter who precisely is doing it, or if you are speaking in general, you will use the **indefinite pronoun** *"on."*

In the following example you are not speaking about anyone in particular. You are just giving directions to anyone who makes a cake.

EXAMPLE: *Quand **on** fait un gâteau, **on** utilise le four.*
          When you make a cake, you use the oven.

In this next example, "they" is not specific; it means "the administration" or "the teachers."

EXAMPLE: *A l'école, **on** nous oblige à étudier les langues.*
          At school they make us study languages.

After looking at a few more examples, you will quickly understand this very easy construction. With *"on,"* the verb is always in the 3rd person singular (the same way as after *"il"* and *"elle"*).

 **EXAMPLES:** *À la Martinique, **on** parle français.*

In Martinique, they speak (one speaks) French.

Note: *"On"* can be translated as "one," "they," "people" or "you" in general.

*Quand **on** habite en banlieue, **on** passe beaucoup de temps dans les transports publics.*

When you live in the suburbs, you spend (one spends) a lot of time on public transportation.

***On** joue au ping-pong avec une raquette.*

You play ping-pong with a paddle.

*Au New Hampshire **on** ne paie pas de taxe dans les magasins.*

In New Hampshire, they don't pay (one doesn't pay) taxes in stores.

 # EXERCICES

1. Translate the following sentences into English:

a. Quand on mange des épinards, on a des muscles comme Popeye!

When you (one) eat(s) spinach, you (one) have (has) muscles like Popeye!

b. Au Sénégal, on parle wolof.

In Sénégal, they speak Wolof.

c. Quand on est sur l'autoroute, on va vite.

When you are on the highway, you go fast.

d. Dans les Caraïbes, on peut nager toute l'année.

In the Caribbean, you can swim all year around.

e. Si on a mal aux dents, on va chez le dentiste.

If you have a toothache, you go to the dentist.

f. À New York, on est toujours pressé.

In New York, they are always in a hurry.

2. Translate the sentences into French. ATTENTION! **Remember, these are general statements in which the particular person/people are unknown or don't matter.**

a. On the radio, they say that the Yankees will win.

A la radio, on dit que les Yankees gagneront.

b. When the weather is nice, you go to the beach.

Quand il fait beau, on va à la plage.

c. If you buy ice cream, you put it in the freezer.

Si on achète de la glace, on la met dans le congélateur.

d. In Guadeloupe they drink punch.

À la Guadeloupe, on boit du punch.

e. When you steal, you go to prison.

Quand on vole, on va en prison.

C) USES OF "TOUT"

Tout is a versatile word that can be used in several ways.

1 **As an adjective it means "all" or "the whole."**
Tout, like all adjectives in French, changes according to the gender and number of the noun it modifies. The forms are somewhat irregular, so be sure to learn them.

	MASCULINE	FEMININE
Singular	*tout*	*toute*
Plural	*tous*	*toutes*

EXAMPLES: *Toute la famille dîne ensemble.*
The whole family eats dinner together.

Regardez toutes les fautes que vous avez faites!
Look at all the mistakes that you made!

Tous les élèves ont compris l'explication du professeur.
All the students understood the teacher's explanation.

*Nous regarderons **tout** le championnat à la télévision.*
We will watch the whole championship on television.

*Je connais **toutes** les rues de ma petite ville.*
I know all the streets of my little town.

2 As an indefinite pronoun it means "everything." (In this case, there is only one form!)

EXAMPLES: *Je comprends **tout**.*
I understand everything.

*Mon grand-père oublie **tout**.*
My grandfather forgets everything.

3 There are also many common expressions based on the word *"tout."*

tout à coup	→	all of a sudden, suddenly
tout droit	→	straight ahead
tout le monde	→	everyone, everybody
tout de suite	→	right away
tout le temps	→	all the time
À tout à l'heure	→	See you later.

 # EXERCICES

1. Complete the following sentences with the correct form of *"tout"*:

a. Le lapin a mangé ___toutes___ les carottes.

b. Parce que Roméo est amoureux de Juliette, il lui dit: "Je t'aimerai

___toute___ ma vie."

c. Bernard a dormi pendant ___tout___ le concert.

d. Je vais inviter ___tous___ mes amis au pique-nique.

e. Mon copain passe ___tout___ son temps à écouter *Víctor Manuelle*.

f. J'ai corrigé ___toutes___ mes fautes.

g. Chez nous, le lave-linge fonctionne ___tout___ le temps.

h. Nous ne comprenons pas _____tous_____ les Français quand ils parlent.

i. Utilise _____tous_____ les nouveaux mots de vocabulaire.

j. Est-ce que vous avez regardé _____toute_____ la série de *CSI*?

2. Translate into French:

a. Why do you work all the time?

Pourquoi est-ce que tu travailles tout le temps?

b. Suddenly I heard the violin.

Tout à coup j'ai entendu le violon.

c. The dog ate the whole cake.

Le chien a mangé tout le gâteau.

d. I will invite all my friends and all my family to my party.

J'inviterai tous mes amis et toute ma famille à ma fête.

PRATIQUE DE L'ORAL
QUESTIONS PAR DEUX

These two sets of questions use grammatical structures and vocabulary from this lesson. Working with a partner, alternate asking and answering each question. When you get to the bottom of each list, start over at the top, switching roles. As a variation, write out the answers in complete sentences.

A) Qu'est-ce que tu feras ce soir?

Où est-ce que tu passeras les vacances d'été?

Est-ce que tu dépenses tout ton argent?

Quel âge ont les ados?

Il est environ quelle heure?

Qu'est-ce qu'on ne met jamais dans un lave-vaisselle?

Qu'est-ce qu'on parle en Italie?

B) Où est-ce que tu iras après l'école?

Qu'est-ce qu'on met dans le congélateur?

Quel travail feras-tu pendant l'été?

De quelle couleur est le maïs?

Pour quels sports est-ce qu'on utilise une raquette?

Qui enseigne le français dans ton école?

Quand est-ce qu'on utilise un portable?

EXERCICES DE RÉVISION

1. Conjugate the following verbs fully in the future:

permettre	pouvoir	devoir
je permettrai	je pourrai	je devrai
tu permettras	tu pourras	tu devras
il permettra	elle pourra	il devra
nous permettrons	nous pourrons	nous devrons
vous permettrez	vous pourrez	vous devrez
elles permettront	ils pourront	elles devront

être (negative)	choisir
je ne serai pas	je choisirai
tu ne seras pas	tu choisiras
il ne sera pas	elle choisira
nous ne serons pas	nous choisirons
vous ne serez pas	vous choisirez
elles ne seront pas	ils choisiront

2. In the sentences below, insert the correct future form of the verb in parentheses:

a. Le président _____devra_____ aller en Chine la semaine prochaine. (devoir)

b. Si tu vas à Rio, tu _____danseras_____ la samba sur la plage, mais si

tu vas à Buenos Aires, tu _____pourras_____ danser le tango! (danser/pouvoir)

c. Quand ils iront au concert ce soir, ils _____verront_____ Lil Wayne. (voir)

d. En France, nous _____visiterons_____ la cathédrale de Chartres. (visiter)

e. Vous _____boirez_____ du champagne au mariage de Véronique et Ferdinand. (boire)

f. Cet été, ✗_____j'irai_____ en Indonésie et tu _____iras_____ en Afrique du Sud. (aller/aller)

g. Est-ce qu'il _____trouvera_____ une imprimante pour son ordinateur? (trouver)

h. Les étudiants _____sortiront_____ dans le couloir quand la classe sera finie. (sortir)

i. Pour monter au troisième étage, vous _____prendrez_____ l'escalier ou l'ascenseur. (prendre**)**

j. Les bons étudiants _____sauront_____ répondre correctemente à toutes les questions. (savoir)

3. Translate the following sentences into French using "on":

a. In Japan, they eat a lot of fish.

Au Japon, on mange beaucoup de poisson.

b. When one goes to a wedding, one gives a present.

Quand on va à un mariage, on donne un cadeau.

c. You never smoke in a hospital.

On ne fume jamais dans un hôpital.

d. On TV they often show old movies.

A la télévision, on passe souvent de vieux films.

e. When you are in love, you are happy.

Quand on est amoureux, on est heureux.

4. Complete the following sentences with a logical ending:

a. Aux États-Unis, on _parle anglais_ .

b. Quand on a soif, on _boit de l'eau_ .

c. Si on fait beaucoup de fautes, _on doit les corriger_ .

d. En été, on _va à la piscine_ .

e. Quand il pleut, on _ne joue pas dans le parc_ .

5. Place one of the following appropriate expressions in the sentences below (*tout à coup, tout de suite, tout droit, tout le temps, tout le monde*)**. Use each expression at least once:**

a. Je faisais du ski et _tout à coup_ l'avalanche a commencé.

b. Vous sortez dans le couloir et vous allez _tout droit_ pour trouver les toilettes.

c. *Quel week-end horrible! Il pleut* _tout le temps_ .

d. *Nous avons été surpris quand* _tout à coup_ *le directeur est entré dans la classe.*

e. _Tout le monde_ aime le chocolat? –Non, pas moi!

f. Ils sont très bons; ils aiment _tout le monde_ .

g. Les enfants! Le dîner est prêt! Venez _tout de suite_ !

h. Je rentre dans une heure. _À tout à l'heure_ !

6. In the sentences below, insert the correct form of *"tout"*:

a. _Toute_ l'équipe part au Canada pour un match de hockey.

b. Je mange un sandwich à midi _tous_ les jours.

c. Fais _tous_ les exercices, sinon le professeur sera furieux.

d. A la fête, _____ toutes _____ les filles sont belles.

e. Nous avons adoré _____ tout _____ le spectacle de danse moderne.

f. _____ Tout _____ le café est tombé par terre.

g. _____ Tous _____ les trains passent à la gare de mon village.

h. Pétronille a mis _____ toutes _____ les chaussettes vertes dans le lave-linge.

i. Quelle catastrophe, j'ai _____ tout _____ oublié: les dates, les noms des présidents et les capitales des villes d'Europe.

j. Regarde, le bébé a mangé _____ toute _____ la soupe!

7. The following paragraph contains six errors. Underline each error and write the correct word above it:

serons
Samedi prochain nous seront en vacances. Je partirai avec toute

tous
ma famille au Sénégal. C'est un très beau pays où touts les animaux sont

prendra
exotiques. Mon petit frère prendrera des photos avec son appareil photo.

peut
Il y a des grandes plages où on peuvent nager. Il fera très chaud et nous

boirons
buveront beaucoup de thé. Nous mangerons aussi tous les fruits qui

poussent sur les grands arbres. Moi, j'adore les mangues. Quand nous

reviendrons
revenirons, nous serons très bronzés et contents.

CONJUGAISONS DE PARLER, CHOISIR, VENDRE

CONJUGATIONS OF PARL<u>ER</u>, CHOIS<u>IR</u> AND VEND<u>RE</u>

	PRÉSENT (present) (I speak, etc.)		
je (I)	je parle	je choisis	je vends
tu (you)	tu parles	tu choisis	tu vends
il, elle, on (he, she, one)	il parle	il choisit	il vend
nous (we)	nous parlons	nous choisissons	nous vendons
vous (you)	vous parlez	vous choisissez	vous vendez
ils, elles (they)	ils parlent	ils choisissent	ils vendent

IMPARFAIT (imperfect) (I used to speak, I was speaking, etc.)		
je parlais	je choisissais	je vendais
tu parlais	tu choisissais	tu vendais
il parlait	il choisissait	il vendait
nous parlions	nous choisissions	nous vendions
vous parliez	vous choisissiez	vous vendiez
ils parlaient	ils choisissaient	ils vendaient

PASSÉ COMPOSÉ (past tense) (I spoke, etc.)		
j'ai parlé	j'ai choisi	j'ai vendu
tu as parlé	tu as choisi	tu as vendu
il a parlé	il a choisi	il a vendu
nous avons parlé	nous avons choisi	nous avons vendu
vous avez parlé	vous avez choisi	vous avez vendu
ils ont parlé	ils ont choisi	ils ont vendu

FUTUR (future) (I will speak, etc.)		
je parlerai	je choisirai	je vendrai
tu parleras	tu choisiras	tu vendras
il parlera	il choisira	il vendra
nous parlerons	nous choisirons	nous vendrons
vous parlerez	vous choisirez	vous vendrez
ils parleront	ils choisiront	ils vendront

	IMPÉRATIF (imperative) (Speak!, etc.)		
tu (you)	Parle!	Choisis!	Vends!
nous (we)	Parlons!	Choisissons!	Vendons!
vous (you)	Parlez!	Choisissez!	Vendez!

PARTICIPE PASSÉ (past participle) (spoken, etc.)		
parlé	choisi	vendu

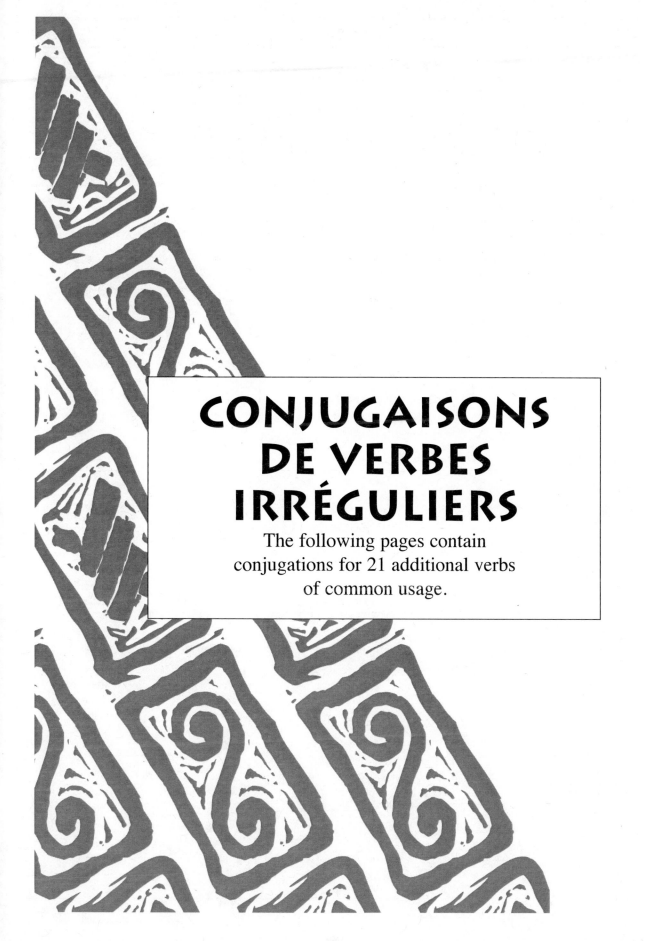

CONJUGAISONS DE VERBES IRRÉGULIERS

The following pages contain conjugations for 21 additional verbs of common usage.

ALLER (to go)

participe passé	présent	imparfait	passé composé	futur
allé	je vais	allais	suis allé(e)	irai
	tu vas	allais	es allé(e)	iras
	il/elle va	allait	est allé(e)	ira
	nous allons	allions	sommes allé(e)s	irons
	vous allez	alliez	êtes allé(e)(s)	irez
	ils/elles vont	allaient	sont allé(e)s	iront

AVOIR (to have)

participe passé	présent	imparfait	passé composé	futur
eu	j'ai	avais	ai eu	aurai
	tu as	avais	as eu	auras
	il/elle a	avait	a eu	aura
	nous avons	avions	avons eu	aurons
	vous avez	aviez	avez eu	aurez
	ils/elles ont	avaient	ont eu	auront

CONDUIRE (to drive)

participe passé	présent	imparfait	passé composé	futur
conduit	je conduis	conduisais	ai conduit	conduirai
	tu conduis	conduisais	as conduit	conduiras
	il/elle conduit	conduisait	a conduit	conduira
	nous conduisons	conduisions	avons conduit	conduirons
	vous conduisez	conduisiez	avez conduit	conduirez
	ils/elles conduisent	conduisaient	ont conduit	conduiront

CONNAÎTRE (to know)

participe passé	présent	imparfait	passé composé	futur
connu	je connais	connaissais	ai connu	connaîtrai
	tu connais	connaissais	as connu	connaîtras
	il/elle connaît	connaissait	a connu	connaîtra
	nous connaissons	connaissions	avons connu	connaîtrons
	vous connaissez	connaissiez	avez connu	connaîtrez
	ils/elles connaissent	connaissaient	ont connu	connaîtront

CROIRE (to believe)

participe passé	présent	imparfait	passé composé	futur
cru	je crois	croyais	ai cru	croirai
	tu crois	croyais	as cru	croiras
	il/elle croit	croyait	a cru	croira
	nous croyons	croyions	avons cru	croirons
	vous croyez	croyiez	avez cru	croirez
	ils/elles croient	croyaient	ont cru	croiront

DEVOIR (to have to, to be obliged to)

participe passé	présent	imparfait	passé composé	futur
dû	je dois	devais	ai dû	devrai
	tu dois	devais	as dû	devras
	il/elle doit	devait	a dû	devra
	nous devons	devions	avons dû	devrons
	vous devez	deviez	avez dû	devrez
	ils/elles doivent	devaient	ont dû	devront

INDICATIF

DIRE (to say)

participe passé	présent	imparfait	passé composé	futur
dit	je dis	disais	ai dit	dirai
	tu dis	disais	as dit	diras
	il/elle dit	disait	a dit	dira
	nous disons	disions	avons dit	dirons
	vous dites	disiez	avez dit	direz
	ils/elles disent	disaient	ont dit	diront

ÉCRIRE (to write)

participe passé	présent	imparfait	passé composé	futur
écrit	j'écris	écrivais	ai écrit	écrirai
	tu écris	écrivais	as écrit	écriras
	il/elle écrit	écrivait	a écrit	écrira
	nous écrivons	écrivions	avons écrit	écrirons
	vous écrivez	écriviez	avez écrit	écrirez
	ils/elles écrivent	écrivaient	ont écrit	écriront

ÊTRE (to be)

participe passé	présent	imparfait	passé composé	futur
été	je suis	étais	ai été	serai
	tu es	étais	as été	seras
	il/elle est	était	a été	sera
	nous sommes	étions	avons été	serons
	vous êtes	étiez	avez été	serez
	ils/elles sont	étaient	ont été	seront

FAIRE (to do, to make)

participe passé	présent	imparfait	passé composé	futur
fait	je fais	faisais	ai fait	ferai
	tu fais	faisais	as fait	feras
	il/elle fait	faisait	a fait	fera
	nous faisons	faisions	avons fait	ferons
	vous faites	faisiez	avez fait	ferez
	ils/elles font	faisaient	ont fait	feront

LIRE (to read)

participe passé	présent	imparfait	passé composé	futur
lu	je lis	lisais	ai lu	lirai
	tu lis	lisais	as lu	liras
	il/elle lit	lisait	a lu	lira
	nous lisons	lisions	avons lu	lirons
	vous lisez	lisiez	avez lu	lirez
	ils/elles lisent	lisaient	ont lu	liront

METTRE (to put)

participe passé	présent	imparfait	passé composé	futur
mis	je mets	mettais	ai mis	mettrai
	tu mets	mettais	as mis	mettras
	il/elle met	mettait	a mis	mettra
	nous mettons	mettions	avons mis	mettrons
	vous mettez	mettiez	avez mis	mettrez
	ils/elles mettent	mettaient	ont mis	mettront

OUVRIR (to open)

participe passé	présent	imparfait	passé composé	futur
ouvert	j'ouvre	ouvrais	ai ouvert	ouvrirai
	tu ouvres	ouvrais	as ouvert	ouvriras
	il/elle ouvre	ouvrait	a ouvert	ouvrira
	nous ouvrons	ouvrions	avons ouvert	ouvrirons
	vous ouvrez	ouvriez	avez ouvert	ouvrirez
	ils/elles ouvrent	ouvraient	ont ouvert	ouvriront

PARTIR (to leave, to go away)

participe passé	présent	imparfait	passé composé	futur
parti	je pars	partais	suis parti(e)	partirai
	tu pars	partais	es parti(e)	partiras
	il/elle part	partait	est parti(e)	partira
	nous partons	partions	sommes parti(e)s	partirons
	vous partez	partiez	êtes parti(e)(s)	partirez
	ils/elles partent	partaient	sont parti(e)s	partiront

POUVOIR (to be able to)

participe passé	présent	imparfait	passé composé	futur
pu	je peux, puis	pouvais	ai pu	pourrai
	tu peux	pouvais	as pu	pourras
	il/elle peut	pouvait	a pu	pourra
	nous pouvons	pouvions	avons pu	pourrons
	vous pouvez	pouviez	avez pu	pourrez
	ils/elles peuvent	pouvaient	ont pu	pourront

PRENDRE (to take)

participe passé	présent	imparfait	passé composé	futur
pris	je prends	prenais	ai pris	prendrai
	tu prends	prenais	as pris	prendras
	il/elle prend	prenait	a pris	prendra
	nous prenons	prenions	avons pris	prendrons
	vous prenez	preniez	avez pris	prendrez
	ils/elles prennent	prenaient	ont pris	prendront

SAVOIR (to know)

participe passé	présent	imparfait	passé composé	futur
su	je sais	savais	ai su	saurai
	tu sais	savais	as su	sauras
	il/elle sait	savait	a su	saura
	nous savons	savions	avons su	saurons
	vous savez	saviez	avez su	saurez
	ils/elles savent	savaient	ont su	sauront

TENIR (to hold)

participe passé	présent	imparfait	passé composé	futur
tenu	je tiens	tenais	ai tenu	tiendrai
	tu tiens	tenais	as tenu	tiendras
	il/elle tient	tenait	a tenu	tiendra
	nous tenons	tenions	avons tenu	tiendrons
	vous tenez	teniez	avez tenu	tiendrez
	ils/elles tiennent	tenaient	ont tenu	tiendront

INDICATIF

VENIR (to come)

participe passé	présent	imparfait	passé composé	futur
venu	je viens	venais	suis venu(e)	viendrai
	tu viens	venais	es venu(e)	viendras
	il/elle vient	venait	est venu(e)	viendra
	nous venons	venions	sommes venu(e)s	viendrons
	vous venez	veniez	êtes venu(e)(s)	viendrez
	il/elles viennent	venaient	sont venu(e)s	viendront

VOIR (to see)

participe passé	présent	imparfait	passé composé	futur
vu	je vois	voyais	ai vu	verrai
	tu vois	voyais	as vu	verras
	il/elle voit	voyait	a vu	verra
	nous voyons	voyions	avons vu	verrons
	vous voyez	voyiez	avez vu	verrez
	il/elles voient	voyaient	ont vu	verront

VOULOIR (to want)

participe passé	présent	imparfait	passé composé	futur
voulu	je veux	voulais	ai voulu	voudrai
	tu veux	voulais	as voulu	voudras
	il/elle veut	voulait	a voulu	voudra
	nous voulons	voulions	avons voulu	voudrons
	vous voulez	vouliez	avez voulu	voudrez
	il/elles veulent	voulaient	ont voulu	voudront

DICTIONNAIRE
FRANÇAIS-ANGLAIS

DICTIONNAIRE FRANÇAIS-ANGLAIS

A

à . . . . .at, to
à côté de . . . . .next to
à droite . . . . .to the right
à gauche . . . . .to the left
à l'aise . . . . . .comfortable (for people)
à l'étranger . . . . .abroad
à travers . . . . .across
abandonner . . . . .to abandon
abîmer . . . . .to damage, to ruin
aboyer .to bark
absent . . . . .absent
accident (l') (m.) . . . . .accident
accompagner . . . . .to accompany
accuser . . . . .to accuse
acheter .to buy
acquérir . . . . .to acquire
acteur/actrice (un/une) . . . .actor/actress
actif/active . . . . .active
actuel/actuelle . . . . .current
addition (l') (f.) . .bill (e.g., in a restaurant)
admettre . . . . .to admit
admirateur/admiratrice (un/une) admirer
adolescent/adolescente (l')
    (l'ado) (m./f.) . . . . .teenager
adorer .to adore
adresse (l') (f.) . . . . .address
adversaire (l') (m./f.) . . . . . . .opponent
adverse . . . . .opposite
aéroport (l') (m.) . . . . .airport
affaires (les) (f.) . . . . .things,
                        belongings, business
affection (l') (f.) . . . . .affection
affectueux/affectueuse . . . . .affectionate
affiche (l') (f.) . . . . .poster
affreusement . . . . .terribly
affreux/affreuse . . . . .horrible
agaçant/agaçante . . . . .annoying
agacé/agacée . . . . .annoyed
âgé/âgée . . . . .old
âge (l') (m.) . . . . .age
agence de voyages (l') (f.)
    . . . . .travel agency
agent de police (l') (m.),
    (un/une) policier/policière . . .policeman
agneau (l') (m.) . . . . .lamb
aider . . . . .to help
aigu/aiguë . . . . .sharp
ail (l') (m.) . . . . .garlic
aile (l') (f.) . . . . .wing
aimable . . . . .pleasant
aimer . . . . .to like, to love
aimer mieux . . . . .to prefer
ajouter .to add
alcool (l') (m.) . . . . .alcohol
algèbre (l') (f.) . . . . .algebra

aller . . . . .to go
aller à bicyclette . . . . .to ride a bicycle
    (faire du vélo)
aller à l'étranger . . . . .to go abroad
aller à la campagne . .to go to the country
aller à la montagne . . . . . . .to go to the
                                    mountains
aller à pied . . . . .to walk
aller en avion . . . . .to fly
aller en train . . . . .to take a train
aller en voiture . . . . .to drive
aller au bord de la mer . . . .to go to the
                                    seaside
aller-retour (l') (m.) . . .round trip ticket
aller simple (l') (m.) . . . . .one way ticket
aller voir . . . . .to visit someone
allumer . . . . .to light,
                    to turn on (electricity)
alors . . . . .then
amant/amante (l') (m./f.) . . . . . .lover
ambition (l') (f.) . . . . .ambition
amer/amère . . . . .bitter
ami/amie (l') (m./f.) . . . . .friend
amitié (l') (f.) . . . . .friendship
amour (l') (m.) . . . . .love
amoureux/amoureuse . . . . .in love
amoureux/ . . . . .in love (with)
    amoureuse (de)
ampoule (une) . . . . .a light bulb
amusant/amusante . . . . .amusing
amuser . . . . to amuse
amuser (s') . . . . . . .to enjoy, to have
                                    a good time
analyste (un/une) . . . . .analyst
ananas (l') (m.) . . . . pineapple
ancien/ancienne . . . . . . .ancient, old
anglais/anglaise . . . . .English
ange (l') (m.) . . . . .angel
animation . . . . . .animation, excitement
année (l') (f.) . . . . .year
anniversaire (l') (m.) . . . . .birthday,
                                    anniversary
annoncer . . . . .to announce
antipathique . . .unattractive (as a person)
août .August
apparaître . . . . .to appear
appareil (l') (m.) . . . . .machine
appareil photo (l') (m.) . . . . . .camera
appartement (l') (m.) . . . . . . .apartment
appartenir à . . . . .to belong to
appeler . . . . .to call
appeler (s') . . . . .to be called
applaudissement (l') (m.) . . . .applause
applaudir . . . . .to applaud
apporter . . . . .to bring
apprendre par cœur . . . .to learn by heart
appuyer (s') . . . . .to lean

après . . . . .after
après-midi (l') (m./f.) . . . . . . .afternoon
arbitre (l') (m.) . . . . .referee
arbre (l') (m.) . . . . .tree
architecte (un/une) . . . . .architect
argent (l') (m.) . . . . .money
arracher . . . . . . .to tear out, to pull out
arrêter .to stop
arrière-grand-mère
    (l') (f.) . . . . .great-grandmother
arrière-grand-père
    (l') (m.) . . . . .great-grandfather
arrivée (l') (f.) . . . . .arrival
arriver . . . . .to arrive, to happen
arrogant/arrogante . . . . .arrogant
art (l') (m.) . . . . .art
artichaut (l') (m.) . . . . .artichoke
ascenseur (l') (m.) . . . . .elevator
asperge (l') (f.) . . . . .asparagus
aspirateur (l') (m.) . . . . .vacuum cleaner
asseoir .to sit
asseoir (s') . . . . .to sit down
assez (de) . . . . .enough
assiette (l') (f.) . . . . .plate
assis . . . . .seated
assister à . . . . .to attend
associer . . . . .to associate
attacher . . . . .to attach, to tie
attaquer . . . . .to attack
atteindre . . . . .to reach
attendre . . . . .to wait for
attendre à (s') . . . . .to expect
attentif/attentive . . . . .attentive
attirer . . . . .to attract
attitude (l') (f.) . . . . .attitude
attraper . . . . .to catch
au milieu de . . . . .in the middle of
au-dessous de . . . . .below
aube (l') (f.) . . . . .dawn
aubergine (l') (f.) . . . . .eggplant
aucun/aucune (adj.) . . . . .no
augmenter . . . . .to increase
aujourd'hui . . . . .today
aussi . . . . .also
aussitôt que . . . . .as soon as
autant . . . . .as much
autant que . . . . .as much as
auteur (l') (m.) . . . . .author
autobus (l') (m.) . . . . bus
automne (l') (m.) . . . . .autumn
autorisation (l') (f.) . . . . .permission
autorité (l') (f.) . . . . .authority
autoroute (l') (f.) . . . . .freeway, highway
autre . . . . .other
autruche (l') (f.) . . . . .ostrich
avant (de) . . . . .before
avantage (l') (m.) . . . . .advantage

avare (l') (m.) . . . . .miser
avertir .to warn
avec . . . . .with
avenue (l') (f.) . . . . .avenue
aveugle . . . . .blind
avion (l') (m.) . . . . .airplane
aviron (l') (m.) . . . . .rowing
avis (l') (m.) . . . . .opinion
avocat/avocate (un/une) . . . . . . .lawyer
avoir .to have
avoir besoin de . . . . .to need
avoir des ennuis . . . . .to have problems
avoir envie (de) . . . . .to want, to desire
avoir faim . . . . .to be hungry
avoir honte (de) . . . . .to be ashamed of
avoir horreur de . . . . . .to hate, to loathe
avoir mal . . . . .to ache, to hurt
avoir peur (de) . . . . .to be afraid
avoir raison . . . . .to be right
avoir rendez-vous . . . . .to have an
appointment
avoir soif . . . . .to be thirsty
avoir sommeil . . . . .to be sleepy
avoir son diplôme . . . . . . .to graduate
avoir tort . . . . .to be wrong
avril . . . . .April

B

bagages (les) (m.) . . . . .luggage
bague (la) . . . . .ring
baignoire (la) . . . . .bathtub
bain (le) . . . . .bath
baiser (le) . . . . .kiss
bal (le) .ball
balai (le) . . . . .broom
baleine (la) . . . . .whale
balle (la) . . . . .ball (small)
ballet (un) . . . . .ballet
ballon (le) . . . . .ball (big)
banane (la) . . . . .banana
bande dessinée (une) . . . . . .comic strip
banlieue (la) . . . . .suburbs
banque (la) . . . . .bank
banquier/banquière (un/une) . . .banker
barbe (la) . . . . .beard
baseball (le) . . . . .baseball
basket (le) . . . . .basketball
baskets (les) (m.) . . . . .sneakers
bataille (la) . . . . .fight, battle
bateau (le) . . . . .boat
bâtiment (le) . . . . .building
batterie (la) . . . . .drums
battre (se) . . . . .to fight
bavarder . . . . .to chat
beau/belle . . . . .beautiful
beau-frère (le) . . . . .brother-in-law
beau-père (le) . . . . .father-in-law
beaucoup . . . . .a lot
bébé (le) . . . . .baby
belle-mère (la) . . . . .mother-in-law

belle-sœur (la) . . . . .sister-in-law
besoin (le) . . . . .need
bête . . . . .foolish, silly, stupid
bêtise (la) . . . . .stupid action
bibliothécaire (le/la) . . . . .librarian
bibliothèque (la) . . . . .library
bicyclette (aller à) . . . . .to ride a bicycle
(faire du vélo)
bien . . . . .well
bien sûr . . . . .of course
bientôt . . . . .soon
bière (la) . . . . .beer
billet (le) . . . . .ticket
biologie (la) . . . . .biology
biscuit (le) . . . . .cookie
blague (la) . . . . .joke
blanc/blanche . . . . .white
blessé/blessée . . . . .injured
blesser . . . . .to wound
bleu . . . . .blue
blond/blonde . . . . .blond(e)
boire . . . . .to drink
bois (le) . . . . .forest, wood
boisson (la) . . . . .drink
boîte (la) . . . . .box
boîte aux lettres (la) . . . . .mailbox
bon/bonne . . . . .good
bon marché . . . . .cheap
bonbon (un) . . . . .candy
bonheur (le) . . . . .happiness
bord (le) . . . . .the edge
bottes (les) (f.) . . . . .boots
bouc (le) . . . . .billy goat
bouche (la) . . . . .mouth
bouclé/bouclée . . . . . . .curly, buckled
boucle d'oreille (la) . . . . .earring
bougie (la) . . . . .candle
bouillir . . . . .to boil
boulanger/boulangère (le/la) . . . .baker
bourse (la) . . . . .scholarship
bouteille (la) . . . . .bottle
boutique (la) . . . . .shop
bouton (le) . . . . .button
bracelet (le) . . . . .bracelet
branché/branchée . . . . .plugged in, "in"
(in the know, connected)
brancher . . . . .to plug in
bras (le) . . . . .arm
brebis (la) . . . . .ewe
briller . . . . .to shine
bronzage (le) . . . . .tanning
bronzé/bronzée . . . . .tanned
bronzer . . . . .to tan
brosser (se) . . . . .to brush
brouillard (le) . . . . .fog
bruit (le) . . . . .noise
brûler . . . . .to burn
brun . . . . .brown (for hair)
bruyant/bruyante . . . . .noisy
buisson (le) . . . . .bush
bureau (le) . . . . .desk, office

but (le) . . . . .aim, goal

C

cachemire (le) . . . . .cashmere
cadavre (le) . . . . .corpse
cadeau (le) . . . . .present
caché/cachée . . . . .hidden
cacher . . . . .to hide (something)
café (le) . . . . .coffee
cafétéria (la) . . . . .cafeteria
cage (la) . . . . .cage
calendrier (le) . . . . .calendar
camarade (le) . . . . .friend, comrade
caméra (une) . . . . .movie camera
camion (le) . . . . .truck
campagne (la) . . .campaign, countryside
camper . . . . .to go camping
camping (le) . . . . .camping
canadien/canadienne . . . . . . .Canadian
canapé (le) . . . . .couch, sofa
capable . . . . .able
car (le) . . . . .long distance bus
carotte (la) . . . . .carrot
carré/carrée . . . . .square
carte (la) . . . . .card, map
(for countries or regions)
carte de crédit (la) . . . . .credit card
cas (le) . . . . .case
casque (le) . . . . .helmet
casquette (la) . . . . .cap
casser (se) . . . . .to break
casserole (la) . . . . .saucepan
catastrophique . . . . .catastrophic
catholique . . . . .Catholic
causer . . . . .to cause
ce/cet/cette/ces (adj.) . . . . . .this/these
ceinture (la) . . . . .belt
cela (pron.) . . . . .this (one)
célèbre . . . . .famous
celui (pron.) . . . . .this one
cent . . . . .hundred
centre commercial (le) . . .shopping mall
cependant . . . . .however
certain/certaine . . . . .certain
céréales (les) (f.) . . . . .cereal
cet/cette après-midi . . . . .this afternoon
chacun/chacune (pron.) . . . . . . .each
chaîne (une) . .stereo system, TV channel
chaise (la) . . . . .chair
chambre (la) . . . . .bedroom
chameau (le) . . . . .camel
champ (le) . . . . .field
champignon (le) . . . . .mushroom
champion/championne (le/la) .champion
championnat (le) . . . . . . .championship
chance (la) . . . . .luck
chandelle (la) . . . . .candle
changer (se) . . . . .to change
chanson (une) . . . . .a song
chanter . . . . .to sing

chanteur/chanteuse (un/une) . . . . .singer
chapeau (le) . . . . .hat
chapitre (le) . . . . .chapter
chaque .each
charmant/charmante . . . . .charming
chat (le) .cat
château (le) . . . . .castle
chaud/chaude . . . . .hot, warm
chauffer . . . . .to heat
chaussettes (les) (f.) . . . . .socks
chaussures (les) (f.) . . . . .shoes
chauve .bald
chef (le) . . . . .the boss
chemin (le) . . . . .path, direction
chemise (la) . . . . .shirt
chemisier (le) . . . . .blouse
cher/chère . . . . .expensive
chercher . . . . .to look for
chercheur/chercheuse (un/une) researcher
chèque (le) . . . . .check
cheval (le) . . . . .horse
chèvre (la) . . . . .goat
cheveux (les) (m.) . . . . .hair
chez (+ personne) . .at (someone's) house
chic . . . . .elegant
chien (le) . . . . .dog
chimie (la) . . . . .chemistry
chirurgien/chirurgienne (un/une) surgeon
chlore (le) . . . . .chlorine
choisir . . . . .to choose, to select
chômage (au) . . . . .unemployed
choquant/choquante . . . . .shocking
choqué/choquée . . . . .shocked
chose (la) . . . . .thing
chrétien/chrétienne . . . . .Christian
cinéma (le) . . . . .cinema, movie theater
cinq . . . . .five
cinquième . . . . .fifth
cintre (le) . . . . .hanger
circonstance (la) . . . . . . .circumstance
cirque (le) . . . . .circus
ciseaux (les) (m.) . . . . .scissors
civilisé . . . . .civilized
classe (la) . . . . .class
classique . . . . .classical
climat (le) . . . . .climate
climatisation (la) . . . . . .air-conditioning
climatisé . . . . .air-conditioned
climatiseur (le) . . . . .air-conditioner
cloche (la) . . . . .bell
code postal (le) . . . . .zip code
coiffer (se) . . . . .to do one's hair
coiffeur/coiffeuse (le/la) . . . . .hairdresser
coin (le) . . . . .corner
colère (la) . . . . .anger
collant (le) . . . . .pantyhose (tights)
collier (le) . . . . .necklace
combien? . . . . .how much?
combien de? . . .how much?, how many?
comédie musicale (une) . . . . .a musical

comédien/comédienne (un/une)
. . . . .actor, actress
commander . . . . .to order
comme .as
comme-ci comme-ça . . . . .more or less
commencer . . . . .to begin
comment? . . . . .how?
commerçant (un) . . . . .merchant
commerce (le) . . . . .business
commissariat de
  police (le) . . . . .police station
commode (la) . . . . .bureau
compact disque, CD (le)
. . . . .CD (compact disc)
compétition (la) . . . . .competition
complet/complète .full (only for a place)
comprendre . . . . .to understand
comptable (un/une) . . . . .accountant
compter . . . . .to count
comptoir (le) . . . . .counter
concert (un) . . . . .concert
concombre (le) . . . . .cucumber
conduire . . . . .to drive
conférence (la) . . . . .lecture
confiance (la) . . . . .confidence
confiture (la) . . . . .preserves, jam
confondre . . . . .to confuse
confortable . . . .comfortable (for things)
confus/confuse . . . . .embarrassed
congélateur (le) . . . . .freezer
connaître . . . . .to know
connu . . . . .well-known
consciencieux/
  consciencieuse . . . . . . .conscientious
conseil (le) . . . . .advice
conseiller . . . . .to advise
conseiller/conseillère (un/une) . .advisor
conte (le) . . . . .story, tale
content/contente . . . . .happy
continent (le) . . . . .continent
continuer . . . . .to continue
contraire (le) . . . . .opposite
contre . . . . .against
contribuer . . . . .to contribute
contrôle (le) . . . . .quiz
copain/copine (le/la) . . . . .buddy
copier . . . . .to copy
coq (le) . . . . .rooster
coquillage (le) . . . . .seashell
corde (la) . . . . .rope
corps (le) . . . . .body
corriger . . . . .to correct
costume (le) . . . . .suit
côté (le) . . . . .side
coton (le) . . . . .cotton
coucher (se) . .to go to bed, to lie down
couette (la) . . . . .comforter
couleur (la) . . . . .color
couloir (le) . . . . .hallway
coupable . . . . .guilty
couper . . . . .to cut

courant . . . . .fluent, common
courir . . . . .to run
couronne (la) . . . . .crown
courrier (le) . . . . .mail
courrier électronique (le),
  (le) e-mail, (le) mail . . . . .e-mail
cours (le) . . . . .class, course
course (une) . . . . .race
court/courte . . . . .short
cousin/cousine (le/la) . . . . .cousin
couteau (le) . . . . .knife
coûter . . . . .to cost
couvrir . . . . .to cover
craie (la) . . . . .chalk
craindre . . . . .to fear
cravate (la) . . . . .tie
crayon (le) . . . . .pencil
crédule . . . . .gullible
crevé/crevée . . . . .burst, exhausted
crier . . . . .to shout
croire . . . . .to believe
cru/crue . . . . .raw
cruel/cruelle . . . . .cruel
cuillère (la) . . . . .spoon
cuir (le) . . . . .leather
cuire . . . . .to cook
cuisine (la) . . . . .kitchen, cooking
cuisinier/cuisinière (un/une) . . . . .cook
cuisinière (la) . . . . .stove
cuit/cuite . . . . .cooked
curieux/curieuse . . . . .curious
curiosité (la) . . . . .curiosity

D

d'abord . . . . .at first
d'accord . . . . .OK
d'ailleurs . . . . .anyway
d'habitude . . . . .usually
d'où . . . . .from, where
dans . . . . .in
danse (la) . . . . .dance
danser . . . . .to dance
date (la) . . . . date (calendar)
de . . . . of, from, about
de bonne heure . . . . .early
de nouveau . . . . .again
débarquer . . . . .to land, to get off
débarrasser (se) . . . . .to get rid of
debout . . . . .standing
débrancher . . . . .to unplug
débrouiller (se) . . . . to manage
décembre . . . . .December
décevoir . . . . .to disappoint
déchiré/déchirée . . . . .torn, ripped
décider . . . . .to decide
déclaration (la) . . . . .declaration
découvrir . . . . .to discover
déçu/déçue . . . . .disappointed
dedans . . . . .inside
défaut (le) . . . . .defect

défendre . . . . .to defend, to forbid
dégoûtant/dégoûtante . . . . . .disgusting
déjà . . . . .already
déjeuner . . . . .to have lunch
déjouer . . . . .to outwit
délicieux/délicieuse . . . . .delicious
demain . . . . .tomorrow
demander . . . . .to ask (for)
demander (se) . . . . to wonder
demander un renseignement . . . . .to ask
for information
déménager . . . . .to move (house)
demi (adj.) . . . . .half
démodé/démodée . . . . . . .out of fashion
dent (la) . . . . tooth
dentier (le) . . . . .denture, false teeth
départ (le) . . . . departure
dépêcher (se) . . . . to hurry
dépenser . . . . .to spend (money)
déposer . . . . .to drop off
déprimant . . . . .depressing
déprimer . . . . .to depress
déranger . . . . .to bother, to disturb
dernier/dernière . . . . .last, past
derrière . . . . .behind
dès que . . . . .as soon as
désagréable . . . . .unpleasant
descendre . . . . to go down
désert . . . . .deserted
déshabiller (se) . . . . .to undress
désirer . . . . .to desire
désobéir . . . . .to disobey
désolé/désolée . . . . .sorry
désordre (le) . . . . .disorder, mess
dessert (le) . . . . .dessert
dessin (le) . . . . .drawing
dessin animé (un) . . . . .cartoon
dessiner . . . . .to draw
destin (le) . . . . .destiny, fate
détail (le) . . . . .detail
détendre (se) . . . . .to relax
détendu/détendue . . . . .relaxed
détestable . . . . .horrible
détester . . . . .to hate
détruire . . . . .to destroy
dette (la) . . . . .debt
deux fois, trois fois, etc. . . . .twice, three
times, etc.
deuxième . . . . .second
devant . . . . .in front of
devant (le) . . . . .front
développer . . . . .to develop
devenir . . . . .to become
deviner . . . . .to guess
devoir (+ infinitive) . . . . . .to have to (do
something), must, to owe
devoirs (les) (m.) . . . . .homework
dévorer . . . . .devour
différent/différente . . . . .different
difficile . . . . .difficult
difficulté (la) . . . . . .problem, difficulty

dimanche (le) . . . . .Sunday
diminuer . . . . .to diminish
dinde (la) . . . . .turkey
dîner . . . . .to have dinner
dire . . . . .to say, to tell
directeur/directrice . . . . . . .headmaster,
(un/une) head of company
discuter . . . . .to discuss
disparaître . . . . .to disappear
disputer . . . . .to quarrel
disputer (se) . . . . .to quarrel with
distributeur de billets (le) .ATM machine

divertir (se) . . . . .to entertain
divertissement (un) . . . . .entertainment
dix . . . . .ten
dix-huit . . . . .eighteen
dix-neuf . . . . .nineteen
dix-sept . . . . .seventeen
dixième . . . . .tenth
documentaire (un) . . . . . . .documentary
doigt (le) . . . . finger
dominer . . . . .to rule, to be over
dommage (le) . . . . .damage
donc . . . . .therefore
donner . . . . .to give
dormir . . . . .to sleep
dortoir (le) . . . . .dormitory
dos (le) . . . . .back
douce/doux . . . . .soft, sweet
douceur (la) . . . . .gentleness
douche (la) . . . . .shower
doucher (se) . . . . .to shower
doué/douée . . . . .talented
douleur (la) . . . . .pain, grief
doute (le) . . . . .doubt
douter . . . . .to doubt
doux/douce . . . . .soft, sweet
douze . . . . .twelve
drame (le) . . . . .drama
drap (le) . . . . .sheet
drapeau (le) . . . . .flag
droit (le) . . . . .right, law, privilege
drôle . . . . .funny
dur/dure . . . . .hard
durer . . . . .to last
DVD (un) . . . . .DVD

E

eau (l') (f.) . . . . .water
éblouir . . . . .to blind
échapper (s') . . . . .to escape
écharpe (l') (f.) . . . . .scarf
échouer . . . . .to fail
éclaté/éclatée . . . . .burst
éclater . . . . .to burst
école (l') (f.) . . . . .school
économiser . . . . .to save money
écouter . . . . .to listen to
écran (l') (m.) . . . . .screen

écrire . . . . .to write
écrit/écrite . . . . .written
écrivain (un) . . . . .writer
écureuil (l') (m.) . . . . .squirrel
éducatif/éducative . . . . . .educational
effacer . . . . .to erase
efficace . . . . .efficient
effrayant/effrayante . . . . .frightful,
frightening
effrayer . . . . .to frighten, to scare
égal .equal
église (l') (f.) . . . . .church
égoïste . . . . .selfish
électrique . . . . .electric
élégant . . . . .elegant
élève (l') (m./f.) . . . . . . .pupil (student)
e-mail (le), (le) courriel, (le) courrier
électronique, (le) mail . . . . . . .e-mail
embarrassé/embarrassée . . .embarrassed
embouteillage (l') (m.) . . . . .traffic jam
embrasser (s') . . . . .to kiss, to embrace
émission (l') (f.) . . . . .television (radio)
program, show
empêcher . . . . .to prevent
emploi (l') (m.) . . . . .job
emploi du temps (l') (m.) . . . . .schedule
employé/employée (l') (m./f.) . . .employee
employer . . . . .to employ
emprunter . . . . .to borrow
en désordre . . . . .messy
en direct . . . . .live
en face de . . . . .across from
en même temps . . . . . .at the same time
en ordre . . . . .in order, tidy
en retard . . . . .late
enchanté/enchantée . . . . .pleased
encore . . . . .still, more
endormir (s') . . . . .to go to sleep
endroit (l') (m.) . . . . place
énergie (l') (f.) . . . . .energy
énergie nucléaire
(l') (f.) . . . . .nuclear energy
énergique . . . . .energetic
énervé/énervée . . . . . .fidgety, nervous,
exasperated
énerver (s') . . . . .to get exasperated
enfance (l') (f.) . . . . .childhood
enfant (l') (m./f.) . . . . .child
enfin . . . . .finally
enfuir (s') . . . . .to run away
enlever . . . . .to take off, to kidnap
ennemi/ennemie (l') (m./f.) . . . . .enemy
ennuyé/ennuyée . . . . .worried
ennuyer (s') . . . . .to be bored
ennuyeux/ennuyeuse . . . . .boring
énorme . . . . .enormous
enquête (une) . . . . .investigation
enregistrer . . . .to check in, to tape (e.g.,
video, song)
enseignant/enseignante . . . . . . .teacher
enseignement (l') (m.) . . . . . . .teaching

enseigner . . . . .to teach
ensemble . . . . .together
ensuite . . . . .then
entendre . . . . .to hear, to understand
entendre avec (s') . . . . .to get along
entendre dire . . . . . . .to hear (a rumor)
entier/entière . . . . .entire
entourer . . . . .to surround
entraînement (l') (m.)
. . . . .training, practice
entraîner (s') . . . . .to practice
entraîneur/entraîneuse (l') (m./f.)
. . . . .coach
entre . . . . .between
entrée (l') (f.) . . . . .entrance, first course
entrer . . . . .to go in
entretenu/entretenue
. . . . .maintained, kept up
entrevue (l') (f.) . . . . .interview
envie (l') (f.) . . . . .envy
environ . . . . .more or less, about
environnement (l') (m.) . . . .environment
envoyer . . . . .to send
épeler . . . . .to spell
épice (l') (f.) . . . . .spice
épinards (les) (m.) . . . . .spinach
épisode (l') (m.) . . . . .episode
équipe (l') (f.) . . . . .team
erreur (l') (f.) . . . . .error, mistake
escalader . . . . .to climb
escalier (l') (m.) . . . . .stairs
espérer . . . . .to hope
espion/espionne (un/une) . . . . .spy
essayer . . . . .to try, to try on
essence (l') (f.) . . . . .gasoline
essuyer . . . . .to wipe, to dry
est (l') (m.) . . . . .east
et . . . . .and
étage (l') (m.) . . .floor (first, second . . .)
étagère (l') (f.) . . . . .shelf
état (l') (m.) . . . . .state, condition
été (l') (m.) . . . . .summer
éteindre . . . . .to extinguish, to turn off
étonnant . . . . .surprising
étonné . . . . .surprised
étonner . . . . .to surprise
étrange . . . . .strange
étranger/étrangère . . . . .foreign
étranger/étrangère (l') (m./f.)
. . . . .foreigner, stranger
étranger (à l') . . . . .abroad
être .to be
être à l'heure . . . . .to be on time
être à la mode . . . . .to be in fashion
être au courant . . . . .to be informed
être en colère . . . . .to be angry
être en retard . . . . .to be late
être ennuyé(e) . . . . .to be worried
être ennuyeux . . . . .to be boring
être pressé . . . . .to be in a hurry
étroit/étroite . . . . .narrow, tight

étudiant/étudiante (l') (m./f.) . . . .student
étudier . . . . .to study
eux . . . . . . .them (object of a preposition)
événement (l') (m.) . . . . .event
évident . . . . .obvious
évier (l') (m.) . . . . .kitchen sink
examen (l') (m.) . . . . .exam
exaspérer . . . . .exasperate, get on
one's nerves
excité/excitée . . . . .excited
exiger . . . . .to require, to demand
expliquer . . . . .to explain
explorateur/exploriatrice (l') (m./f.)
. . . . .explorer
externe (l') (m./f.) . . . . .day student

F

fabriquer . . . . .to make, to do
fâché . . . . .angry, upset
fâcher (se) . . . . .to become angry
facile .easy
façon (la) . . . . .the manner, way
facteur/factrice (le/la) . . . . .mail carrier
facultatif/facultative . . . . .optional
faible .weak
faim (la) . . . . .hunger
faire . . . . .to make, to do
faire attention . . . . .to pay attention
faire attention à . . . . .to pay attention to
faire confiance . . . . .to trust
faire des progrès . . . . .to improve
faire du vélo . . . . .to ride a bicycle
(aller à bicyclette)
faire exprès . . . . .to do something
on purpose
faire la cuisine . . . . .to cook
faire la lessive . . . . . .to do the laundry
faire la queue . . . . .to wait in line
faire la vaisselle . . . . . .to do the dishes
faire le tour de . . . . .to go around
faire semblant de . . . . .to pretend to
faire un tour . . . . .to take a walk/drive
faire un voyage . . . . .to take a trip
faire une randonnée . . . . .to hike
falloir . . . . .to be necessary
familial/familiale . . . . .of the family
fantôme (le) . . . . .ghost
fatigant . . . . .tiring
fatigue (la) . . . . .tiredness
fatigué/fatiguée . . . . .tired
faute (la) . . . . .mistake
fauteuil (le) . . . . .armchair
faux/fausse . . . . .wrong, false
félicitations (les) (f.) . . . .congratulations
féliciter . . . . .to congratulate
femme (la) . . . . .wife, woman
fenêtre (la) . . . . .window
fer (le) . . . . .iron
ferme (la) . . . . .farm
fermé/fermée . . . . .closed

fermer . . . . .to close, to shut
fermeture éclair (la) . . . . .zipper
fermier/fermière (un/une) . . . . . .farmer
festival (le) . . . . .festival
fête (la) . . . . .party
feu (le) . . . . .fire
feu rouge (le) . . . . .traffic light
feuille (la) . . . . .leaf
feuilleton (un) . . . . .soap opera
février . . . . .February
fidèle . . . . .faithful
fier/fière . . . . .proud
fille (la) . . . . .daughter, girl
film (le) . . . . .film
film d'amour (un) . . . . .romantic movie
film d'horreur (un) . . . .horror movie
film policier (un) . . . . .detective movie
fils (le) . . . . .son
fin (la) . . . . .end
finir . . . . .to finish
flamme (la) . . . . .flame
flatter . . . . .to flatter
flèche (la) . . . . .arrow
fleur (la) . . . . .flower
fleuve (le) . . . . .river
fonctionner . . . . .to function, to work
fond (le) . . . . .bottom
football (foot) (le) . . . . .soccer
football américain (le) . . . . . . .football
forêt (la) . . . . .forest
forêt tropicale (la) . . . . .rain forest
fort/forte . . . . .strong, loud
fou/folle . . . . .crazy, mad
foulard (le) . . . . .scarf
four (le) . . . . .oven
four à micro-ondes (le) . microwave oven
fourchette (la) . . . . .fork
fragile . . . . .fragile
frais/fraîche . . . . .fresh
fraise (la) . . . . .strawberry
frapper . . . . .to hit
frère (le) . . . . .brother
frire . . . . .to fry
froid/froide . . . . .cold
fromage (le) . . . . .cheese
frontière (la) . . . . .border
frustré/frustrée . . . . .frustrated
fumer . . . . .to smoke
furieux/furieuse . . . . .furious, angry
futur (le) . . . . .future

G

gagnant/gagnante (un/une) . . . . .winner
gagner . . . . .to earn, to win
gagner de l'argent . . . . . .to earn money
gants (les) (m.) . . . . .gloves
garçon (le) . . . . .boy
garder . . . . .to keep
gardien de but (un) . . . . . . .goalkeeper
gare (la) . . . . .train station

garer . . . . .to park
gâté/gâtée . . . . .spoiled
gâteau (le) . . . . .cake
gauche . . . . .left
gazelle (la) . . . . .gazelle
gazon (le) . . . . .grass
géant (le) . . . . .giant
geler .to freeze
gêner . . . . .to embarrass, to bother
généreux/généreuse . . . . .generous
genre (le) . . . . .kind, sort
gens (les) (m.) . . . . .people
gentil/gentille . . . . .nice, kind
géographie (la) . . . . .geography
géométrie (la) . . . . .geometry
gérant (le) . . . . .manager
geste (le) . . . . .gesture
gigantesque . . . . .huge
gilet (le) .vest
girafe (la) . . . . .giraffe
glace (la) . . . . .ice, ice cream
glace à la vanille (la)
. . . . .vanilla ice cream
glace au chocolat (la)
. . . . .chocolate ice cream
gorge (la) . . . . .throat
goût (le) . . . . .taste
goûter . . . . .to have an afternoon snack,
to taste
goutte (la) . . . . .drop
gouvernement (le) . . . . .government
gouverner . . . . .to govern
grand/grande . . . . .big, tall
grand magasin (le) . . . .department store
grand-mère (la) . . . . .grandmother
grand-père (le) . . . . .grandfather
grandir . . . . .to grow, to expand
gratuit/gratuite . . . . .free of charge
grave .serious
grêle (la) . . . . .hail
grenouille (la) . . . . .frog
grille-pain (le) . . . . .toaster
griller . . . . .to broil, to grill
gris . . . . .grey
gronder . . . . .to scold
gros/grosse . . . . .big, fat
grossir . . . . .to get bigger, to gain weight
groupe (le) . . . . .band
guichet (le) . . . . .ticket window
guide (le/la) . . . . .guide
guitare (la) . . . . .guitar
gymnase (le) . . . . .gymnasium

H

habile . . . . .skillful
habiller (s') . . . .to dress (to get dressed)
habitant/habitante (l') (m./f.) . .inhabitant
habiter . . . . .to live, to dwell
habitude (l') (f.) . . . . .habit
habituer (s') à . . . . .to get used to

hamburger (le) . . . . .hamburger
haricots verts (les) (m.) . . . .green beans
haut/haute . . . . .high
hasard (le) . . . . .chance
herbe (l') (f.) . . . . .grass
hésiter . . . . .to hesitate
heure (l') (f.) . . . . .hour
heureux/heureuse . . . . .happy
hideux . . . . .hideous
hier . . . . .yesterday
hier soir . . . . .last night
histoire (l') (f.) . . . . .story, history
hiver (l') (m.) . . . . .winter
hockey (le) . . . . .hockey
hockey sur glace (le) . . . . . . .ice hockey
homme (l') (m.) . . . . .man
honnête . . . . .honest
honte (la) . . . . .embarrassment
hôpital (l') (m.) . . . . .hospital
horaire (l') (m.)
. . . . .schedule (transportation)
horreur (l') (f.) . . . . .horror
horrifié/horrifiée . . . . .horrified
hôte/hôtesse . . . . .host/hostess
hôtel (l') (m.) . . . . .hotel
hôtesse de l'air (l') (f.)
. . . . .flight attendant
huit . . . . .eight
huitième . . . . .eighth
humeur (l') (f.) . . . . .mood
humidité (l') (f.) . . . . .humidity

I

ici . . . . .here
idiot/idiote . . . . .stupid
idole (l') (f.) . . . . .idol
il est/c'est dommage . . . . . . .it is a pity
il paraît . . . . .it seems
il y a . . . . .there is, there are
île (l') (f.) . . . . .island
image (l') (f.) . . . . .picture
immédiat/immédiate . . . . . . .immediate
immeuble (l') (m.)
. . . . .apartment building
impatience (l') (f.) . . . . .impatience
impatient/impatiente . . . . .eager
imperméable (l') (m.) . . . . . . .raincoat
impoli/impolie, mal élevé/élevée
. . . . .impolite, rude
impôt (l') (m.) . . . . .tax
impressionnant/impressionnante
. . . . .impressive
imprimante (l') (f.) . . . . .printer
imprimé/imprimée . . . . .printed
imprimer . . . . .to print
imprudent . . . . .not prudent,
carelessly daring
incendie (l') (m.) . . . . . . .fire (accident)
inconvénient (un) . . . . .a drawback
incroyable . . . . .unbelievable, incredible

indignation (l') (f.) . . . . . .indignation
indiquer . . . . .to indicate, to show
infini/infinie . . . . .infinite
infirmerie (l') (f.) . . . . .infirmary
injuste . . . . .unfair
inquiéter (s') . . . . .to worry
inscription (l') (f.) . . . . .registration
inscrire (s') . . . . .to register
instituteur/institutrice (l') . . . . . .teacher
insulter . . . . .to insult
intelligent/intelligente . . . . . .intelligent
interdire . . . . .to forbid
intéressant/intéressante . . . . .interesting
interne (l') (m./f.) . . . .boarding student
interview (l') (f.) . . . . .interview
inutile . . . . .useless
inventer . . . . .to invent
invité/invitée (un/une) . . . . . . .guest
inviter . . . . .to invite
irlandais/irlandaise . . . . .Irish
italien/italienne . . . . .Italian
ivre . . . . .drunk

J

jaloux/jalouse . . . . .jealous
jambe (la) . . . . .leg
jambon (le) . . . . .ham
janvier . . . . .January
japonais/japonaise . . . . .Japanese
jardin (le) . . . . .garden, yard
jaune . . . . .yellow
jean (le) . . . . .jeans
jeter . . . . .to throw away
jeu vidéo (un) . . . . .video game
jeudi . . . . .Thursday
jeune . . . . .young
jeunesse (la) . . . . .youth
joli/jolie . . . . .pretty
jouer à . . . . .to play (a sport, cards, etc.)
jouer de . .to play (a musical instrument)
jouet (le) . . . . .toy
joueur/joueuse (un/une) . . . . . . .player
jour (le) . . . . .day
journal (le) . . . . .newspaper
journaliste (un/une) . . . . . . .journalist
journée (la) . . . . .day
juge (le) . . . . .judge
juger . . . . .to judge
juif/juive . . . . .Jewish
juillet . . . . .July
juin . . . . .June
jument (la) . . . . .mare
jupe (la) . . . . .skirt
jurer . . . . .to swear
jus (le) . . . . .juice
jusqu'à (prep.) . . . . .until, up to
juste . . . . .fair, just

K

kilomètre (le) . . . . .kilometer

L

là . . . . there
là-bas . . . . .over there
lac (le) . . . . .lake
laid/laide .ugly
laine (la) .wool
laisser .to leave
laisser tomber . . . . . .to drop, to give up
lait (le) . . . . .milk
lancer .to throw
langue (la) . . . . .language, tongue
lapin (le) . . . . .rabbit
large . . . . .wide, large
lavabo (le) . . . . .bathroom sink
lave-linge (le) . . . . . . .washing machine
lave-vaisselle (le) . . . . .dishwasher
laver (se) . . . . .to wash
laverie (la) . . . . .laundromat
le/la/les . . . . .the
leçon (la) . . . . .lesson
légende (la) . . . . .legend
léger/légère . . . . .light
légume (le) . . . . .vegetable
lendemain (le) . . . . .the day after
lent/lente . . . . .slow
lentement . . . . .slowly
lessive (la) . . . . .the wash (laundry)
lettre (la) . . . . .letter
leur/leurs . . . . .their
lever (se) . . . . .to get up
liberté (la) . . . . .freedom
libre . . . . .free (not busy, liberated)
lieu (le) . . . . .place
ligne (la) . . . . .line
limonade (la) . . . . .lemonade
lion (le) .lion
lire . . . . .to read
lit (le) . . . . .bed
livre (le) . . . . book
livrer . . . . .to deliver, to hand over
locataire (le/la) . . . . .the tenant
loger . . . . .to dwell
loi (la) . . . . .the law
loin . . . . .far
loin de . . . . .far from
long/longue . . . . .long
longtemps . . . . .a long time
lorsque . . . . .when
loterie (la) . . . . .lottery
louer . . . . .to rent
loup (le) . . . . .wolf
lourd/lourde . . . . .heavy
loyer (le) . . . . .the rent
lundi . . . . .Monday
lune (la) . . . . .moon
lune de miel (la) . . . . .honeymoon

lunettes (les) (f.) . . . .glasses (spectacles)
luxe (le) . . . . .luxury
lycée (le) . . . . .high school

M

ma/mon . . . . .my
machine (la) . . . . .machine
magasin (le) . . . . .store
magazine (le) . . . . .magazine
mai . . . . .May
maigre . . . . .thin
maigrir . . . . .to lose weight
mail (le), (le) e-mail, (le) courriel
    (le) courrier électronique . . . .e-mail
maillot de bain (le)
        . . . . .bathing suit, swimsuit
main (la) . . . . .hand
maintenant . . . . .now
mais . . . . but
maïs (le) . . . . .corn
maison (la) . . . . .house
maître/maîtresse . . . . . .master/mistress
mal . . . . .badly
mal élevé/élevée, impoli/impolie
    . . . . .rude, impolite
malade . . . . .sick
maladroit/maladroite . . . . .clumsy
malheureux/malheureuse . . . . .unhappy
malheureusement . . . . .unhappily
manche (la) . . . . .sleeve
manche (le) . . . . .handle
manière (la) . . . . .manner
manger . . . . .to eat
mangue (la) . . . . .mango
manque (le) . . . . .lack
manquer . . . . . . .to miss (e.g., a train)
manteau (le) . . . . .coat
maquiller (se) . . . . . .to put on make-up
marchand/marchande (le/la) . .shopkeeper
marcher . . . . .to walk, to work
        . . . .(to function)
mardi . . . . .Tuesday
mari (le) . . . . .husband
mariage (le) . . . . .wedding
marié . . . . .married
marier (se) . . . . .to get married
marquer un but . . . . .to score a goal
marraine (la) . . . . .godmother
marrant/marrante . . . . .funny
marron . . . . .brown
mars . . . . .March
match (le) . . . . .game (sports)
matelas (le) . . . . .mattress
mathématiques (les) (f.) . . .mathematics
matière (la) . . . . .subject
matin (le) . .in the morning, the morning
mauvais/mauvaise . . . . .bad
mécanicien/mécanicienne . . .mechanic
    (un/une)
méchant/méchante . . . . .mean

médecin (le) . . . . .doctor
meilleur/meilleure . . . . .better, best
mélanger . . . . .to mix
même . . . . .same
menacer . . . . .to threaten
mensonger/mensongère . . . . . .deceitful
menteur/menteuse (le/la) . . . . .liar
mentir . . . . .to lie
mer (la) . . . . .sea
merci . . . . .thank you
mercredi . . . . .Wednesday
mère (la) . . . . .mother
mériter . . . . .to deserve
merveilleux/merveilleuse . . . .marvelous
mes (pl.) . . . . .my
mesurer . . . . .to measure
météo (la) . . . . .weather report
métro (le) . . . . .subway
metteur en scène (le) . . . . . .the director
        . . . . (play, movie)
mettre . . . . . . .to put, to place, to put on
mettre à (se) . . . .to start doing something
mettre le couvert . . . . . . .to set the table
midi . . . . .noon
mien (le) . . . . .mine
mieux (adv.) . . . . .better, best
mignon/mignonne . . . . .precious, cute
milieu (le) . . . . .middle
mille . . . . .thousand
million (un) . . . . .million
mince (adj) . . . . .thin
minuit . . . . .midnight
miracle (le) . . . . .miracle
miroir (le) . . . . .mirror
mobylette (la) . . . . .moped
moche . . . . .ugly, lousy, shoddy
modeste . . . . .modest
moi . . . . .me
moins . . . . .less
moins . . . que . . . . .less . . .than
mois (le) . . . . .month
moment (le) . . . . .moment
mon/ma . . . . .my
monde (le) . . . . .world
moniteur/monitrice (le/la) .coach, leader
monstre (le) . . . . .monster
montagne (la) . . . . .mountain
monter . . . . .to go up
montre (la) . . . . .watch
montrer . . . . .to show
moquer de (se) . . . . .to make fun of
morceau (le) . . . . . .piece, bit, selection
mordre . . . . .to bite
mort/morte . . . . .dead
mortel/mortelle . . . . .lethal
mot (le) . . . . .word
moteur (le) . . . . .engine
moto (la) . . . . .motorcycle
mou/molle . . . . .soft, mushy
mouchoir (le) . . . . .handkerchief
mouillé/mouillée . . . . .wet

mouiller .to wet
mourir . . . . .to die
moustique (le) . . . . .mosquito
moutarde (la) . . . . .mustard
mouton (le) . . . . .sheep
moyen/moyenne . . . . .average
muet/muette . . . . .mute
municipal/municipale . . . . . .municipal
mûr . . . . .ripe
muscler . . . . .to develop muscle
musicien/musicienne (un/une) . .musician
musique (la) . . . . music
musulman/musulmane . . . . .Muslim
mystère (le) . . . . .mystery
mystérieux/mystérieuse . . . . . mysterious

N

n'est-ce pas? . . . . .isn't that so?
n'importe qui . . . . .anyone
n'importe quoi . . . . .anything
nager . . . . .to swim
naïf (m.)/naïve (f.) . . . . .naïve
naître . . . . .to be born
natation (la) . . . . .swimming
nature (la) . . . . .nature
naturel/naturelle . . . . .natural
né/née .born
ne . . . aucun . . . . .none, no
ne . . . jamais . . . . .never
ne . . . ni . . . ni . . . . .neither . . . nor
ne . . . personne . . . . . . .no one, nobody
ne . . . plus . . . . .no longer, no more
ne . . . rien . . . . .nothing
nécessaire . . . . .necessary
neige (la) . . . . .snow
neiger . . . . .to snow
nerveux/nerveuse . . . . .nervous
nettoyer . . . . .to clean
neuf . . . . .nine
neuf/neuve . . . . .brand new
neveu (le) . . . . .nephew
neuvième . . . . .ninth
nez (le) . . . . nose
nièce (la) . . . . .niece
nier . . . . .to deny
niveau (le) . . . . .level
noir/noire . . . . .black
nommer . . . . .to name
non . . . . .no
nord (le) . . . . .north
nos (pl.) . . . . .our
note (la) . . . . .grade
notre (sing.) . . . . .our
nourriture (la) . . . . .food
nouveau/nouvelle . . . . .new
nouvelles (les) (f.) . . . . .news
novembre . . . . .November
nuage (le) . . . . .cloud
nuit (la) . . . . .night
nul/nulle . . . . .no good, lousy

O

obéir . . . . .obey
obligatoire . . . . .necessary, required
obliger . . . . .to oblige
observer . . . . .to observe
occupé/occupée . . . . .busy
octobre . . . . .October
œil (l') (m.) . . . . .eye
œuf (l') (m.) . . . . .egg
offrir . . . . .to offer
oignon (l') (m.) . . . . onion
oiseau (l') (m.) . . . . .bird
ombre (l') (f.) . . . . .shade, shadow
oncle (l') (m.) . . . . .uncle
ongle (l') (m.) . . . . . .fingernail, toenail
onze . . . . .eleven
orage (l') (m.) . . . . .storm
orange (l') (f.) . . . . .orange
ordinaire . . . . .common, ordinary
ordinateur (l') (m.) . . . . .computer
ordonner . . . . .to order
oreille (l') (f.) . . . . .ear
oreiller (l') (m.) . . . . .pillow
orgueil (l') (m.) . . . . .pride
original/originale . . . . .original
orthographe (l') (f.) . . . . .spelling
oser . . . . .to dare, to have the courage to
ou . . . . .or
où . . . . .where
oublier . . . . .to forget
ouest (l') (m.) . . . . .west
oui . . . . .yes
ours (l') (m.) . . . . .bear
ouvert/ouverte . . . . .open
ouvre-boîte (un) . . . . . . .can opener
ouvrir . . . . .to open
ouvrier/ouvrière (un/une)
. . . . .a factory worker

P

pain (le) . . . . .bread
paire (la) . . . . .pair
pantalon (le) . . . . .pants
panier (le) . . . . .basket
papier (le) . . . . .paper
paquet (le) . . . . .package
par . . . . .by
par-dessus . . . . .above
par exemple . . . . .for example
paraître . . . . .to seem, to appear
parapluie (le) . . . . .umbrella
parc (le) . . . . .park
parce que . . . . .because
parent (le) . . . . .parent
paresseux/paresseuse . . . . .lazy
parfois . . . . .sometimes
parking (le) . . . . .parking lot
parler . . . . .to speak
parmi . . . . .among
parole (la) . . . . .spoken word
partager . . . . .to share
partir . . . . .to go away, to leave
partir en vacances . . . .to go on vacation
partout . . . . .everywhere
passeport (le) . . . . .passport
passer . . . . .to spend (time)
passer (se) . . . . .to happen
passer l'aspirateur . . . . .to vacuum
passer un examen . . . . .to take an exam
pasteur (le) . . . . .minister
patin (le) . . . . .skate
patinage (le) . . . . .skating
patiner . . . . .to skate
patron/patronne (le/la) . . . . .boss
pauvre . . . . .poor
payer . . . . .to pay
pays (le) . . . . .country
paysan/paysanne (le/la) . .peasant (farmer)
pêche (la) . . . . .peach, fishing
péché (le) . . . . .sin
peigner (se) . . . . .to comb
peignoir (le) . . . . .bathrobe
peindre . . . . .to paint
peint/peinte . . . . .painted
peinture (la) . . . . .painting
pelouse (la) . . . . .lawn
pellicule (la) . . . . .the film
pendant . . . . .during
pendant que . . . . .while
pendre . . . . .to hang
pénible . . . . .annoying, a pain
penser . . . . .to think
perdre . . . . .to lose
perdre (se) . . . . .to get lost
père (le) . . . . .father
permettre . . . . .to allow
permis/permise . . . . .allowed
permis de conduire (le) . .driver's license
personne (la) . . . . .person
persuader . . . . .to persuade
petit/petite . . . . . .little, small, tiny
petit ami (le) . . . . .boyfriend
petite amie (la) . . . . .girlfriend
petit-fils (le) . . . . .grandson
petite-fille (la) . . . . .granddaughter
petits pois (les) (m.) . . . . .peas
peur (la) . . . . .fear
peut-être . . . . .maybe, perhaps
physique (la) . . . . .physics
physique (le) . . . . .physical appearance
piano (le) . . . . .piano
pièce (la) . . . . .room
pièce (de théâtre) (une) . . . . .play
pied (le) . . . . .foot
pierre (la) . . . . .stone
pilote (le) . . . . .pilot
pique-nique (le) . . . . .picnic
piquer . . . . .to sting
pire .worse
piscine (la) . . . . .swimming pool

placard (le) ....closet
place (la) ....seat
plage (la) ....beach
plaindre (se) ......to complain
plainte (la) ....complaint
plaisanterie (la) ....joke
plaisir (le) ....pleasure
plan (le) ....map of a city
plancher (le) ....wooden floor
plante (la) ....plant
planter ....to plant
plat/plate ....flat
plat (le) ....dish, course
plat principal (le) ...main course, entree
plateau (le) ....tray
plein/pleine ....full
pleurer ....to cry, to weep
pleuvoir ....to rain
plier ....to fold
plombier (un) ....plumber
plume (la) ....feather
plupart (la) ....most
plus ....more
plus ... que ....more ... than
plusieurs ....several, many
poche (la) ....pocket
poêle (la) ....frying pan
poème (le) ....poem
poire (la) .... pear
poison (le) ....poison
poisson (le) ....fish
poivre (le) ....pepper
poli/polie ....courteous, polite
policier/policière (un/une) ...policeman
politicien/politicienne (le/la) ...politician
politique (la) ....politics
pollué/polluée ....polluted
pollution (la) ....pollution
pomme (la) ....apple
pompier (le) ....fireman
pont (le) ....bridge
porc (le) ....pork
portable (le) ....cell phone
porte (la) ....door, airport gate
porter ....to wear, to carry
portrait (le) ....picture, portrait
poser une question ....to ask a question
poste (la) ....post office
poste (le) ....employment position
poubelle (la) ....garbage can
poule (la) ....hen
poulet (le) ....chicken
poupée (la) ....doll
pour ....for
pourquoi? ....why?
pousser ....to push, to grow
pourtant ....however
pourvu que ....provided that
poussière (la) ....dust
pouvoir ....to be able (can)
pouvoir (le) ....power

précédent/précédente ....previous
préféré/préférée ....preferred, favorite
préférer ....to prefer
premier/première ....first
prendre .... to take
prendre des notes ....to take notes
prendre des photos ......to take photos
prendre soin de ....to take care of
prendre un bain ....to take a bath
prendre une décision
          ....to make a decision
prendre une douche ....to take a shower
préoccupé, préoccupée ......worried
près ....near
présentateur/présentatrice
    (un/une) ....TV host
présenter ....to introduce
presque ....almost
presse (la) ....press
pressé/pressée ....in a hurry
prêt/prête ....ready
prétentieux/prétentieuse ....pretentious
prêter ....to lend
prévenir ....to warn
printemps (le) ....spring
prise électrique (une) .....electric plug
prison (la) ....jail
privé/privée ....private
prix (le) ....prize, price
problème (le) ....problem
prochain/prochaine ....next
proche (adj.) ....near, close
professeur (le) ....teacher
profond ....deep
projet (le) ....a project
promenade (la) ....a walk
promener (se) ......to take a walk
promesse (la) ....promise
promettre ....to promise
propre ....clean, own
propriétaire (un/une) .....the owner
protéger ....to protect
protestant/protestante ......Protestant
protester ....to protest
prudent/prudente .....prudent, careful
publicité (la), (la pub) .....advertising
    advertisement (ad), announcement
puis ....then
puisque ....since, because
puissant/puissante ....powerful
pull (le) ....sweater
punir ....to punish
punition (la) ....punishment
pupille (la) ....pupil (eye)
purée de pommes de
    terre (la) ....mashed potatoes
pyjama (le) ....pajamas

Q

quai (le) ....train platform
quand ....when

quantité (la) ....quantity
quart (le) ....quarter
quartier (le) ....neighborhood,
                      section, quarter
quatorze ....fourteen
quatre .... four
quatrième ....fourth
que .... that, which
quel/quelle (adj.) ....which, what
quelqu'un ....someone
quelque/quelques ....some
quelque chose ....something
quelquefois ....sometimes
queue (la) ....line, tail
quinze ....fifteen
quitter ....to leave, to go away
quotidien/quotidienne ....daily

R

raccrocher ....to hang up
racine (la) ....root
raconter ....to tell (a story)
radio (la) ....radio
raide ....stiff
raison (la) ....reason
ramer ....to row
randonnée (la) ....hike
rang (le) ....row
ranger ....to tidy, to put away
rapide ....fast
rapport (le) ....report
raquette (la) ....racket
rare ....unusual, rare
raser (se) ....to shave
rasoir électrique (un) ....electric shaver
rassurer ....to reassure
rater ....to fail
ravi/ravie ....delighted
rayon (le) ....department
récemment ....recently
récent/récente ....recent
recevoir ....to receive
réclame (la) ....advertisement, ad
reconnaître ....to recognize
réfléchir ....to reflect, to think
réfrigérateur (le) ....refrigerator
regarder ....to look
règlement (le) ....rule
régner ....to reign
regretter ....to regret
régulièrement ....regularly
relation (la) ....relationship
remarquer ....to notice
remercier ....to thank
remplacer ....to replace
remplir ....to fill
remuer ....to stir
rencontrer ....to meet
rendez-vous (un) ....appointment
rendre ....to give back
rendre compte (se) ....to realize

renouveler . . . . .renew
renseignement (le) . . . . . . .information
rentrer . . . . .to come back in
renverser . . . . .to spill
réparer . . . . .to fix, to repair
repas (le) . . . . .meal
répéter . . . . .to repeat
répondeur (le) . . . . . .answering machine
répondre . . . . to answer, to respond
réponse (la) . . . . .answer, reply
reportage (un) . . . . .newscast
reposer (se) . . . . .to rest
réservation (la) . . . . .reservation
réserver . . . . .to make reservations
résolu . . . . .determined
responsable . . . . .responsible
ressembler à . . . . .to look like
restaurant (le) . . . . .restaurant
rester . . . . .to stay, to remain
résoudre . . . . .to resolve, to solve
a problem
résultat (le) . . . . .result
résumé (le) . . . . .summary
retourner . . . . .to return
retard (le) . . . . .lateness
retraite (la) . . . . .retirement
retraite (à la) . . . . .retired
retrouver . . . . .to find again
réunion (la) . . . . .meeting
réussir . . . .to succeed, to pass (an exam)
réveil (le) . . . . .alarm clock
réveiller (se) . . . . .to wake up
réveillon (le) . . . . .New Year's Eve
revenir . . . . .to come back
rêver . . . . .to dream
révision (la) . . . . .review
rez-de-chaussée (le)
. . . . .ground floor (first floor)
riche . . . . .rich
rideau (le) . . . . .curtain
ridicule . . . . .ridiculous
rire . . . . .to laugh
rire (le) . . . . .laughter
risque (le) . . . . .risk
rivière (la) . . . . .river
riz (le) . . . . .rice
robe (la) . . . . .dress
roi (le) .king
roman (le) . . . . .novel
ronfler . . . . .to snore
rose (la) . . . . .rose
rôti (le) . . . . .roast
rôtir .to roast
rouge . . . . .red
rougir . . . . .to blush, to turn red
rouillé/rouillée . . . . .rusty
route (la) . . . . .road, route
roux/rousse . . . . .redhead
royaume (le) . . . . .kingdom
rue (la) . . . . .street
rusé/rusée . . . . .sly

S

s'il vous plaît . . . . .please

sa/son . . . . .her, his
sable (le) . . . . .sand
sac (le) . . . . .bag, handbag, purse
sac à dos (le) . . . . .backpack
sage . . . . .wise, intelligent
saison (la) . . . . .season
salade (la) . . . . .salad
salaire (le) . . . . .salary
sale .dirty
salé/salée . . . . .salted
salle (la) . . . . .room
salle à manger (la) . . . . . . .dining room
salle d'étude (la) . . . . .study hall
salle de bains (la) . . . . .bathroom
salon (le) . . . . .sitting room
samedi . . . . .Saturday
sanglant/sanglante . . . . .bloody
sans . . . . .without
sans goût . . . . . .tasteless, without taste
santé (la) . . . . .health
satisfait/satisfaite . . . . .satisfied
sauter . . . . .to jump
sauvage . . . . .wild
sauver . . . . .to save
savoir . . . . .to know
savoir (le) . . . . .knowledge
savoir par cœur . . . . .to know by heart
science-fiction (la) . . . . .science fiction
sec/sèche . . . . .dry
sèche-cheveux (un) . . . . .hair dryer
sèche-linge (un) . . . . .clothes dryer
sécher . . . . .to dry
séchoir (le) . . . . .clothes dryer
secret (le) . . . . .secret
sécurité (la) . . . . .security, certainty
seize . . . . .sixteen
séjour (le) . . . . .living room
sel (le) .salt
semaine (la) . . . . .week
sénateur/sénatrice (un/une) . . . .senator
sentiment (le) . . . . . .sentiment, feeling
sentir (se) . . . . .to feel
sept .seven
septembre . . . . .September
septième . . . . .seventh
série (la) . . . . .series
sérieux/sérieuse . . . . .serious
serpent (le) . . . . .snake
serrer . . . . .to tighten, to squeeze
serrure (la) . . . . .keyhole
serveur/serveuse (un/une) . . . . . .waiter
serviette (la) . . . . .towel, napkin
serviette de toilette (la) . . . . .towel
servir . . . . .to serve
servir à . . . . .to be used for/to
servir de (se) . . . . .to use
ses (pl.) . . . . .his, her
seul/seule . . . . .alone
seulement . . . . .only
siècle (le) . . . . .century
si .if, so
siège (le) . . . . .seat

sieste (la) . . . . .siesta, nap
siffler . . . . .to whistle
sifflet (le) . . . . .whistle
signer . . . . .to sign
silencieux/silencieuse . . . . .quiet
singe (le) . . . . .monkey
sinon . . . . .otherwise
six . . . . .six
sixième . . . . .sixth
ski (le) . . . . .skiing
slip (le) . . . . .underpants
sœur (la) . . . . .sister
soie (la) . . . . .silk
soif (la) . . . . .thirst
soigner . . . . .to care for
soir (le) . . . .in the evening, the evening
soldat (un) . . . . .soldier
soleil (le) . . . . .sun
sombre . . . . .dark
sommeil (le) . . . . .sleep
sommet (le) . . . . .summit
son . . . . .her, his
son (le) . . . . .sound
sonner . . . . .to ring
sortie (la) . . . . .exit
sortir . . . . .to go out (for entertainment)
soudain . . . . .suddenly
souhaiter . . . . .to wish
soupçonner . . . . .to suspect
soupe (la) . . . . .soup
sourd/sourde . . . . .deaf
sourire . . . . .to smile
souris (la) . . . . .a mouse
sous . . . . .under
soutien-gorge (le) . . . . .bra
souvenir (se) . . . . .to remember
souvent . . . . .often
spectateur/spectatrice (le/la) . . spectator
sportif/sportive . . . . .athletic, sporty
station service (la) . . . . . . .gas station
stationner . . . . .to park
steak (le) . . . . steak
strophe (la) . . . . .stanza
stylo (le) . . . . .ink pen
succès (le) . . . . .success
succession (la) . . . . .succession
sucré/sucrée . . . . . . .sweet, sugary
sucre (le) . . . . .sugar
sud (le) . . . . .south
suffisant/suffisante . . . . .sufficient
suggérer . . . . .suggest
suivre . . . . .to follow
suivre un cours . . . . . . .to take a course
supérieur/supérieure . . . .superior, better
supermarché (le) . . . . . . .supermarket
sur . . . . .on
sûr/sûre . . . . .sure, certain
surgelé/surgelée . . . . .frozen
surpris/surprise . . . . .surprised
surtout . . . . .especially
surveiller . . . . .to supervise
sympa . . . . .nice, attractive (as a person)

sympathique . . . . .nice
synagogue (la) . . . . .synagogue
système (le) . . . . .system

T

ta/ton . . . . .your
table (la) . . . . .table
tableau (le) . . . . . . .blackboard, painting
tâche (la) . . . . .task
taille (la) . . . . .size, waist
tailler . . . . .to sharpen (pencils)
taire (se) . . . . .to be quiet
talent (le) . . . . .talent
tant . . . . .so much
tante (la) . . . . .aunt
tapis (le) . . . . .carpet, rug
tard . . . . .late
tarte (la) .pie
tarte aux pommes (la) . . . . . . .apple pie
tas (le) . . . . .heap, pile
tasse (la) . . . . .cup
taureau (le) . . . . .bull
taxi (le) . . . . .taxi
tee-shirt (le) . . . . .T-shirt
téléphone (le) . . . . .telephone
télévision (la) . . . . .television
tellement . . . . . . .so, so much, so many
témoin (le) . . . . .witness
tempête (la) . . . . .tempest, storm
temps (le) . . . . .time, weather
tenir . . . . .to hold
tennis (le) . . . . .tennis
tente (la) . . . . .tent
terminer (se) . . . . .to end
terrain (le) . . . . .playing field
terrifiant . . . . .terrifying
terrifier . . . . .to terrify
tes (pl.) . . . . .your
tête (la) . . . . .head
têtu/têtue . . . . .stubborn
texte (le) . . . . .text
thé (le) . . . . .tea
théâtre (le) . . . . .theater
ticket (le) . . . . .ticket (métro, bus)
tigre (le) . . . . .tiger
timbre (le) . . . . .stamp
timide . . . . .shy, timid
tire-bouchon (le) . . . . .corkscrew
tirer sur . . . . .to shoot
tiroir (le) . . . . .drawer
tissu (le) . . . . . . .fabric, cloth, material
toi . . . . .you
toilettes (les) (f.) . . . . .toilet
toit (le) . . . . .roof
tolérant . . . . .tolerant
tomate (la) . . . . .tomato
tomber . . . . .to fall
tomber amoureux de
. . . . .to fall in love with
tomber en panne . . . . . . .to break down
tondeuse (une) . . . . .lawnmower
ton/ta . . . . .your
tondre . . . . .to mow

tortue (la) . . . . .turtle
tôt .early
toujours . . . . .always
tour (le) . . . . .tour
tour (la) . . . . .tower
toujours . . . . .always
tourner . . . . .to turn, to revolve, to rotate
tousser . . . . .to cough
tout à coup . . . . .suddenly
tout de suite . . . . .right away
tout droit . . . . .straight ahead
tout le monde . . . . .everyone
tout le temps . . . . .all the time
tracteur (le) . . . . .tractor
traduire . . . . .to translate
train (le) . . . . .train
tranquille . . . . .calm, quiet
transports en commun
(les) (m.) . . . . . .public transportation
travailler . . . . .to work
traverser . . . . .to go across, to cross
treize . . . . .thirteen
trempé/trempée . . . . .soaked
trente . . . . .thirty
très .very
trésor (le) . . . . .treasure
tricher . . . . .to cheat
trimestre (le) . . . . .term
triste . . . . .sad
trois . . . . .three
troisième . . . . .third
tromper . . . . .to deceive
tromper (se) . . . . . . .to be mistaken,
to make a mistake
trompette (la) . . . . .trumpet
trompeur/trompeuse . . . . . . .deceiving
trop (de) . . . . .too much, too many
trottoir (le) . . . . .sidewalk
troupeau (le) . . . . .herd
trouver . . . . .to find
tu . . . . .you
tuer . . . . .to kill
tulipe (la) . . . . .tulip
typique . . . . .typical

U

un/une . . . . .a, one
un peu . . . . .a little
une fois . . . . .once
université (l') (f.) . . . . .university
urbaniste (l') (m./f.) . . . .city planner
usine (une) . . . . .factory
utile . . . . .useful
utiliser . . . . .to use

V

vacances (les) (f.) . . . . .vacation
vache (la) . . . . .cow
vague (la) . . . . .wave
vaisselle (la) . . . . .dishes
valise (la) . . . . .suitcase
valoir la peine . . .to be worth the trouble

vélo (le) . . . . .bicycle
vendeur/vendeuse (un/une) . . .store clerk
vendre . . . . .to sell
vendredi . . . . .Friday
vengeance (la) . . . . .revenge, vengeance
venir . . . . .to come
vent (le) . . . . .wind
ventilateur (un) . . . . .fan
vérifier . . . . .to check
vérité (la) . . . . .truth
verre (le) . . . . .glass
vers . . . . .toward
verser . . . . .to pour
vert . . . . .green
veste (la) . . . . .jacket
vêtement (le) . . . . .piece of clothing
vêtements (les) (m.) . . . . .clothes
viande (la) . . . . .meat
victime (la) . . . . .victim
vidéo (la) . . . . .videocassette
vie (la) . . . . .life
vieillesse (la) . . . . .old age
vieux/vieille . . . . .old
village (le) . . . . .village
villageois/villageoise (le/la)
. . . . .person living in a village
ville (la) . . . . .city
vin (le) . . . . .wine
vingt . . . . .twenty
violence (la) . . . . .violence
violet/violette . . . . .purple
violon (le) . . . . .violin
visiter . . . . .to visit (a place)
vite . . . . .fast, quickly
vitesse (la) . . . . .speed
voir . . . . .to see
voisin/voisine (un/une) . . . . . .neighbor
voiture (la) . . . . .car
voix (la) . . . . .voice
vol (le) . . . . .flight, theft
volé/volée . . . . .stolen
voler . . . . .to steal, to fly
voleur/voleuse (un/une) . . . . .thief
vos .your
vote (le) . . . . .vote
votre . . . . .your
vouloir . . . . .to want
vous . . . . .you
voyage (le) . . . . .trip
voyager . . . . .to travel
vrai . . . . .true

W

wagon (le) . . . . .wagon

Y

yeux (les) (m.) . . . . .eyes

Z

zèbre (le) . . . . .zebra

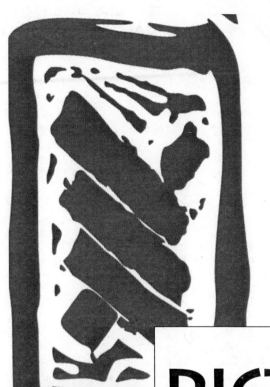

DICTIONNAIRE
ANGLAIS-FRANÇAIS

DICTIONNAIRE ANGLAIS-FRANÇAIS

A

a, one . . . .*un/une*
a little . . . .*un peu*
a lot . . . .*beaucoup*
abandon (to) . . . .*abandonner*
able . . . .*capable*
about, from, of . . . .*d'*
about, more or less . . . .*environ*
above . . . .*par-dessus*
abroad . . . .*à l'étranger*
abroad (to go) . . . .*aller à l'étranger*
absent . . . .*absent*
accident . . . .*(l') accident (m.)*
accompany (to) . . . .*accompagner*
accountant . . . .*(un/une) comptable*
accuse (to) . . . .*accuser*
ache (to hurt . . . .*avoir mal*
acquire (to) . . . .*acquérir*
across . . . .*à travers*
across (to go), to cross . . . . . .*traverser*
across from . . . .*en face de*
active . . . .*actif*
actor/actress . . . .*(un/une) acteur/actrice*
    (un/une) comédien/comédienne
add (to) . . . .*ajouter*
address . . . .*(l') adresse (f.)*
admirer . . . .*(l') admirateur (m.)*
admit (to) . . . .*admettre*
adore (to) . . . .*adorer*
advantage . . . .*(l') avantage (m.)*
advertisement, ad . . . .*(la) réclame*
advertisement (ad), advertising,
    announcement . .*(la) publicité (la pub)*
advice . . . .*(le) conseil*
advise (to) . . . .*conseiller*
advisor . .*(un/une) conseiller/conseillère*
affection . . . .*(l') affection (f.)*
affectionate . . . . .*affectueux/affectueuse*
afraid (to be) . . . .*avoir peur (de)*
after . . . .*après*
afternoon . . . .*(l') après-midi (m./f.)*
afternoon snack (to have an) . . . . .*goûter*
again . . . .*de nouveau*
against . . . .*contre*
age . . . .*(l') âge (m.)*
aim, goal . . . .*(le) but*
air-conditioned . . . .*climatisé*
air-conditioner . . . .*(le) climatiseur*
air-conditioning . . . . .*(la) climatisation*
airplane . . . .*(l') avion (m.)*
airport . . . .*(l') aéroport (m.)*
airport gate, door . . . .*(la) porte*
alarm clock . . . .*(le) réveil*
alcohol . . . .*(l') alcool (m.)*
algebra . . . .*(l') algèbre (f.)*
all the time . . . .*tout le temps*

allow (to) . . . .*permettre*
allowed . . .*permis/permise*
almost . . . .*presque*
alone . . . .*seul/seule*
already . . . .*déjà*
also . . . .*aussi*
always . . . .*toujours*
ambition . . . .*(l') ambition (f.)*
among . . . .*parmi*
amuse (to) . . . .*amuser*
amusing . . . .*amusant/amusante*
analyst . . . .*(un/une) analyst/analyste*
ancient, old . . . .*ancien/ancienne*
and . . . .*et*
angel . . . .*(l') ange (m.)*
anger . . . .*(la) colère*
angry (to be) . . . .*être en colère*
angry (to become) . . . .*(se) fâcher*
angry, furious . . . .*furieux/furieuse*
angry, upset . . . .*fâché*
animation, excitement . . . . . .*animation*
anniversary, birthday
    . . . .*anniversaire (l') (m.)*
announce (to) . . . .*annoncer*
announcement, advertisement (ad)
    . . . .*(la) publicité (la pub)*
annoyed . . . .*agacé/agacée*
annoying . . . .*agaçant/agaçante*
annoying, a pain . . . .*pénible*
answer (to), to respond . . . . . .*répondre*
answering machine . . . . . .*(le) répondeur*
anyone . . . .*n'importe qui*
anything . . . .*n'importe quoi*
anyway . . . .*d'ailleurs*
apartment . . . .*(l') appartement (m.)*
apartment building . .*(l') immeuble (m.)*
appear (to) . . . .*apparaître*
appear (to), to seem . . . .*paraître*
applaud (to) . . . .*applaudir*
applause . . . . .*(l') applaudissement (m.)*
apple . . . .*(la) pomme*
apple pie . . . .*(la) tarte aux pommes*
appointment . . . .*(un) rendez-vous*
appointment (to have an)
    . . . .*avoir rendez-vous*
April . . . .*avril*
architect . . . .*(un/une) architecte*
arm . . . .*(le) bras*
armchair . . . .*(le) fauteuil*
arrival . . . .*(l') arrivée (f.)*
arrive (to) . . . .*arriver*
arrogant . . . .*arrogant/arrogante*
arrow . . . .*(la) flèche*
art . . . .*(l') art (m.)*
artichoke . . . .*(l') artichaut (m.)*
as . . . .*comme*
as much . . . .*autant*

as much as . . . .*autant que*
as soon as . . . .*dès que, aussitôt que*
ashamed of (to be) . . . . .*avoir honte (de)*
ask (for) (to) . . . .*demander*
ask a question (to) . . .*poser une question*
ask (for) (to) . . . .*demander*
asparagus . . . .*(l') asperge (f.)*
associate (to) . . . .*associer*
at, to . . . .*à*
at first . . . .*d'abord*
at (someone's) house . .*chez (+ personne)*
at the same time . . . .*en même temps*
athletic, sporty . . . .*sportif/sportive*
ATM machine
    . . . .*(le) distributeur de billets*
attach (to), to tie . . . .*attacher*
attack (to) . . . .*attaquer*
attend (to) . . . .*assister à*
attention (to pay) . . . .*faire attention*
attentive . . . .*attentif/attentive*
attitude . . . .*(l') attitude (f.)*
attract (to) . . . .*attirer*
attractive (as a person), nice . . . .*sympa*
August . . . .*août*
aunt . . . .*(la) tante*
author . . . .*(l') auteur (m.)*
authority . . . .*(l') autorité (f.)*
autumn . . . .*(l') automne (m.)*
avenue . . . .*(l') avenue (f.)*
average . . . .*moyen/moyenne*

B

baby . . . .*(le) bébé*
back . . . .*(le) dos*
backpack . . . .*(le) sac à dos*
bad . . . .*mauvais/mauvaise*
badly . . . .*mal*
bag, handbag, purse . . . .*(le) sac*
baker . . . . .*(le/la) boulanger/boulangère*
bald . . . .*chauve*
ball . . . .*(le) bal*
ball (big) . . . .*(le) ballon*
ball (small) . . . .*(la) balle*
ballet . . . .*(un) ballet*
banana . . . .*(la) banane*
band . . . .*(le) groupe*
bank . . . .*(la) banque*
banker . . . .*(un/une) banquier/banquière*
bark (to) . . . .*aboyer*
baseball . . . .*(le) baseball*
basket . . . .*le panier*
basketball . . . .*(le) basket*
bath . . . .*(le) bain*
bath (to take a) . . . .*prendre un bain*
bathing suit, swimsuit
    . . . .*(le) maillot de bain*

bathrobe . . . .*(le) peignoir*
bathroom . . . .*(la) salle de bains*
bathroom sink . . . .*(le) lavabo*
bathtub . . . .*(la) baignoire*
battle . . . .*(la) bataille*
be (to) . . . . *être*
be able (to) (can) . . . .*pouvoir*
be over (to), to rule . . . .*dominer*
beach . . . .*(la) plage*
bear . . . .*(l') ours (m.)*
beard . . . .*(la) barbe*
beautiful . . . .*beau/belle*
because . . . .*parce que*
because, since . . . .*puisque*
become (to) . . . .*devenir*
bed . . . .*(le) lit*
bed (to go to), to lie down .*(se) coucher*
bedroom . . . .*(la) chambre*
beer . . . .*(la) bière*
before . . . .*avant (de)*
begin (to) . . . .*commencer*
behind . . . .*derrière*
believe (to) . . . .*croire*
bell . . . .*(la) cloche*
belong to (to) . . . .*appartenir à*
belongings, things, business
. . . .*(les) affaires (f.)*
below . . . .*au-dessous de*
belt . . . .*(la) ceinture*
better, best . . . . . .*meilleur/meilleure*
better, best (adv.) . . . .*mieux*
better, superior . . . .*supérieur/supérieure*
between . . . .*entre*
bicycle . . . .*(le) vélo*
bicycle (to ride a) . . . . .*aller à bicyclette*
(faire du vélo)
big, fat, tall . . .*gros/grosse, grand/grande*
bill (e.g., in a restaurant) . .*(l') addition (f.)*
billy goat . . . .*(le) bouc*
biology . . . .*(la) biologie*
bird . . . .*(l') oiseau (m.)*
birthday, anniversary
. . . .*(l') anniversaire (m.)*
bit, piece, selection . . . . . .*(le) morceau*
bite (to) . . . .*mordre*
bitter . . . .*amer/amère*
black . . . .*noir/noire*
blackboard, painting . . . . . .*(le) tableau*
blind . . . .*aveugle*
blind (to) . . . .*éblouir*
blond(e) . . . .*blond/blonde*
bloody . . . .*sanglant/sanglante*
blouse . . . .*(le) chemisier*
blue . . . .*bleu*
blush (to), to turn red . . . .*rougir*
boarding student . . . . .*(l') interne (m./f.)*
boat . . . .*(le) bateau*
body . . . .*(le) corps*
boil (to) . . . .*bouillir*
book . . . .*(le) livre*
boots . . . .*(les) bottes (f.)*

border . . . .*(la) frontière*
bored (to be) . . . .*(s') ennuyer*
boring . . . .*ennuyeux/ennuyeuse*
boring (to be) . . . .*être ennuyeux*
born . . . .*né/née*
born (to be) . . . .*naître*
borrow (to) . . . .*emprunter*
boss . .*(le/la) patron/patronne, (le) chef*
bother (to), to disturb . . . .*déranger*
bother (to), to embarrass . . . .*gêner*
bottle . . . .*(la) bouteille*
bottom . . . .*(le) fond*
box . . . .*(la) boîte*
boy . . . .*(le) garçon*
boyfriend . . . .*(le) petit ami*
bra . . . .*(le) soutien-gorge*
bracelet . . . .*(le) bracelet*
brand new . . . .*neuf/neuve*
bread . . . .*(le) pain*
break (to) . . . .*(se) casser*
break down (to) . . . .*tomber en panne*
bridge . . . .*(le) pont*
bring (to) . . . .*apporter*
broil (to), to grill . . . .*griller*
broom . . . .*(le) balai*
brother . . . .*(le) frère*
brother-in-law . . . . . .*(le) beau-frère*
brown . . . .*marron*
brown (for hair) . . . .*brun*
brush (to) . . . .*(se) brosser*
buckled, curly . . . .*bouclé/bouclée*
buddy . . . .*(le/la) copain/copine*
building . . . .*(le) bâtiment*
bull . . . .*(le) taureau*
bureau . . . .*(la) commode*
burn (to) . . . .*brûler*
burst, exhausted . . . .*crevé/crevée*
burst . . . .*éclaté/éclatée*
burst (to) . . . .*éclater*
bus . . . .*(l') autobus (m.)*
bush . . . .*(le) buisson*
business . . . .*(le) commerce*
business, belongings, things
. . . .*(les) affaires (f.)*
busy . . . .*occupé/occupée*
but . . . .*mais*
button . . . .*(le) bouton*
buy (to) . . . .*acheter*
by . . . .*par*

C

cafeteria . . . .*(la) cafétéria*
cage . . . .*(la) cage*
cake . . . .*(le) gâteau*
calendar . . . .*(le) calendrier*
call (to) . . . .*appeler*
called (to be) . . . .*(s') appeler*
calm . . . .*tranquille*
camel . . . .*(le) chameau*
camera . . . .*(l') appareil photo (m.)*

campaign . . . .*(la) campagne*
camping . . . .*(le) camping*
camping (to go) . . . .*camper*
can opener . . . .*(un) ouvre-boîte*
Canadian . . . .*canadien/canadienne*
candle . . . . .*(la) bougie, (la) chandelle*
candy . . . .*(un) bonbon*
cap . . . .*(la) casquette*
car . . . .*(la) voiture*
card, map (for countries
or regions) . . . .*(la) carte*
care for (to) . . . .*soigner*
careful, prudent . . . .*prudent*
carelessly daring, not prudent
. . . .*imprudent*
carpet, rug . . . .*(le) tapis*
carrot . . . .*(la) carotte*
carry (to), to wear . . . .*porter*
cartoon . . . .*(un) dessin animé*
case . . . .*(le) cas*
cashmere . . . .*(le) cachemire*
castle . . . .*(le) château*
cat . . . .*(le) chat*
catastrophic . . . .*catastrophique*
catch (to) . . . .*attraper*
Catholic . . . .*catholique*
cause (to) . . . .*causer*
cautious . . . .*prudent/prudente*
CD (compact disc)
. . . .*(le) disque compact, (le) CD*
cell phone . . . .*(le) portable*
century . . . .*(le) siècle*
cereal . . . .*(les) céréales (f.)*
certain . . . .*certain/certaine*
certain, sure . . . .*sûr/sûre*
certainty, security . . . .*(la) sécurité*
chair . . . .*(la) chaise*
chalk . . . .*(la) craie*
champion .*(le/la) champion/championne*
championship . . . .*(le) championnat*
chance . . . .*(le) hasard*
change (to) . . . .*(se) changer*
charming . . . .*charmant/charmante*
chat (to) . . . .*bavarder*
cheap . . . .*bon marché*
cheat (to) . . . .*tricher*
check . . . .*(le) chèque*
check (to) . . . .*vérifier*
check in (to), to tape
(e.g., film, song) . . . .*enregistrer*
cheese . . . .*(le) fromage*
chemistry . . . .*(la) chimie*
chicken . . . .*(le) poulet*
child . . . .*(l') enfant (m./f.)*
childhood . . . .*(l') enfance (f.)*
chlorine . . . .*(le) chlore*
chocolate ice cream
. . . .*(la) glace au chocolat*
choose (to) . . . .*choisir*
Christian . . . .*chrétien/chrétienne*
church . . . .*(l') église (f.)*

cinema, movie theater . . . . . .(le) cinéma
circumstance . . . .(la) circonstance
circus . . . .(le) cirque
city . . . .(la) ville
city planner . . . . . .(l') urbaniste (m./f.)
civilized . . . . .civilisé
class . . . .(la) classe
class, course . . . .(le) cours
classical . . . . .classique
clean .propre
clean (to) . . . . .nettoyer
climate . . . .(le) climat
climb (to) . . . . .escalader
close, near (adj.) . . . . .proche
close (to), to shut . . . . .fermer
closed . . . . .fermé/fermée
closet . . . .(le) placard
cloth, material, fabric . . . .(le) tissu
clothes . . . .(les) vêtements (m.)
clothes dryer . . . .(un) sèche-linge,
(le) séchoir
cloud . . . .(le) nuage
clumsy . . . . .maladroit/maladroite
coach . . . .(l') entraîneur/
entraîneuse (m./f.)
coach, leader . .(le/la) moniteur/monitrice
coat . . . .(le) manteau
coffee . . . .(le) café
cold . . . . .froid/froide
color . . . .(la) couleur
comb (to) . . . .(se) peigner
come (to) . . . . .venir
come back (to), to return . . . . . .revenir
come back in (to) . . . . .rentrer
comfortable (for people) . . . . . .à l'aise
comfortable (for things) . . .confortable
comforter . . . .(la) couette
comic strip . . . . . .(une) bande dessinée
common, fluent . . . . .courant
common, ordinary . . . . .ordinaire
compact disc (CD)
. . . .(le) disque compact, (le) CD
competition . . . .(la) compétition
complain (to) . . . .(se) plaindre
complaint . . . .(la) plainte
computer . . . .(l') ordinateur (m.)
concert . . . .(un) concert
condition, state . . . .(l') état (m.)
confidence . . . .(la) confiance
confuse (to) . . . . .confondre
congratulate (to) . . . . .féliciter
congratulations . . .(les) félicitations (f.)
connected, plugged in
. . . . .branché/branchée
conscientious . . . . .consciencieux/
consciencieuse
continent . . . .(le) continent
continue (to) . . . . .continuer
contribute (to) . . . . .contribuer
cook . . . . .(un/une) cuisinier/cuisinière
cook (to) . . . . .cuire, faire la cuisine

cooked . . . . .cuit
cookie . . . .(le) biscuit
cooking, kitchen . . . .(la) cuisine
copy (to) . . . . .copier
corkscrew . . . .(le) tire-bouchon
corn . . . .(le) maïs
corner . . . .(le) coin
corpse . . . .(le) cadavre
correct (to) . . . . .corriger
cost (to) . . . . .coûter
cotton . . . .(le) coton
couch, sofa . . . .(le) canapé
cough (to) . . . . .tousser
count (to) . . . . .compter
counter . . . .(le) comptoir
country . . . .(le) pays
country (to go to the)
. . . . .aller à la campagne
countryside . . . .(la) campagne
courage to (to have the), to dare . . . .oser
course, class . . . .(le) cours
course, dish . . . .(le) plat
courteous, polite . . . . .poli/polie
cousin . . . .(le/la) cousin/cousine
cover (to) . . . . .couvrir
cow . . . .(la) vache
crazy, mad . . . . .fou/folle
credit card . . . .(la) carte de crédit
cross (to), to go across . . . . . .traverser
crown . . . .(la) couronne
cruel . . . . .cruel/cruelle
cry (to) . . . . .pleurer
cucumber . . . .(le) concombre
cup . . . .(la) tasse
curious . . . . .curieux/curieuse
curiosity . . . .(la) curiosité
curly, buckled . . . . . . .bouclé/bouclée
current . . . . .actuel/actuelle
curtain . . . .(le) rideau
cut (to) . . . . .couper
cute, precious . . . . . .mignon/mignonne

D

daily . . . . .quotidien/quotidienne
damage . . . .(le) dommage
damage (to), to ruin . . . . .abîmer
dance . . . .(la) danse
dance (to) . . . . .danser
to dare, to have the courage to . . . .oser
dark . . . . .sombre
date (calendar) . . . .(la) date
daughter, girl . . . .(la) fille
dawn . . . .(l') aube (f.)
day . . . .(le) jour, (la) journée
day (the) . . . .(la) journée
day after (the) . . . .(le) lendemain
day student . . . .(l') externe (m./f.)
dead . . . . .mort/morte
deaf . . . . .sourd/sourde
debt . . . .(la) dette

deceitful . . . . . . .mensonger/mensongère
deceive (to) . . . . .tromper
deceiving . . . . .trompeur/trompeuse
December . . . . .décembre
decide (to) . . . . .décider
declaration . . . .(la) déclaration
deep . . . . .profond
defect . . . .(le) défaut
defend (to), to forbid . . . . .défendre
delicious . . . . .délicieux/délicieuse
delighted . . . . .ravi/ravie
deliver (to), to hand over . . . . . . .livrer
demand (to), to require . . . . . . .exiger
denture, false teeth . . . .(le) dentier
deny (to) . . . . .nier
department . . . .(le) rayon
department store . . . .(le) grand magasin
departure . . . .(le) départ
depress (to) . . . . .déprimer
depressing . . . . .déprimant
deserted . . . . .désert
deserve (to) . . . . .mériter
desire (to) . . . . .désirer
desire (to), to want . . . . .avoir envie (de)
desk, office . . . .(le) bureau
dessert . . . .(le) dessert
destiny, fate . . . .(le) destin
destroy (to) . . . . .détruire
detail . . . .(le) détail
detective movie . . . . . .(un) film policier
determined . . . . .résolu
develop (to) . . . . .développer
devour . . . . .dévorer
die (to) . . . . .mourir
different . . . . .différent/différente
difficult . . . . .difficile
difficulty, problem . . . . . .(la) difficulté
diminish (to) . . . . .diminuer
dining room . . . .(la) salle à manger
dinner (to have) . . . . .dîner
direction, path . . . .(le) chemin
director (play, movie)
. . . . .le metteur en scène
dirty .sale
disappear (to) . . . . .disparaître
disappoint (to) . . . . .décevoir
disappointed . . . . .déçu/déçue
discover (to) . . . . .découvrir
discuss (to) . . . . .discuter
disgusting . . . . . . .dégoûtant/dégoûtante
dish, course . . . .(le) plat
dishes . . . .(la) vaisselle
dishes (to do the) . . . . .faire la vaisselle
dishwasher . . . .(le) lave-vaisselle
disobey (to) . . . . .désobéir
disorder, mess . . . .(le) désordre
disturb (to), to bother . . . . . . .déranger
do (to) . . . . .faire
do one's hair (to) . . . .(se) coiffer
doctor . . . .(le) médecin
documentary . . . .(un) documentaire

dog . . . .*(le) chien*
doll . . . .*(la) poupée*
door, airport gate . . . .*(la) porte*
dormitory . . . .*(le) dortoir*
doubt . . . .*(le) doute*
doubt (to) . . . .*douter*
drama . . . .*(le) drame*
draw (to) . . . .*dessiner*
drawback (a) . . . .*(un) inconvénient*
drawer . . . .*(le) tiroir*
drawing . . . .*(le) dessin*
dream (to) . . . .*rêver*
dress . . . .*(la) robe*
dress (to) (to get dressed) . . .*(s') habiller*
drink . . . .*(la) boisson*
drink (to) . . . .*boire*
drive (to) . . . .*conduire*
drive to (to) . . . .*aller en voiture*
driver's license .*(le) permis de conduire*
drop . . . .*(la) goutte*
drop (to), to give up . . . .*laisser tomber*
drop off (to) . . . .*déposer*
drums . . . .*(la) batterie*
drunk . . . .*ivre*
dry . . . .*sec/sèche*
dry (to) . . . .*sécher*
during . . . .*pendant*
dust . . . .*(la) poussière*
DVD . . . .*(un) DVD*
dwell (to), to live . . . .*habiter, loger*

E

each (adj.) . . . .*chaque*
each (pron.) . . . .*chacun/chacune*
eager . . . .*impatient/impatiente*
ear . . . .*(l') oreille (f.)*
early . . . .*de bonne heure, tôt*
earn (to), to win . . . .*gagner*
earring . . . .*(la) boucle d'oreille*
east . . . .*(l') est (m.)*
easy . . . .*facile*
eat (to) . . . .*manger*
edge (the) . . . .*(le) bord*
educative . . . .*éducatif/éducative*
efficient . . . .*efficace*
egg . . . .*(l') œuf (m.)*
eggplant . . . .*(l') aubergine (f.)*
eight . . . .*huit*
eighteen . . . .*dix-huit*
eighth . . . .*huitième*
electric . . . .*électrique*
electric plug . . . . .*(une) prise électrique*
electric shaver . . . .*(un) rasoir électrique*
elegant . . . .*chic, élégant*
elevator . . . .*(l') ascenseur (m.)*
eleven . . . .*onze*
e-mail . . . .*(le) courrier électronique,*
(le) courriel, (le) e-mail, (le) mail
embarrass (to), to bother . . . .*gêner*
embarrassed . . . .*confus/confuse,*

embarrassé/embarrassée
embarrassment . . . .*(la) honte*
employ (to) . . . .*employer*
employee . . . .*(l') employé/*
employée (m./f.)
employment position . . . .*(le) poste*
end . . . .*(la) fin*
end (to) . . . .*(se) terminer*
enemy . . . . .*(l') ennemi/ennemie (m./f.)*
energetic . . . .*énergique*
energy . . . .*(l') énergie (f.)*
engine . . . .*(le) moteur*
English . . . .*anglais/anglaise*
enjoy (to), to have a good time
. . . .*(s') amuser*
enormous . . . .*énorme*
enough . . . .*assez*
entertain (to) . . . .*(se) divertir*
entertainment . . . . .*(un) divertissement*
entire . . . .*entier/entière*
entrance, first course . . . .*(l') entrée (f.)*
entree, main course . .*(le) plat principal*
environment . . . .*(l') environnement (m.)*
envy . . . .*(l') envie (f.)*
episode . . . .*(l') épisode (m.)*
equal . . . .*égal*
erase (to) . . . .*effacer*
error, mistake . . . .*(l') erreur (f.)*
escape (to) . . . .*(s') échapper*
especially . . . .*surtout*
event . . . .*(l') événement (m.)*
everyone . . . .*tout le monde*
everywhere . . . .*partout*
ewe . . . .*(la) brebis*
exam . . . .*(l') examen (m.)*
exam (to take an) . . .*passer un examen*
exasperate, get on one's nerves
. . . .*exaspérer*
exasperated, fidgety,
nervous . . . .*énervé/énervée*
exasperated (to get) . . . .*(s') énerver*
exhausted, burst . . . .*crevé/crevée*
excited . . . .*excité/excitée*
excitement, animation . . . . . .*animation*
exit . . . .*(la) sortie*
expand (to), to grow . . . .*grandir*
expect (to) . . . .*(s') attendre à*
expensive . . . .*cher/chère*
explain (to) . . . .*expliquer*
explorer . . . .*(l') explorateur (m.)*
extinguish (to), to turn off . . . .*éteindre*
eye . . . .*(l') œil (m.)*
eyes . . . .*(les) yeux (m.)*

F

fabric, cloth, material . . . .*(le) tissu*
factory . . . .*(une) usine*
factory worker (a)
. . . .*(un/une) ouvrier/ouvrière*
fail (to) . . . .*échouer, rater*

fair, just . . . .*juste*
faithful . . . .*fidèle*
fall (to) . . . .*tomber*
fall in love with (to)
. . . .*tomber amoureux de*
false, wrong . . . .*faux/fausse*
false teeth, denture . . . .*(le) dentier*
family (of the) . . . . .*familial/familiale*
famous . . . .*célèbre*
fan . . . .*(un) ventilateur*
far . . . .*loin*
far from . . . .*loin de*
farm . . . .*(la) ferme*
farmer . . . . . .*(un/une) fermier/fermière*
fashion (to be in) . . . . .*être à la mode*
fast . . . .*rapide*
fast, quickly . . . .*vite*
fat, big, tall . . .*gros/grosse, grand/grande*
fate, destiny . . . .*(le) destin*
father . . . .*(le) père*
father-in-law . . . .*(le) beau-père*
favorite, preferred . . . .*préféré/préférée*
fear . . . .*(la) peur*
fear (to) . . . .*craindre*
feather . . . .*(la) plume*
February . . . .*février*
feel (to) . . . .*(se) sentir*
feeling, sentiment . . . . . .*(le) sentiment*
festival . . . .*(le) festival*
fidgety, nervous
exasperated . . . .*énervé/énervée*
field . . . .*(le) champ*
fifteen . . . .*quinze*
fifth . . . .*cinquième*
fight . . . .*(la) bataille*
fight (to) . . . .*(se) battre*
fill (to) . . . .*remplir*
film . . . .*(la) pellicule, (le) film*
finally . . . .*enfin*
find (to) . . . .*trouver*
find again (to) . . . .*retrouver*
finger . . . .*(le) doigt*
fingernail, toenail . . . .*(l') ongle (m.)*
finish (to) . . . .*finir*
fire . . . .*(le) feu*
fire (accident) . . . .*(l') incendie (m.)*
fireman . . . .*(le) pompier*
first . . . .*premier/première*
first course, entrance . . . .*(l') entrée (f.)*
fish . . . .*(le) poisson*
fishing, peach . . . .*(la) pêche*
five . . . .*cinq*
fix (to), to repair . . . .*réparer*
flag . . . .*(le) drapeau*
flame . . . .*(la) flamme*
flat . . . .*plat/plate*
flatter (to) . . . .*flatter*
flight, theft . . . .*(le) vol*
flight attendant . .*(l') hôtesse de l'air (f.)*
floor (first, second . . .) . .*(l') étage (m.)*
flower . . . .*(la) fleur*

fluent, common . . . .*courant*
fly (to) . . . .*voler*
fly to (to) . . . .*aller en avion*
fog . . . .*(le) brouillard*
fold (to) . . . .*plier*
follow (to) . . . .*suivre*
food . . . .*(la) nourriture*
foolish, silly, stupid . . . .*bête*
food . . . .*(la) nourriture*
foot . . . .*(le) pied*
football . . . .*(le) football américain*
for . . . .*pour*
for example . . . .*par exemple*
forbid (to), to defend . .*défendre, interdire*
foreign . . . .*étranger/étrangère*
foreigner . .*(l') étranger/étrangère (m./f.)*
forest . . . .*(la) forêt*
forest, wood . . . .*(le) bois*
for example . . . .*par exemple*
forget (to) . . . .*oublier*
fork . . . .*(la) fourchette*
four . . . .*quatre*
fourteen . . . .*quatorze*
fourth . . . .*quatrième*
fragile . . . .*fragile*
free (not busy, liberated) . . . .*libre*
free of charge . . . .*gratuit/gratuite*
freedom . . . .*(la) liberté*
freeway, highway . . . . .*(l') autoroute (f.)*
freeze (to) . . . .*geler*
freezer . . . .*(le) congélateur*
fresh . . . .*frais/fraîche*
Friday . . . .*vendredi*
friend . . . .*(l') ami/amie (m./f.)*
friendship . . . .*(l') amitié (f.)*
frighten (to), to scare . . . .*effrayer*
frightful, frightening
. . . .*effrayant/effrayante*
frog . . . .*(la) grenouille*
from, about, of . . . .*de*
from, where . . . .*d'où*
front . . . .*(le) devant*
frozen . . . .*surgelé/surgelée*
frustrated . . . .*frustré/frustrée*
fry (to) . . . .*frire*
frying pan . . . .*(la) poêle*
full . . . .*plein/pleine*
full (only for a place) .*complet/complète*
function (to), to work . . . . .*fonctionner*
funny . . . .*drôle, marrant/marrante*
furious, angry . . . .*furieux/furieuse*
future . . . .*(le) futur*

G

gain weight (to), to get bigger . . .*grossir*
game (sports) . . . .*(le) match*
garbage can . . . .*(la) poubelle*
garden, yard . . . .*(le) jardin*
garlic . . . .*(l') ail (m.)*
gas station . . . .*(la) station service*
gasoline . . . .*(l') essence (f.)*

gazelle . . . .*(la) gazelle*
generous . . . .*généreux/généreuse*
gentleness . . . .*(la) douceur*
geography . . . .*(la) géographie*
geometry . . . .*(la) géométrie*
gesture . . . .*(le) geste*
get along (to) . . . . . .*(s') entendre avec*
get bigger (to), to gain weight . . .*grossir*
get married (to) . . . .*(se) marier*
get off (to), to land . . . .*débarquer*
get rid of (to) . . . .*(se) débarrasser*
get up (to) . . . .*(se) lever*
get used to (to) . . . .*(s') habituer à*
ghost . . . .*(le) fantôme*
giant . . . .*(le) géant*
giraffe . . . .*(la) girafe*
girl, daughter . . . .*(la) fille*
girlfriend . . . .*(la) petite amie*
give (to) . . . .*donner*
give back (to) . . . .*rendre*
give up (to), to drop . . . . .*laisser tomber*
glass . . . .*(le) verre*
glasses (spectacles) . . . .*(les) lunettes (f.)*
gloves . . . .*(les) gants (m.)*
go (to) . . . .*aller*
go across (to), to cross . . . . . .*traverser*
go around (to) . . . .*faire le tour de*
go away (to), to leave . . .*partir, quitter*
go down (to) . . . .*descendre*
go in (to) . . . .*entrer*
go out (to) (for entertainment) . . . .*sortir*
go to bed (to), to lie down . *(se) coucher*
go to sleep (to) . . . .*(s') endormir*
go up (to) . . . .*monter*
goal, aim . . . .*(le) but*
goal (to score a) . . . . . .*marquer un but*
goalkeeper . . . .*(un) gardien de but*
godmother . . . .*la marraine*
good . . . .*bon/bonne*
good time (to have a),
to enjoy . . . .*(s') amuser*
govern (to) . . . .*gouverner*
government . . . .*(le) gouvernement*
grade . . . .*(la) note*
graduate (to) . . . .*avoir son diplôme*
granddaughter . . . .*(la) petite-fille*
grandfather . . . .*(le) grand-père*
grandmother . . . .*(la) grand-mère*
grandson . . . .*(le) petit-fils*
grass . . . .*(le) gazon, (l') herbe (f.)*
great grandfather
. . . .*(l') arrière grand-père (m.)*
great grandmother
. . . .*(l') arrière grand-mère (f.)*
green . . . .*vert*
green beans . . . .*(les) haricots verts (m.)*
grey . . . .*gris*
grief, pain . . . .*(la) douleur*
grill (to), to broil . . . .*griller*
ground floor (first floor)
. . . .*(le) rez-de-chaussée*
grow (to), to expand . . . .*grandir*

grow (to), to push . . . .*pousser*
guess (to) . . . .*deviner*
guest . . . .*(l') invité/ invitée*
guide . . . .*(le/la) guide*
guilty . . . .*coupable*
guitar . . . .*(la) guitare*
gullible . . . .*crédule*
gymnasium . . . .*(le) gymnase*

H

habit . . . .*(l') habitude (f.)*
hail . . . .*(la) grêle*
hair . . . .*(les) cheveux (m.)*
hair dryer . . . .*(un) sèche-cheveux*
hairdresser . . . .*(le/la) coiffeur/coiffeuse*
half (adj.) . . . .*demi*
hallway . . . .*(le) couloir*
ham . . . .*(le) jambon*
hamburger . . . .*(le) hamburger*
hand . . . .*(la) main*
handbag, bag, purse . . . .*(le) sac*
handkerchief . . . .*(le) mouchoir*
handle . . . .*(le) manche*
hand over (to), to deliver . . . .*livrer*
hang (to) . . . .*pendre*
hang up (to) . . . .*raccrocher*
hanger . . . .*(le) cintre*
happen (to) . . . .*arriver*
happen (to) . . . .*(se) passer*
happiness . . . .*(le) bonheur*
happy . . . .*heureux/heureuse,
content/contente*
hard . . . .*dur/dure*
hat . . . .*(le) chapeau*
hate (to) . . . .*détester*
hate (to), to loathe . . . .*avoir horreur de*
have (to) . . . .*avoir*
have to (to) (do something),
must, to owe . . . . .*devoir (+ infinitive)*
have a good time (to),
to enjoy . . . .*(s') amuser*
have lunch (to) . . . .*(le) déjeûner*
have problems (to) . . .*avoir des ennuis*
have the courage to (to) . . . .*oser*
head . . . .*(la) tête*
headmaster, head of company
. . . .*(un/une) directeur/directrice*
health . . . .*(la) santé*
heap, pile . . . .*(le) tas*
hear (to), to understand . . . . . .*entendre*
hear (a rumor) (to) . . . . . .*entendre dire*
heat (to) . . . .*chauffer*
heavy . . . .*lourd/lourde*
helmet . . . .*(le) casque*
help (to) . . . .*aider*
hen . . . .*(la) poule*
her . . . .*sa/son/ses*
herd . . . .*(le) troupeau*
here . . . .*ici*
hesitate (to) . . . .*hésiter*
hidden . . . .*caché/cachée*

hide (something) (to) . . . . .cacher
hideous . . . . .hideux
high . . . . .haut/haute
high school . . . .(le) lycée
highway, freeway . . . .(l') autoroute (f.)
hike . . . .(la) randonnée
hike (to) . . . . .faire une randonnée
his . . . . .sa/son/ses
history, story . . . .(l') histoire (f.)
hit (to) . . . . .frapper
hockey . . . .(le) hockey
hold (to) . . . . .tenir
homework . . . .(les) devoirs (m.)
honest . . . . .honnête
honeymoon . . . .(la) lune de miel
hope (to) . . . . .espérer
horrified . . . . .horrifié/horrifiée
horrible . . . .détestable, affreux/affreuse
horror . . . .(l') horreur (f.)
horror movie . . . . . .(un) film d'horreur
horse . . . .(le) cheval
hospital . . . .(l') hôpital (m.)
host/hostess . . . . .hôte/hôtesse
hot, warm . . . . .chaud/chaude
hotel . . . .(l') hôtel (m.)
hour . . . .(l') heure (f.)
house . . . .(la) maison
how? . . . . .comment?
how much?, how many? . . .combien de?
however . . . . .cependant, pourtant
huge . . . . .gigantesque
humidity . . . .(l') humidité (f.)
hunger . . . .(la) faim
hungry (to be) . . . . .avoir faim
hurry (in a) . . . . .pressé/pressée
hurry (to) . . . .(se) dépêcher
hurry (to be in a) . . . . . . .être pressé
hurt (to), to ache . . . . .avoir mal
husband . . . .(le) mari

I

ice, ice cream . . . .(la) glace
ice hockey . . . . . .(le) hockey sur glace
idol . . . .(l') idole (f.)
if, so . . . . .si
immediate . . . . . . .immédiat/immédiate
impatience . . . .(l') impatience (f.)
impolite, rude . . . . .impoli/impolie,
mal élevé/élevée
impressive . . . . .impressionnant/
impressionnante
in . . . . .dans
"in" (in the know, connected)
. . . . .branché/branchée
in front of . . . . .devant
in order, tidy . . . .(en) ordre
in the evening, the evening . . . . .(le) soir
in the middle of . . . . .au milieu de
in the morning, the morning . .(le) matin
increase (to) . . . . .augmenter

incredible . . . . .incroyable
indicate (to), to show . . . . . .indiquer
indignation . . . .(l') indignation (f.)
infinite . . . . .infini/infinie
infirmary . . . .(l') infirmerie (f.)
information . . . .(le) renseignement
information (to ask for)
. . . . . . .demander un renseignement
informed (to be) . . . . . .être au courant
inhabitant . .(l') habitant/habitante (m./f.)
injured . . . . .blessé/blessée
ink pen . . . .(le) stylo
inside . . . . .dedans
insult (to) . . . . .insulter
intelligent, wise . . . . . .sage, intelligent/
intelligente
interesting . . . . .intéressant/intéressante
interview . . . .(l') entrevue (f.)
introduce (to) . . . . .présenter
invent (to) . . . . .inventer
investigation . . . .(une) enquête
invite (to) . . . . .inviter
Irish . . . . .irlandais/irlandaise
iron . . . .(le) fer
island . . . .(l') île (f.)
isn't that so? . . . . .n'est-ce pas?
it is a pity . . . . . . .il est/c'est dommage
it seems . . . . .il paraît
Italian . . . . .italien/italienne

J

jacket . . . .(la) veste
jail . . . .(la) prison
jam, preserves . . . .(la) confiture
January . . . . .janvier
Japanese . . . . .japonais/japonaise
jealous . . . . .jaloux/jalouse
jeans . . . .(le) jean
Jewish . . . . .juif/juive
job . . . .(l') emploi (m.)
joke . . . . .(la) plaisanterie, (la) blague
journalist . . . .(un/une) journaliste
judge . . . .(le) juge
judge (to) . . . . .juger
juice . . . .(le) jus
July . . . . .juillet
jump (to) . . . . .sauter
June . . . . .juin
just, fair . . . . .juste

K

keep (to) . . . . .garder
kept up, maintained
. . . . .entretenu/entretenue
keyhole . . . .(la) serrure
kidnap (to), to take off . . . . . . .enlever
kill (to) . . . . .tuer
kilometer . . . .(le) kilomètre
kind, nice . . . . .gentil/gentille

kind, sort . . . .(le) genre
king . . . .(le) roi
kingdom . . . .(le) royaume
kiss . . . .(le) baiser
kiss (to), to embrace . . . .(s') embrasser
kitchen, cooking . . . .(la) cuisine
kitchen sink . . . .(l') évier (m.)
knife . . . .(le) couteau
know (to) . . . . .connaître, savoir
know by heart (to) . . . .savoir par cœur
knowledge . . . .(le) savoir

L

lack . . . .(le) manque
lake . . . .(le) lac
lamb . . . .(l') agneau (m.)
land (to), to get off . . . . . . .débarquer
language, tongue . . . .(la) langue
large, wide . . . . .large
last, past . . . . .dernier/dernière
last (to) . . . . .durer
last night . . . . .hier soir
late . . . . .tard, en retard
late (to be) . . . . .être en retard
lateness . . . .(le) retard
laugh (to) . . . . .rire
laughter . . . .(le) rire
laundromat . . . .(la) laverie
laundry (to do the) . . . . .faire la lessive
law (the) . . . .(la) loi
lawn . . . .(la) pelouse
lawnmower . . . .(une) tondeuse
law, privilege, right . . . .(le) droit
lawyer . . . .(un/une) avocat/avocate
lay down (to), to put to bed . . . .coucher
lazy . . . . .paresseux/paresseuse
leader, coach . .(le/la) moniteur/monitrice
leaf . . . .(la) feuille
lean (to) . . . .(s') appuyer
learn by heart (to)
. . . . .apprendre par cœur
leather . . . .(le) cuir
leave (to), to go away
. . . . .laisser, quitter, partir
lecture . . . .(la) conférence
left . . . . .gauche
left (to the) . . . . .à gauche
leg . . . .(la) jambe
legend . . . .(la) légende
lemonade . . . .(la) limonade
lend (to) . . . . .prêter
less . . . . .moins
less . . .than . . . . .moins . . . que
lesson . . . .(la) leçon
letter . . . .(la) lettre
level . . . .(le) niveau
lethal . . . . .mortel/mortelle
liar . . . .(le/la) menteur/menteuse
liberty . . . .(la) liberté
librarian . . . .(le/la) bibliothécaire

library . . . . *(la) bibliothèque*
lie (to) . . . . *mentir*
lie down (to), to go to bed . . *(se) coucher*
life . . . . *(la) vie*
light . . . . *léger/légère*
light (to), to turn on . . . . *allumer*
light bulb (a) . . . . *(une) ampoule*
like (to), to love . . . . *aimer*
line . . . . *(la) ligne*
line, tail . . . . *(la) queue*
lion . . . . *(le) lion*
listen to (to) . . . . *écouter*
little, tiny, small . . . . *petit/petite*
live . . . . *(en) direct*
live (to), to dwell . . . . *habiter*
living room . . . . *(le) séjour*
loathe (to), to hate . . . . *avoir horreur de*
long . . . . *long/longue*
long distance bus . . . . *(le) car*
long time (a) . . . . *longtemps*
look (to) . . . . *regarder*
look for (to) . . . . *chercher*
look like (to) . . . . *ressembler à*
lose (to) . . . . *perdre*
lose weight (to) . . . . *maigrir*
lost (to get) . . . . *(se) perdre*
lottery . . . . *(la) loterie*
loud, strong . . . . *fort/forte*
lousy, no good . . . . *nul*
lousy, shoddy, ugly . . . . *moche*
love . . . . *(l') amour (m.)*
love (to), to like . . . . *aimer*
love (in) . . . . *amoureux/amoureuse*
love (with) (in) . . . . *amoureux/*
amoureuse (de)
lover . . . . *(l') amant/amante (m./f.)*
luck . . . . *(la) chance*
luggage . . . . *(les) bagages (m.)*
lunch (to have) . . . . *déjeuner*
luxury . . . . *(le) luxe*

M

machine . . . . *(la) machine,*
(l') appareil (m.)
mad, crazy . . . . *fou/folle*
magazine . . . . *(le) magazine*
mail carrier . . . . . *(le/la) facteur/factrice*
mailbox . . . . *(la) boîte aux lettres*
main course, entree . . *(le) plat principal*
maintained, kept up
. . . . *entretenu/entretenue*
make a decision (to)
. . . . *prendre une décision*
make (to) . . . . *fabriquer*
make fun of (to) . . . . . . *(se) moquer de*
make-up (to put on) . . . . . *se maquiller*
man . . . . *(l') homme (m.)*
manage (to) . . . . *(se) débrouiller*
manager . . . . *(le) gérant*
mango . . . . *(la) mangue*

manner . . . . *(la) manière*
manner (the), way . . . . *(la) façon*
many, several . . . . *plusieurs*
map (for countries
or regions), card . . . . *(la) carte*
map of a city . . . . *(le) plan*
March . . . . *mars*
mare . . . . *(la) jument*
married . . . . *marié*
marvelous . . . . *merveilleux/merveilleuse*
mashed potatoes
. . . . . . *(la) purée de pommes de terre*
master/mistress . . . . . *maître/maîtresse*
material, cloth, fabric . . . . . *(le) tissu*
mathematics . . . *(les) mathématiques (f.)*
mattress . . . . *(le) matelas*
May . . . . *mai*
maybe, perhaps . . . . *peut-être*
me . . . . *moi*
meal . . . . *(le) repas*
mean . . . . *méchant/méchante*
measure (to) . . . . *mesurer*
meat . . . . *(la) viande*
meet (to) . . . . *rencontrer*
meeting . . . . *(la) réunion*
mechanic . . . . *(un/une) mécanicien/*
mécanicienne
merchant . . . . *(un) commerçant*
mess, disorder . . . . *(le) désordre*
messy . . . . *(en) désordre*
microwave oven (a)
. . . . *(un) four à micro-ondes*
middle . . . . *(le) milieu*
midnight . . . . *minuit*
milk . . . . *(le) lait*
million . . . . *un million*
mine . . . . *(le) mien*
minister . . . . *(le) pasteur*
miracle . . . . *(le) miracle*
mirror . . . . *(le) miroir*
miser . . . . *(l') avare (m.)*
miss (to) (e.g., a train) . . . . *manquer*
mistake, error . . *(l') erreur (f.), (la) faute*
mistake (to make a),
to be mistaken . . . . *se tromper*
mix (to) . . . . *mélanger*
modest . . . . *modeste*
moment . . . . *(le) moment*
Monday . . . . *lundi*
money . . . . *(l') argent (m.)*
money (to earn) . . . . *gagner de l'argent*
monkey . . . . *(le) singe*
monster . . . . *(le) monstre*
month . . . . *(le) mois*
mood . . . . *(l') humeur (f.)*
moon . . . . *(la) lune*
moped . . . . *(la) mobylette*
more . . . than . . . . *plus . . . que*
more . . . . *plus*
more, still . . . . *encore*
more or less . . . . . . *comme ci comme ça*

more or less, about . . . . *environ*
mosquito . . . . *(le) moustique*
most . . . . *(la) plupart*
mother . . . . *(la) mère*
mother-in-law . . . . *(la) belle-mère*
motorcycle . . . . *(la) moto*
mountain . . . . *(la) montagne*
mountains (to go to the)
. . . . *aller à la montagne*
mouse . . . . *(la) souris*
mouth . . . . *(la) bouche*
move (to) (house) . . . . *déménager*
movie theater, cinema . . . . . *(le) cinéma*
movie camera . . . . *(une) caméra*
mow (to) . . . . *tondre*
municipal . . . . . . *municipal/municipale*
muscle (to develop) . . . . *muscler*
mushroom . . . . *(le) champignon*
mushy, soft . . . . *mou/molle*
music . . . . *(la) musique*
musical (a) . . . . *(une) comédie musicale*
musician . *(un/une) musicien/musicienne*
Muslim . . . . *musulman/musulmane*
must, to have to, to owe . . . . *devoir*
mustard . . . . *(la) moutarde*
mute . . . . *muet/muette*
my . . . . *mon, ma, mes*
mysterious . . . . . *mystérieux/mystérieuse*
mystery . . . . *(le) mystère*

N

naïve . . . . *naïf (m.)/naïve (f.)*
name (to) . . . . *nommer*
nap, siesta . . . . *(la) sieste*
napkin, towel . . . . *(la) serviette*
narrow, tight . . . . *étroit/étroite*
natural . . . . *naturel/naturelle*
nature . . . . *(la) nature*
near . . . . *près (de)*
near, close (adj.) . . . . *proche*
necessary . . . . . . *nécessaire, obligatoire*
necessary (to be) . . . . *falloir*
necklace . . . . *(le) collier*
need (the) . . . . *(le) besoin*
need (to) . . . . *avoir besoin de*
neighbor . . . . . . *(un/une) voisin/voisine*
neighborhood, section,
quarter . . . . *(le) quartier*
neither . . . nor . . . . *ne . . . ni . . . ni*
nephew . . . . *(le) neveu*
nervous . . . . *nerveux/nerveuse*
nervous, fidgety,
exasperated . . . . *énervé/énervée*
never . . . . *ne . . . jamais*
new . . . . *nouveau/nouvelle*
New Year's Eve
. . . . . . *(le) réveillon du Nouvel An*
news . . . . *(les) nouvelles (f.)*
newscast . . . . *(un) reportage*
newspaper . . . . *(le) journal*

next . . . . .prochain/prochaine
next to . . . . .à côté de
nice . . . . .sympathique
nice, attractive (as a person) . . .sympa
nice, kind . . . . .gentil/gentille
niece . . . .(la) nièce
night . . . .(la) nuit
nine . . . . .neuf
nineteen . . . . .dix-neuf
ninth . . . . .neuvième
no . . . . .non
no (adj.) . . . . .aucun/aucune
no good, lousy . . . . .nul
no longer, no more . . . . .ne . . .plus
no one, nobody . . . . . .ne . . .personne
noise . . . .(le) bruit
noisy . . . . .bruyant/bruyante
none, no . . . . .ne . . .aucun
noon .midi
north . . . .(le) nord
nose . . . .(le) nez
not prudent, carelessly daring
. . . . .imprudent
nothing . . . . .ne . . .rien
notice (to) . . . . .remarquer
novel . . . .(le) roman
November . . . . .novembre
now . . . . .maintenant
nuclear energy
. . . .(l') énergie nucléaire (f.)

O

obey .obéir
oblige (to) . . . . .obliger
observe (to) . . . . .observer
obvious . . . . .évident
October . . . . .octobre
of, from, about . . . . .de
of course . . . . .bien sûr
offer (to) . . . . .offrir
office, desk . . . .(le) bureau
often . . . . .souvent
OK . . . . .d'accord
old . . . . .âgé/âgée, vieux/vieille
old, ancient . . . . .ancien/ancienne
old age . . . .(la) vieillesse
on . . . . .sur
on purpose (to do something)
. . . . .faire exprès
on time (to be) . . . . .être à l' heure
once . . . . .une fois
one, a . . . . .un/une
one way ticket . . . . .(l') aller simple (m.)
onion . . . .(l') oignon (m.)
only . . . . .seulement
only, alone . . . . .seul/seule
open . . . . .ouvert/ouverte
open (to) . . . . .ouvrir
opinion . . . .(l') avis (m.)
opponent . . . .(l') adversaire (m.)
opposite . . . .(le) contraire,

. . . .(l') adversaire (m.)
optional . . . . .facultatif/facultative
or . . . . .ou
orange . . . .(l') orange (f.)
order (to) . . . . . . .commander, ordonner
ordinary, common . . . . .ordinaire
original . . . . .original/originale
ostrich . . . .(l') autruche (f.)
other . . . . .autre
otherwise . . . . .sinon
our (pl.) . . . . .nos
our (sing.) . . . . .notre
out of fashion . . . . . . .démodé/démodée
outwit (to) . . . . .déjouer
oven . . . .(le) four
over there . . . . .là-bas
owe (to), to have to, must . . . . . .devoir
own .propre
owner (the) . . . . . .(un/une) propriétaire

P

package . . . .(le) paquet
pain (a), annoying . . . . .pénible
pain, grief . . . .(la) douleur
paint (to) . . . . .peindre
painted . . . . .peint/peinte
painting . . . .(la) peinture
painting, blackboard . . . . . .(le) tableau
pair . . . .(la) paire
pajamas . . . .(le) pyjama
paper . . . .(le) papier
parent . . . .(le) parent
pants . . . .(le) pantalon
pantyhose (tights) . . . .(le) collant
park . . . .(le) parc
park (to) . . . . .garer, stationner
parking lot . . . .(le) parking
party . . . .(la) fête
pass (to) (an exam),
   to succeed . . . . .réussir
passport . . . .(le) passeport
past, last . . . . .dernier/dernière
path, direction . . . .(le) chemin
pay (to) . . . . .payer
pay attention (to) . . .faire attention
pay attention to (to) . . .faire attention à
peach, fishing . . . .(la) pêche
pear . . . .(la) poire
peas . . . .(les) petits pois (m.)
peasant (farmer) . . . .(le/la) paysan/
                                      paysanne
pencil . . . .(le) crayon
people . . . .(les) gens (m.)
pepper . . . .(le) poivre
perhaps, maybe . . . . .peut-être
permission . . . .(l') autorisation (f.)
person . . . .(la) personne
person living in a village
   . . . .(le/la) villageois/villageoise
persuade (to) . . . . .persuader
photos (to take) . . . .prendre des photos

physical appearance . . . . .(le) physique
physics . . . .(la) physique
piano . . . .(le) piano
picnic . . . .(le) pique-nique
picture . . . .(l') image (f.)
picture, portrait . . . .(le) portrait
pie . . . .(la) tarte
piece, bit, selection . . . . . .(le) morceau
piece of clothing . . . .(le) vêtement
pile, heap . . . .(le) tas
pillow . . . .(l') oreiller (m.)
pilot . . . .(le) pilote
pineapple . . . .(l') ananas (m.)
place . . . .(l') endroit (m.), (le) lieu
place (to), to put . . . . .mettre
plant . . . .(la) plante
plant (to) . . . . .planter
plate . . . .(l') assiette (f.)
platform . . . .(le) quai
play . . . .(une) pièce (de théâtre)
play (to) (a sport) . . . . .jouer à
play (to) (a musical instrument)
. . . . .jouer de
player . . . .(un/une) joueur/joueuse
playing field . . . .(le) terrain
pleasant . . . . .aimable
please . . . . .s'il vous plaît
pleased . . . . .enchanté/enchantée
pleasure . . . .(le) plaisir
plug in (to) . . . . .brancher
plugged in, connected
. . . . .branché, branchée
plumber . . . .(un) plombier
pocket . . . .(la) poche
poem . . . .(le) poème
poison . . . .(le) poison
police station
. . . .(le) commissariat de police
policeman . . . .(l') agent de police (m.),
           (un/une) policier/policière
polite, courteous . . . . .poli/polie
politician . .(le/la) politicien/politicienne
politics . . . .(la) politique
polluted . . . . .pollué/polluée
pollution . . . .(la) pollution
poor . . . . .pauvre
pork . . . .(le) porc
portrait, picture . . . .(le) portrait
poster . . . .(l') affiche (f.)
post office . . . .(la) poste
pour (to) . . . . .verser
power . . . .(le) pouvoir
powerful . . . . .puissant/puissante
practice . . . .(l') entraînement (m.)
practice (to) . . . .(s') entraîner
precious, cute . . . . . .mignon/mignonne
prefer (to) . . . . . .préférer, aimer mieux
preferred, favorite . . . .préféré/préférée
present . . . .(le) cadeau
preserves, jam . . . . . .(la) confiture
press . . . .(la) presse
pretend to (to) . . . . . .faire semblant de

pretentious . . . . .prétentieux/prétentieuse
pretty .joli/jolie
prevent (to) . . . . .empêcher
previous . . . . .précédent/précédente
price, prize . . . .(le) prix
pride . . . .(l') orgueil (m.)
print (to) . . . . .imprimer
printed . . . . .imprimé/imprimée
printer . . . .(l') imprimante (f.)
private . . . . .privé/privée
privilege, law, right . . . .(le) droit
prize, price . . . .(le) prix
problem . . . .(le) problème
problems (to have) . . .avoir des ennuis
problem, difficulty . . . .(la) difficulté
project . . . .(le) projet
promise . . . .(la) promesse
promise (to) . . . . .promettre
protect (to) . . . . .protéger
protest (to) . . . . .protester
Protestant . . . . . .protestant/protestante
proud . . . . .fier/fière
provided that . . . . .pourvu que
prudent, careful . . . . .prudent
public transportation
    . . . .(les) transports en commun (m.)
pull out (to), to tear out . . . . . .arracher
punish (to) . . . . .punir
punishment . . . .(la) punition
pupil, student . . . .(l') élève,
    (l') étudiant/étudiante (m./f.)
pupil (eye) . . . .(la) pupille
purple . . . . .violet/violette
purse, bag, handbag . . . .(le) sac
push (to), to grow . . . . .pousser
put (to) . . . . .mettre
put away (to), to tidy . . . . .ranger
put on (to) . . . . .mettre

Q

quantity . . . .(la) quantité
quarrel (to) . . . . .disputer
quarrel with (to) . . . .(se) disputer
quarter . . . .(le) quart
quarter, neighborhood,
    section . . . .(le) quartier
quickly, fast . . . . .vite
quiet . . . . .silencieux/silencieuse,
    tranquille
quiet (to be) . . . .(se) taire
quiz . . . .(le) contrôle

R

rabbit . . . .(le) lapin
race . . . .(une) course
racket . . . .(la) raquette
radio . . . .(la) radio
rain (to) . . . . .pleuvoir
rain forest . . . .(la) forêt tropicale

raincoat . . . .(l') imperméable (m.)
rare, unusual . . . . .rare
raw . . . . .cru/crue
reach (to) . . . . .atteindre
read (to) . . . . .lire
ready . . . . .prêt/prête
realize (to) . . . . .(se) rendre compte
reason . . . .(la) raison
reassure (to) . . . . .rassurer
receive (to) . . . . .recevoir
recent . . . . .récent/récente
recently . . . . .récemment
recognize (to) . . . . .reconnaître
red .rouge
red (to turn), to blush . . . . .rougir
redhead . . . . .roux/rousse
referee . . . .(l') arbitre (m.)
reflect (to) . . . . .réfléchir
refrigerator . . . .(le) réfrigérateur
register (to) . . . .(s') inscrire
registration . . . . . .(l') inscription (f.)
regret (to) . . . . .regretter
regularly . . . . .régulièrement
reign (to) . . . . .régner
relationship . . . .(la) relation
relax (to) . . . .(se) détendre
relaxed . . . . .détendu/détendue
remain (to), to stay . . . . .rester
remember (to) . . . . . .(se) souvenir
renew . . . . .renouveler
rent (the) . . . .(le) loyer
rent (to) . . . . .louer
repair (to), to fix . . . . .réparer
repeat (to) . . . . .répéter
replace (to) . . . . .remplacer
reply . . . .(la) réponse
report . . . .(le) rapport
require (to), to demand . . . . . . .exiger
required . . . . .obligatoire
researcher . . . .(un/une) chercheur/
    chercheuse
reservation . . . .(la) réservation
reservations (to make) . . . . . . .réserver
resolve (to), to solve a
    problem . . . . .résoudre
respond (to), to answer . . . . . .répondre
responsible . . . . .responsable
rest (to) . . . .(se) reposer
restaurant . . . .(le) restaurant
result . . . .(le) résultat
retired . . . . .à la retraite
retirement . . . .(la) retraite
return (to) . . . . .retourner
revenge, vengeance . . . . .(la) vengeance
review . . . .(la) révision
revolve (to), to turn,
    to rotate . . . . .tourner
rice . . . .(le) riz
rich .riche
ridiculous . . . . .ridicule
right (to be) . . . . .avoir raison

right (to the) . . . . .à droite
right away . . . . .tout de suite
right, law, privilege . . . .(le) droit
ring . . . .(la) bague
ring (to) . . . . .sonner
ripe . . . . .mûr
ripped, torn . . . . .déchiré/déchirée
risk . . . .(le) risque
river . . . .(le) fleuve, (la) rivière
road, route . . . .(la) route
roast . . . .(le) rôti
roast (to) . . . . .rôtir
romantic movie . . . . .(un) film d'amour
roof . . . .(le) toit
room . . . .(la) salle, (la) pièce
rooster . . . .(le) coq
root . . . .(la) racine
rope . . . .(la) corde
rose . . . .(la) rose
rotate (to), to turn,
    to revolve . . . . .tourner
round trip ticket . . . . .(l') aller-retour (m.)
route, road . . . .(la) route
row . . . .(le) rang
row (to) . . . . .ramer
rowing . . . .(l') aviron (m.)
rude, impolite . . . . . . .mal élevé/élevée,
    impoli/impolie
rug, carpet . . . .(le) tapis
ruin (to), to damage . . . . .abîmer
rule . . . .(le) règlement
rule (to), to be over . . . . . . .dominer
run (to) . . . . .courir
run away (to) . . . .(s') enfuir
rusty . . . . .rouillé/rouillée

S

sad .triste
salad . . . .(la) salade
salary . . . .(le) salaire
salt . . . .(le) sel
salted . . . . .salé/salée
same . . . . .même
sand . . . .(le) sable
satisfied . . . . .satisfait/satisfaite
Saturday . . . . .samedi
saucepan . . . .(la) casserole
save (to) . . . . .sauver
save money (to) . . . . .économiser
say (to), to tell . . . . .dire
scare (to), to frighten . . . . . . .effrayer
scarf . . . . .(le) foulard, (l') écharpe (f.)
schedule . . . . . .(l') emploi du temps (m.)
schedule (transportation)
    . . . .(l') horaire (m.)
scholarship . . . .(la) bourse
school . . . .(l') école (f.)
science fiction . . . . .(la) science-fiction
scissors . . . .(les) ciseaux (m.)
scold (to) . . . . .gronder

screen . . . .(l') écran (m.)
sea . . . .(la) mer
seashell . . . .(le) coquillage
seaside (to go to the)
. . . . .aller au bord de la mer
season . . . .(la) saison
seat . . . .(la) place, (le) siège
seated . . . . .assis
second . . . . .deuxième
secret . . . .(le) secret
section, quarter,
    neighborhood . . . .(le) quartier
security, certainty . . . .(la) sécurité
see (to) . . . . .voir
seem (to), to appear . . . . .paraître
select (to), to choose . . . . .choisir
selection, bit, piece . . . .(le) morceau
selfish .égoïste
sell (to) . . . . .vendre
senator . . . . (un/une) sénateur/sénatrice
send (to) . . . . .envoyer
sentiment, feeling . . . . . .(le) sentiment
September . . . . .septembre
series . . . .(la) série
serious . . . . .sérieux/sérieuse, grave
serve (to) . . . . .servir
set the table (to) . . . . .mettre le couvert
seven . . . . .sept
seventeen . . . . .dix-sept
seventh . . . . .septième
several, many . . . . .plusieurs
shadow, shade . . . .(l') ombre (f.)
share (to) . . . . .partager
sharp . . . . .aigu/aiguë
sharpen (to) (pencils) . . . . .tailler
shave (to) . . . .(se) raser
sheep . . . .(le) mouton
sheet . . . .(le) drap
shelf . . . .(l') étagère (f.)
shine (to) . . . . .briller
shirt . . . .(la) chemise
shocked . . . . .choqué/choquée
shocking . . . . .choquant/choquante
shoddy, lousy, ugly . . . . .moche
shoes . . . .(les) chaussures (f.)
shoot (to) . . . . .tirer sur
shop . . . .(la) boutique
shopkeeper . .(le/la) marchand/marchande
shopping mall
. . . .(le) centre commercial
short . . . . .court/courte
shout (to) . . . . .crier
show, television (radio)
    program . . . .(une) émission
show (to), to indicate . .montrer, indiquer
shower . . . .(la) douche
shower (to) . . . .(se) doucher
shower (to take a)
. . . . .prendre une douche
shut (to), to close . . . . .fermer
shy, timid . . . . .timide

sick . . . . .malade
side . . . .(le) côté
sidewalk . . . .(le) trottoir
siesta, nap . . . .(la) sieste
sign (to) . . . . .signer
silly, stupid, foolish . . . . .bête
sin . . . .(le) péché
since, because . . . . .puisque
sing (to) . . . . .chanter
singer . . . .(le/la) chanteur/chanteuse
silk . . . .(la) soie
sister . . . .(la) sœur
sister-in-law . . . .(la) belle-sœur
sit (to) . . . . .asseoir
sit down (to) . . . .(s') asseoir
sitting room . . . .(le) salon
six . . . . .six
sixteen . . . . .seize
sixth . . . . .sixième
size, waist . . . .(la) taille
skate . . . .(le) patin
skate (to) . . . . .patiner
skating . . . .(le) patinage
skiing . . . .(le) ski
skillful . . . . .habile
skirt . . . .(la) jupe
sleep . . . .(le) sommeil
sleep (to) . . . . .dormir
sleepy (to be) . . . . .avoir sommeil
sleeve . . . .(la) manche
slow . . . . .lent/lente
slowly . . . . .lentement
sly . . . . .rusé/rusée
small, tiny, little . . . . . . .petit/petite
smart, wise . . . . .prudent/prudente
smile (to) . . . . .sourire
smoke (to) . . . . .fumer
snack (to), to taste . . . . .goûter
snake . . . .(le) serpent
sneakers . . . .(les) baskets (m.)
snore (to) . . . . .ronfler
snow . . . .(la) neige
snow (to) . . . . .neiger
so, if . . . . .si
so, so much, so many . . . . . . .tellement
so much . . . . .tant
soaked . . . . .trempé/trempée
soap opera . . . .(un) feuilleton
soccer . . . .(le) football (foot)
socks . . . .(les) chaussettes (f.)
sofa, couch . . . .(le) canapé
soft, mushy . . . . .mou/molle
soft, sweet . . . . .doux/douce
soldier . . . .(un) soldat
solve a problem (to),
    to resolve . . . . .résoudre
some . . . . .quelque/quelques
someone . . . . .quelqu'un
something . . . . .quelque chose
sometimes . . . . . .quelquefois, parfois
son . . . .(le) fils

song (a) . . . .(une) chanson
soon . . . . .bientôt
sort, kind . . . .(le) genre
sound . . . .(le) son
soup . . . .(la) soupe
south . . . .(le) sud
speak (to) . . . . .parler
spectator . . .(le/la) spectateur/spectatrice
speed . . . .(la) vitesse
spell (to) . . . . .épeler
spelling . . . .(l') orthographe (f.)
spend (money) (to) . . . . .dépenser
spend (time) (to) . . . . .passer
spice . . . .(l') épice (f.)
spill (to) . . . . .renverser
spinach . . . .(les) épinards (m.)
spoiled . . . . .gâté/gâtée
spoken word . . . .(la) parole
spoon . . . .(la) cuillère
sporty, athletic . . . . .sportif/sportive
spring . . . .(le) printemps
spy . . . .(un/une) espion/espionne
square . . . . .carré/carrée
squeeze (to), to tighten . . . . .serrer
squirrel . . . .(l') écureuil (m.)
stairs . . . .(l') escalier (m.)
stamp . . . .(le) timbre
standing . . . . .debout
stanza . . . .(la) strophe
start doing something (to)
. . . .(se) mettre à
state, condition . . . .(l') état (m.)
stay (to), to remain . . . . .rester
steak . . . .(le) steak
steal (to) . . . . .voler
stereo system, TV channel . .(une) chaîne
stiff .raide
still, more . . . . .encore
sting (to) . . . . .piquer
stir (to) . . . . .remuer
stolen . . . . .volé/volée
stone . . . .(la) pierre
stop (to) . . . . .arrêter, (s') arrêter
store . . . .(le) magasin
store clerk (the)
. . . .(le/la) vendeur/vendeuse
storm . . . .(l') orage (m.)
storm, tempest . . . .(la) tempête
story (to tell a) . . . . .raconter
story, history . . . .(l') histoire (f.)
story, tale . . . .(le) conte
stove . . . .(la) cuisinière
straight ahead . . . . .tout droit
strange . . . . .étrange
strawberry . . . .(la) fraise
street . . . .(la) rue
strong, loud . . . . .fort/forte
stubborn . . . . .têtu/têtue
student, pupil . . . .(l') élève,
    (un/une) étudiant/étudiante
study (to) . . . . .étudier

study hall . . . .(la) salle d'étude
stupid . . . . .idiot/idiote
stupid, silly, foolish . . . . .bête
stupid action . . . .(la) bêtise
subject . . . .(la) matière
suburbs . . . .(la) banlieue
subway . . . .(le) métro
succeed (to), to pass
  (an exam) . . . . .réussir
success . . . .(le) succès
succession . . . .(la) succession
suddenly . . . . .soudain, tout à coup
sufficient . . . . . .suffisant/suffisante
sugar . . . .(le) sucre
sugary, sweet . . . . .sucré/sucrée
suggest . . . . .suggérer
suit . . . .(le) costume
suitcase . . . .(la) valise
summary . . . .(le) résumé
summer . . . .(l') été (m.)
summit . . . .(le) sommet
sun . . . .(le) soleil
Sunday . . . .(le) dimanche
superior, better . . . .supérieur/supérieure
supermarket . . . .(le) supermarché
supervise (to) . . . . .surveiller
sure, certain . . . . .sûr/sûre
surgeon . . . .(un/une) chirurgien/
                              chirurgienne
surprise (to) . . . . .étonner
surprised . . . . .surpris/surprise, étonné
surprising . . . . .étonnant
suspect (to) . . . . .soupçonner
surround (to) . . . . .entourer
swear (to) . . . . .jurer
sweater . . . .(le) pull
sweet, soft . . . . .doux/douce
sweet, sugary . . . . .sucré/sucrée
swim (to) . . . . .nager
swimming . . . .(la) natation
swimming pool . . . .(la) piscine
swimsuit, bathing suit
  . . . .(le) maillot de bain
synagogue . . . .(la) synagogue
system . . . .(le) système

T

table . . . .(la) table
tail, line . . . .(la) queue
take (to) . . . . .prendre
take a course (to) . . . . . .suivre un cours
take a drive (to)/walk . . . .faire un tour
take a trip (to) . . . . .faire un voyage
take a walk (to)/drive . . . .faire un tour
take care of (to) . . . . . .prendre soin de
take off (to), to kidnap . . . . . . .enlever
take notes (to) . . . . . .prendre des notes
tale, story . . . .(le) conte
talent . . . .(le) talent
talented . . . . .doué/douée

tall, big, fat . . .grand/grande, gros/grosse
tan (to) . . . . .bronzer
tanned . . . . .bronzé/bronzée
tanning . . . .(le) bronzage
tape (to), to check in, to record
  . . . . .enregistrer
task . . . .(la) tâche
taste . . . .(le) goût
taste (to), to snack . . . . .goûter
tasteless, without taste . . . . . .sans goût
tax . . . .(l') impôt (m.)
taxi . . . .(le) taxi
tea . . . .(le) thé
teach (to) . . . . .enseigner
teacher . . . . .(l') enseignant/enseignante
                (m./f.), (le) professeur
teaching . . . .(l') enseignement (m.)
team . . . .(l') équipe (f.)
tear out (to), to pull out . . . . . .arracher
teenager . . . .(l') adolescent/adolescente
                    (l'ado) (m./f.)
telephone . . . .(le) téléphone
television . . . .(la) télévision
television (radio)
  program, show . . . . .(l') émission (f.)
tell (to), to say . . . . .dire
tell (a story) (to) . . . . .raconter
tempest, storm . . . .(la) tempête
ten . . . . .dix
tenant (the) . . . .(le/la) locataire
tennis . . . .(le) tennis
tent . . . .(la) tente
tenth . . . . .dixième
term . . . .(le) trimestre
terribly . . . . .affreusement
terrify (to) . . . . .terrifier
terrifying . . . . .terrifiant
text . . . .(le) texte
thank (to) . . . . .remercier
thank you . . . . .merci
that, which . . . . .que
the . . . . .le/la/les
theater . . . .(le) théâtre
their . . . . .leur/leurs
theft, flight . . . .(le) vol
them (object of a preposition) . . . . . . .eux
then . . . . .ensuite, alors, puis
there .là
there is, there are . . . . .il y a
therefore . . . . .donc
these/this . . . . .ces/ce/cet/cette (adj.)
thief . . . .(un/une) voleur/voleuse
thin . . . . .maigre
thin (adj.) . . . . .mince
thing . . . .(la) chose
things, belongings, business
  . . . .(les) affaires (f.)
think (to) . . . . .penser
third . . . . .troisième
thirst . . . .(la) soif
thirsty (to be) . . . . .avoir soif

thirteen . . . . .treize
thirty . . . . .trente
this/these . . . . .ce/cet/cette/ces (adj.)
this (pron.) . . . . .cela
this afternoon . . . .cet/cette après-midi
this (one) . . . . .celui (pron.)
three . . . . .trois
thousand . . . . .mille
threaten (to) . . . . .menacer
throat . . . .(la) gorge
throw (to) . . . . .lancer
throw away (to) . . . . .jeter
Thursday . . . . .jeudi
ticket . . . .(le) billet
ticket (subway, bus) . . . .(le) ticket
ticket window . . . .(le) guichet
tidy, in order . . . .(en) ordre
tidy (to), to put away . . . . .ranger
tie . . . .(la) cravate
tie (to), to attach . . . . .attacher
tiger . . . .(le) tigre
tight, narrow . . . . . . .étroit/étroite
tighten (to), to squeeze . . . . .serrer
time, weather . . . .(le) temps
timid, shy . . . . .timide
tiny, small, little . . . . . . .petit/petite
tired . . . . .fatigué/fatiguée
tiredness . . . .(la) fatigue
tiring . . . . .fatigant
to, at . . . . .à
toaster (a) . . . .(un) grille-pain
today . . . . .aujourd'hui
toenail, fingernail . . . . . .(l') ongle (m.)
together . . . . .ensemble
toilet . . . .(les) toilettes (f.)
tolerant . . . . .tolérant/tolérante
tomato . . . .(la) tomate
tomorrow . . . . .demain
tongue, language . . . .(la) langue
too much, too many . . . . .trop (de)
tooth . . . .(la) dent
torn, ripped . . . . . .déchiré/déchirée
tour . . . .(le) tour
toward . . . . .vers
towel, napkin . . . .(la) serviette
towel . . . .(la) serviette de toilette
tower . . . .(la) tour
toy . . . .(le) jouet
tractor . . . .(le) tracteur
traffic jam . . . . .(l') embouteillage (m.)
traffic light red/green
  . . . .(le) feu rouge/vert
train . . . .(le) train
train to (to take a) . . . . . . .aller en train
training . . . .(l') entraînement (m.)
train platform . . . .(le) quai
train station . . . .(la) gare
translate . . . . .traduire
travel (to) . . . . .voyager
travel agency
  . . . .(l') agence de voyages (f.)

tray ....(le) plateau
treasure ....(le) trésor
tree ....(l') arbre (m.)
trip ....(le) voyage
truck ....(le) camion
true ....vrai
trumpet ....(la) trompette
trust (to) ....faire confiance
truth ....(la) vérité
try (to), to try on ....essayer
T-shirt ....(le) tee-shirt
Tuesday ....mardi
tulip ....(la) tulipe
turkey ....(la) dinde
turtle ....(la) tortue
turn (to), to revolve,
    to rotate ....tourner
turn off (to), to extinguish ....éteindre
turn on (to), to light ....allumer
TV channel, stereo system .(une) chaîne
TV host ....(un/une) présentateur/
                            présentatrice
twelve ....douze
twenty ....vingt
twice, three times, etc. ......deux fois,
                            trois fois, etc.

typical ....typique

U
ugly ....laid/laide
ugly, lousy, shoddy ....moche
umbrella ....(le) parapluie
unattractive (as a person) ..antipathique
unbelievable ....incroyable
uncle ....(l') oncle (m.)
under ....sous
underpants ....(le) slip
understand (to) ..comprendre, entendre
undress (to) ....(se) déshabiller
unemployed ....au chômage
unfair ....injuste
unhappily ....malheureusement
unhappy .....malheureux/malheureuse
university ....(l') université (f.)
unpleasant ....désagréable
unplug (to) ....débrancher
until, up to (prep.) ....jusqu'à
unusual, rare ....rare
upset ....ennuyé/ennuyée
upset, angry ....fâché/fâchée
use (to) ....(se) servir de, utiliser
used for/to (to be) ....servir à
useful ....utile
useless ....inutile
usually ....d'habitude

V
vacation ....(les) vacances (f.)

vacation (to go on) .partir en vacances
vacuum (to) ....passer l'aspirateur
vacuum cleaner ....(l') aspirateur (m.)
vanilla ice cream .(la) glace à la vanille
vegetable ....(le) légume
vengeance, revenge ....(la) vengeance
very ....très
vest ....(le) gilet
victim ....(la) victime
video game ....(un) jeu vidéo
village ....(le) village
violin ....(le) violon
violence ....(la) violence
visit (to) (a place) ....visiter
visit someone (to) ....aller voir
voice ....(la) voix
vote ....(le) vote

W
wagon ....(le) wagon
waist, size ....(la) taille
wait for (to) ....attendre
wait in line (to) ....faire la queue
waiter ....(le/la) serveur/serveuse
wake up (to) ....(se) réveiller
walk (a) ....(la) promenade
walk (to) ....marcher
walk to (to) ....aller à pied
walk (to take a) ....(se) promener
want (to) ....vouloir
want (to), to desire ....avoir envie (de)
warm, hot ....chaud/chaude
warn (to) ....avertir, prévenir
wash (the) (laundry) ....(la) lessive
wash (to) ....(se) laver
washing machine ....(le) lave-linge
watch ....(la) montre
water ....(l') eau (f.)
wave ....(la) vague
weak ....faible
wear (to), to carry ....porter
weather, time ....(le) temps
weather report ....(la) météo
wedding ....(le) mariage
Wednesday ....mercredi
week ....(la) semaine
weep (to), to cry ....pleurer
well ....bien
well-known ....connu
west ....(l') ouest (m.)
wet ....mouillé/mouillée
wet (to) ....mouiller
whale ....(la) baleine
when ....lorsque, quand
where ....où
where from ....d'où
which, that ....que
which, what (adj.) ....quel/quelle
while ....pendant que
whistle ....(le) sifflet

whistle (to) ....siffler
white ....blanc/blanche
why? ....pourquoi?
wide, large ....large
wife, woman ....(la) femme
wild ....sauvage
win (to), to earn ....gagner
wind ....(le) vent
window ....(la) fenêtre
wine ....(le) vin
wing ....(l') aile (f.)
winner .....(un/une) gagnant/gagnante
winter ....(l') hiver (m.)
wipe (to), to dry ....essuyer
wise, intelligent ....sage
wise, smart ....prudent/prudente
wish (to) ....souhaiter
with ....avec
without ....sans
without taste, tasteless ......sans goût
witness ....(le) témoin
wolf ....(le) loup
woman, wife ....(la) femme
wonder (to) ....(se) demander
wood, forest ....(le) bois
wooden floor ....(le) plancher
wool ....(la) laine
word ....(le) mot
work (to) ....travailler
work (to), to function,
    to walk ....fonctionner, marcher
world ....(le) monde
worse ....pire
worth the trouble (to be)
    ....valoir la peine
worried (to be) ....être ennuyé(e)
worry (to) ....(s') inquiéter, préoccuper
wound (to) ....blesser
write (to) ....écrire
writer ....(un) écrivain
written ....écrit/écrite
wrong, false ....faux/fausse
wrong (to be) ....avoir tort

Y
yard, garden ....(le) jardin
year ....(l') année (f.)
yellow ....jaune
yes ....oui
yesterday ....hier
you ....toi, tu, vous
young ....jeune
your .....votre, vos, ton, ta, tes
youth ....(la) jeunesse

Z
zebra ....(le) zèbre
zip code ....(le) code postal
zipper ....(la) fermeture éclair

⚡ INDEX ⚡